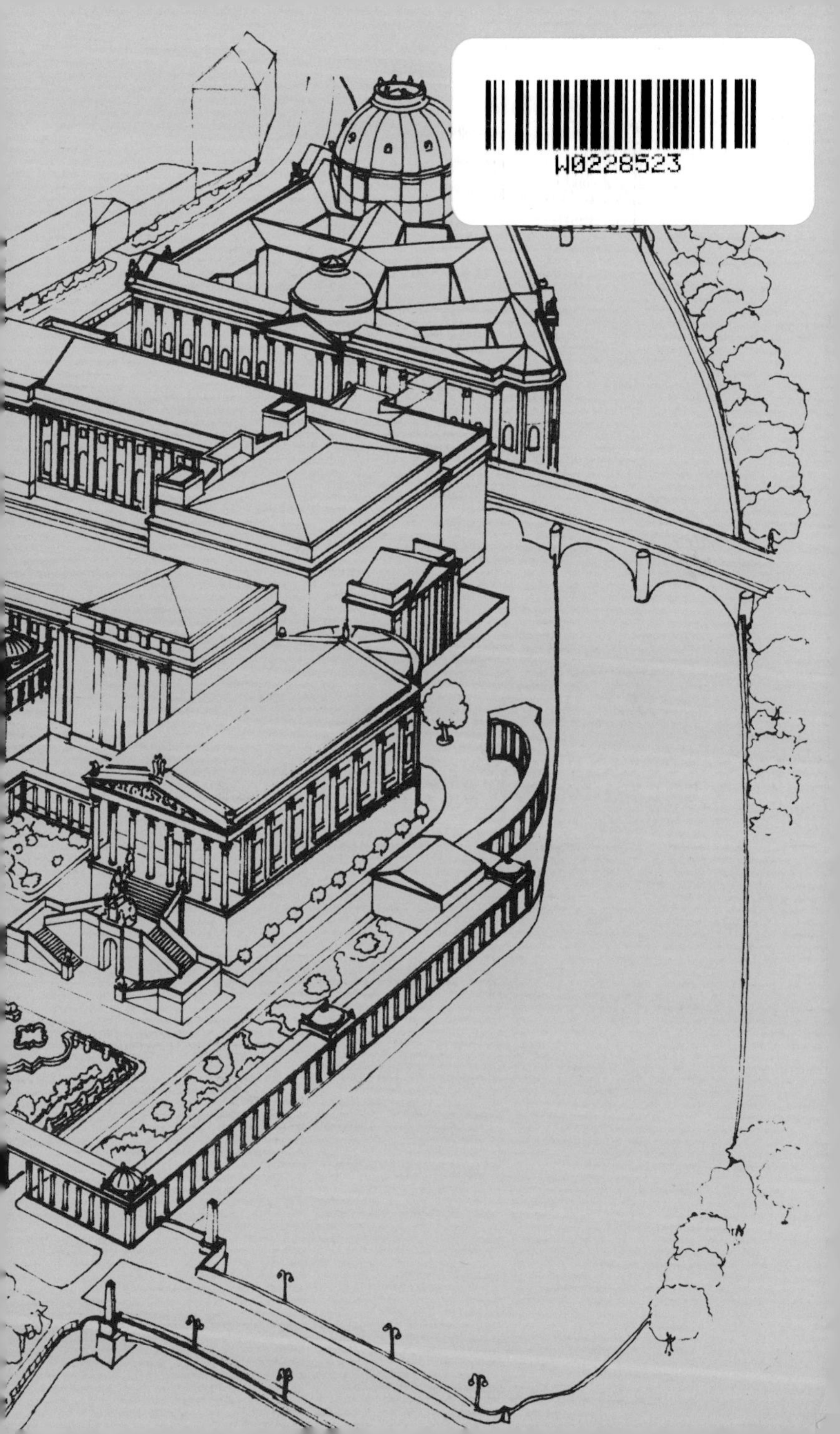

MÄZENATENTUM IN BERLIN

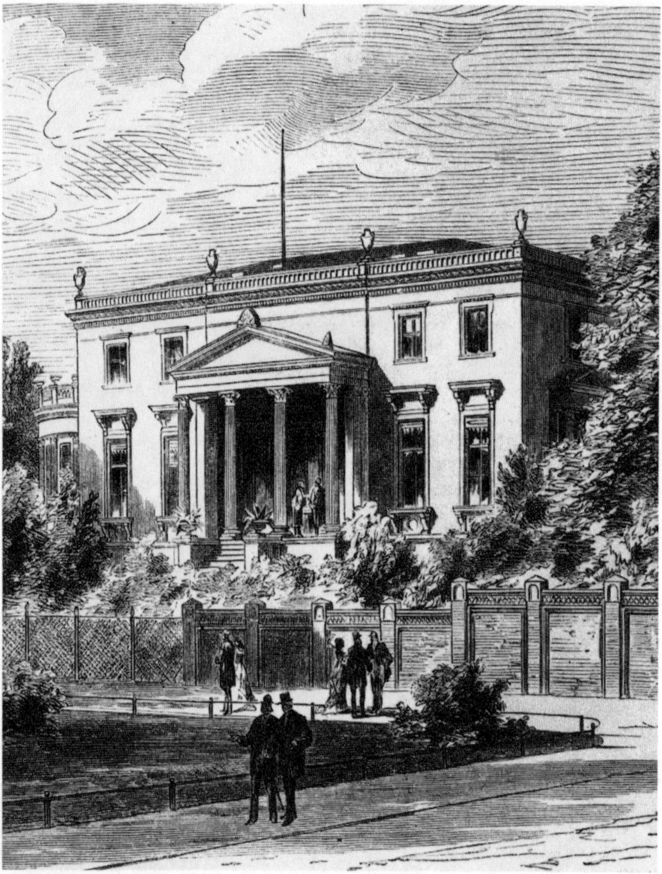

MÄZENATENTUM IN BERLIN

BÜRGERSINN UND KULTURELLE KOMPETENZ UNTER SICH VERÄNDERNDEN BEDINGUNGEN

herausgegeben
von
Günter und Waldtraut Braun

WALTER DE GRUYTER · BERLIN · NEW YORK · 1993

Abbildung auf dem Umschlag:
Paul Cézanne, Mühle an der Couleuvre bei Pontoise, um 1881

∞ Gedruckt auf säurefreiem Papier,
das die US-ANSI-Norm über Haltbarkeit erfüllt.

Die Deutsche Bibliothek — CIP-Einheitsaufnahme

Mäzenatentum in Berlin: Bürgersinn und kulturelle Kompetenz unter sich verändernden Bedingungen / hrsg. von Günter und Waldtraut Braun. — Berlin ; New York : de Gruyter, 1993
ISBN 3-11-013788-7
NE: Braun, Günter [Hrsg.]

Printed in Germany

Gestaltung des Umschlags: Wieland Schütz
Satz und Druck: Arthur Collignon GmbH, Berlin
Druck der Tafeln: H. Heenemann GmbH & Co., Berlin
Reproduktionen: O.R.T., Berlin
Buchbinderische Verarbeitung: Lüderitz & Bauer-GmbH, Berlin

Vorwort

Dieses Buch handelt von der Mitverantwortung möglichst vieler Bürger für die Kultur und Künste in unserem Land. Es möchte für den Gedanken werben, daß die Förderung der Künste nicht allein Aufgabe des Staates sein kann. Damit wäre er überfordert. Der Staat bleibt auf die aktive Mithilfe seiner Bürger angewiesen.

Dies ist der Grundgedanke einer Vorlesungsreihe, die wir unter dem Titel dieses Buches vom Oktober 1992 bis Mai 1993 in der Villa von der Heydt veranstaltet haben. Wir haben das Thema ganz bewußt auf die bildende Kunst beschränkt. Dies entspricht einmal unserem persönlichen Interesse. Zum andern halten wir es aber auch sachlich für gerechtfertigt, weil Spenden, Stiften und Sponsern für andere Zwecke, selbst für Wissenschaft und Forschung, vor allem für karitative Zwecke, aber auch für den Sport anderen Spielregeln und Gesetzmäßigkeiten unterliegen.

Die Beschränkung auf Berlin ergibt sich daraus, daß wir einen Beitrag dazu leisten möchten, das Gespräch über das Mäzenatentum gerade in Berlin zu beleben, für dieses Gespräch ganz konkrete Grundlagen zu liefern und dadurch diesen und jenen Impuls für die Zukunft zu geben. Berlin, die Stadt und ihre Bürger müssen mäzenatisch große Anstrengungen unternehmen, wenn sie auch auf diesem Gebiet künftig Hauptstadt-Ansprüchen gerecht werden wollen.

Die Konzentration auf Berlin bedeutet freilich nicht, daß vieles, was bezogen auf Berlin gesagt wird, nicht auch weit über die Grenzen der Stadt hinaus und für das Mäzenatentum ganz allgemein Gültigkeit hat.

Es gibt kaum eine Stadt, an der besser als am Beispiel Berlins die Entwicklung des Mäzenatentums in Deutschland während der letzten 150 Jahre dargestellt werden kann: Berlin – die Hauptstadt Preußens; sein Aufstieg zur Hauptstadt des Kaiserreiches; seine Rolle als Hauptstadt der Weimarer Republik; sein Abstieg zur Hauptstadt des Dritten Reiches; nach dem Krieg sein tiefer Sturz als gespaltene, isolierte und bedrohte Stadt im geteilten Deutschland; nach der Wiedervereinigung Deutschlands um ein neues Selbstverständnis als deutsche und europäische Metropole ringend. Dies ist die schier atemberaubende geschichtliche Kulisse für das Berliner Mäzenatentum.

Dabei hat sich immer wieder erwiesen, daß zwischen Mäzenatentum auf der einen Seite und Bürger und Bürgersinn auf der anderen Seite ein unmittelbarer Zusammenhang besteht. Wo es keine selbstbewußten, kritischen und kompetenten Bürger gibt, wo, wie im Dritten Reich oder später auch in der DDR, die Bürger zu Untertanen degradiert waren, kann es auch kein Mäzenatentum geben. Wenn dies richtig ist, stellt sich allerdings auch umgekehrt die Frage, worauf in einem Land mit einer freiheitlichen Verfassung ein Mangel an mäzenatischem Engagement schließen läßt, noch dazu in einer alles in allem und nach wie vor ausgesprochenen Wohlstandsgesellschaft? Etwa auf einen zu wenig ausgeprägten Bürgersinn? Auf ein zu großes Saturiertsein? Auf die Gewöhnung von uns Heutigen daran, alles oder jedenfalls sehr viel und auf jeden Fall zu viel vom Staat zu erwarten? Und inwiefern spielt dabei auch die veränderte Struktur unserer Gesellschaft eine Rolle?

Das Berliner Mäzenatentum konnte sich in seinen Glanzzeiten auf ein gebildetes Besitzbürgertum stützen, das aufgeschlossen war, das sich bereitwillig – natürlich auch aus Gründen gesellschaftlicher Geltung – für die Förderung der Künste sensibilisieren ließ, das selbst sammelte und seine Sammlungen stiftete oder auf andere Weise der Öffentlichkeit zugänglich machte.

Darin wurden die Sammler und Stifter durch eine anspruchsvolle, geistreiche Kunstpublizistik und Kunstkritik bestärkt, die – oft von bedeutenden Kunsthändlern unterstützt – fortwährend neue Maßstäbe setzten und so auch ihrerseits dynamische Prozesse in Gang brachten.

Dazu gehörten aber auch Museumsleute, die sich kraft ihrer Persönlichkeit und ihrer inneren Unabhängigkeit von staatlicher Beeinflussung weitgehend frei halten konnten, und die eine wichtige und lohnende Aufgabe nicht zuletzt in der Beratung von Sammlern und Stiftern sahen, auch in der Ausrichtung der Sammlungen und Stiftungen auf die Interessen ihrer eigenen Museen. Die bedeutenden Museumsdirektoren waren in diesem Sinne immer gleichzeitig auch große Akquisiteure.

Hinzu kam schließlich noch die Rolle des Staates. Staatskonservativismus hat moderne Entwicklungen nicht verhindern, allenfalls verzögern können. Am förderlichsten war immer noch das Gewährenlassen im Sinne bürgerlicher Liberalität. Das Kaiserreich hat dies, wenn überhaupt, nur halbherzig zustande gebracht. Weimar zeichnete sich durch Liberalität aus. Das Dritte Reich hat gegen sie elementar, offen und brutal verstoßen. Seither, in der Bundesrepublik, besteht die freiheitlichste Verfassung, die es je auf deutschem Boden gab.

Natürlich ist es nicht denkbar, daß bestimmte günstige oder sogar ideale Bedingungs-Zusammenhänge der Vergangenheit beliebig reproduzierbar wären und sich auf unsere heutige Gesellschaft oder gar auf künftige Gesellschaften übertragen ließen. Jede Gesellschaft und jede Zeit muß ihr Verhältnis zur Kunst, zum Künstler und zur Förderung von Kunst und Künstlern neu bestimmen.

Das schließt jedoch nicht aus, im Lichte der Erfahrungen der Vergangenheit darüber nachzudenken, wie günstige

Bedingungs-Zusammenhänge in Zukunft aussehen könnten, vielleicht auch aussehen müßten, wenn privates Mäzenatentum wieder eine maßgebliche Rolle in Berlin spielen soll. Damit sind Sinn und Zweck dieses Buches umschrieben.

Unsere Vorlesungsreihe, auf der dieses Buch aufbaut, ließ sich nicht planen, organisieren und durchführen ohne die Unterstützung vieler. Unser Dank gilt zunächst Werner Knopp, dem Präsidenten der Stiftung Preußischer Kulturbesitz, der uns seinen Amtssitz, die Villa von der Heydt, die selbst in einer großen mäzenatischen Tradition steht, als schönen und inspirierenden Rahmen für unsere Vorlesungen zur Verfügung stellte. – Als Gewinn hat sich erwiesen, daß Eberhard Roters unserem Wunsch entsprochen hat, als wissenschaftlicher Berater für das gesamte Vorlesungsprojekt tätig zu werden. Bei der Konzipierung der Reihe, bei Gesprächen mit den Referenten und bei der Begleitung der einzelnen Vorlesungen hat uns sein unermüdlicher Rat gute Dienste geleistet. – Das Projekt wäre nicht so gelungen, wenn nicht jeder, den wir auf seine Mitwirkung angesprochen haben, bereit gewesen wäre, unsere Bitte zu erfüllen. Wolf-Dieter Dube, Thomas W. Gaehtgens, Wolfgang Hardtwig, Charles W. Haxthausen, Werner Knopp, Sieghardt von Köckritz, Edzard Reuter und Eberhard Roters – jeder auf seine Weise hat dazu beigetragen, daß am Ende der Vorlesungsreihe und nun in diesem Buch ein sehr differenziertes Bild des Mäzenatentums in Berlin, seiner Entwicklung und seiner Motivation entstanden ist, aber gleichzeitig auch eine Vorstellung in einem allgemeineren Sinne von den Bedingungen, die erfüllt sein müssen, wenn Mäzenatentum sich kraftvoll entfalten soll. – Eva Züchner hat mit großer Kompetenz, Sorgfalt und Zuverlässigkeit das Entstehen des Manuskripts in allen Phasen und allen seinen Teilen betreut. – Wenn dieses Buch schließlich in seiner Gesamtgestaltung auch noch ein schönes Buch geworden ist, was von Anfang an unser Ehrgeiz war, dann verdanken wir dies neben der Bereitwilligkeit des Verlages der Aufgeschlossenheit von Wolfgang Konwitschny, der für die Herstellung des Buches unmittelbar zuständig war. Er konnte sich mit uns gemeinsam auf die Kreativität und Professionalität von Wieland Schütz stützen.

Unsere mit diesem Buch verbundenen Hoffnungen würden in Erfüllung gehen, wenn es dem Mäzenatentum in Berlin zusätzliche und neue Chancen eröffnete.

Berlin, im Juni 1993 Günter und Waldtraut Braun

Inhalt

Kulturpolitik, Kunstförderung und Mäzenatentum im Kaiserreich

Im Spannungsfeld zwischen Staatskonservativismus und bürgerlicher Liberalität

von

Werner Knopp

Um die Mitte des vorigen Jahrhunderts waren die Berliner Museen eher gehobene Mittelklasse in Deutschland; am Ende des Jahrhunderts und in den folgenden Jahrzehnten gehörten sie zur Spitzengruppe der Museen in der Welt. Dieser erstaunliche Aufstieg kennt in seiner Kürze und seiner durchschlagenden Kraft wenig Vergleichbares in der Museumsgeschichte. Damit ist das Grundthema meiner Überlegungen angeschlagen: das in den geschichtlichen Epochen wechselnde Zusammenwirken von Staat und Gesellschaft bei der Entwicklung der Berliner Museen und bei ihrem Aufstieg zur Zeit des Kaiserreiches und der Weimarer Republik. Wie Staat und Gesellschaft sich gegenüber ihren Museen in einer solchen, rückblickend fast rauschhaft zu nennenden Aufstiegsepoche verhalten haben, läßt exemplarisch die Problematik hervortreten, die das Verhältnis zwischen Museen, Staat und Gesellschaft bis heute aufwirft und die in ihren Grundzügen bis heute gleichgeblieben ist. Daher drängen sich einleitend einige eher grundsätzliche Gedanken zu diesem Problemfeld auf.

Werner Knopp

Museum als Institution in Staat und Gesellschaft

Gegenstand dieser Betrachtung ist zunächst einmal das Museum als staatliche Einrichtung, als eine allgemein zugängliche, vom Staat unterhaltene Sammlung von Kunst oder Kunstobjekten. Das Museum als Institution, wie wir es heute kennen, ist seit der Mitte des 18. Jahrhunderts, in Berlin in Gestalt des Alten Museums seit 1830 präsent. Von Anfang an war die Institution Museum Gegenstand hohen Interesses der staatlichen Instanzen und der Gesellschaft und damit auch Gegenstand der Politik. Dies gilt vor allem für Sammlungen, welche die zeitgenössische Kunst einschließen; denn hier trifft der öffentliche Bildungsauftrag der Museen mit massiven materiellen Interessen der Kunst und des Handels in besonders ausgeprägter Form zusammen. Die Ankaufspolitik staatlicher Sammlungen bedeutet entweder Existenzsicherung oder Existenzversagung für einen Teil der Künstler und der Kunstproduzenten. Daher ist sie zu allen Zeiten, auch im 19. Jahrhundert, Gegenstand politischer Aktionen gewesen und mußte solche geradezu hervorrufen. Das Museum war also von Anfang an ein politisch sensibler Gegenstand. Hinzu kommt aber, daß es damit rechnen muß, von allen gesellschaftlichen Seiten her mit gleichermaßen beanspruchter Kompetenz behandelt zu werden. Fast jeder hält sich für kompetent, in die Entwicklung eines Museums hineinzureden, seine Meinung dazu auch öffentlich zu äußern – stärker als dies bei anderen Kulturinstitutionen der Fall ist. Die Wahrheit dieses Satzes kann man fast wöchentlich in unseren regionalen und überregionalen Zeitungen nachprüfen.

Da das Museum gleichzeitig Gegenstand der Politik und des allgemeinen Interesses und der allgemeinen Kritik ist, steht es von Anfang an in einem komplizierten Beziehungsnetz zu anderen Institutionen und Gruppen und damit auch in entsprechend vielen Spannungsfeldern. Dies zeigt sich schon an der Binnenstruktur des Museums: In Deutschland ist es für die Mehrzahl der größeren Museen geradezu Tradition, Teil der staatlichen Verwaltungsorganisation zu sein. Das Museum ist durchweg hierarchisch organisiert, mit einer monokratischen Spitze in Gestalt des Direktors, bei größeren Häusern oder Museumsverbänden in Gestalt des Generaldirektors. Im allgemeinen gibt es keine formalisierte Mitbestimmung der Mitarbeiter in bezug auf die Museumspolitik. Ausnahmen sind erst in neuerer Zeit aufgetreten; das Land Hamburg etwa hat eine solche Mitbestimmung eingeführt. Für das Klima, für die Wirksamkeit der Museen ist die Kollegialität zwischen der Leitung und den Mitarbeitern entscheidend. In einem funktionierenden Museum findet Mitbestimmung kraft Sachverstandes statt. Bei Museumskomplexen ist man schon im vorigen Jahrhundert teilweise weitergegangen. Hier wurden rechtlich geordnete Mitspracherechte der Direktoren in bezug auf die Museumspolitik geschaffen, in Berlin bereits 1878 durch das berühmte und bis heute in seinen Grundzügen geltende Statut der Königlichen Museen, das bestimmte Mitwirkungsrechte der Direktorenkonferenz festschreibt, die bis heute genau beachtet werden.

Ein solcherart organisiertes Museum ist seinerseits in den Staatsorganismus, die Staatsorganisation eingeordnet. Das Museum genießt in unserem Lande keine rechtlich geschützte Autonomie wie etwa die Hochschulen. Es ist wiederum auf Autonomie und Autorität kraft Sachverstandes verwiesen. Die Staatspraxis seit dem vorigen Jahrhundert führt dazu – und das hat sich, so lange wir rechtsstaatlich und freiheitlich organisiert sind, gehalten –, daß die staatlichen Behörden, die das letzte Entscheidungsrecht haben, dem Sachverstand der Museumsleute im allgemeinen vertrauen. Die formal gegebene Unterordnung unter Ministerien oder andere Aufsichtsorgane, wie etwa in der

Stiftung Preußischer Kulturbesitz unter den Stiftungsrat, wird dadurch praktisch weitgehend überspielt. Und das ist auch gut so.

In der Monarchie kommt natürlich noch die Einwirkungsmöglichkeit des Monarchen hinzu, die eine gewisse Mehrschichtigkeit der staatlichen Einwirkung auf die Museumspolitik hervorruft. Wenn der Monarch sich für kunstverständig hält, sich persönlich engagiert, wie das zeitweise in Preußen der Fall war und heute in Gestalt des Prinzen von Wales in Großbritannien noch der Fall ist, dann kann das zu schwierigen Situationen für die beteiligten staatlichen Stellen und die beteiligten Museen führen. Immerhin hat ja auch die Königin von Norwegen bei ihrem Besuch vor kurzem in der Wikingerausstellung die Umhängung eines Ausstellungsgegenstandes veranlaßt. Ganz hat sich die monarchische Intervention also bis heute nicht verloren.

Gesellschaftliche Richtkräfte

Finden diese Einflüsse auf die Linie, die Praxis und die Arbeit eines Museums sozusagen intern, in der internen Struktur des Staates statt, so gibt es eine Fülle von Einwirkungen – von Richtkräften, könnte man sagen – auf die Museumsarbeit auch von außen, aus dem gesellschaftlichen Bereich heraus. Es gibt ganz verschiedene Partner der Museumsarbeit, die wegen ihrer Interessen, auch wegen ihres Engagements Einfluß auf die Arbeit der Museen nehmen. Das fängt an bei den Besuchern, deren Stellung allerdings relativ schwach ist. Sie sind nicht Teil der Institution wie die Studenten in der Universität; sie haben keine rechtlich geordneten Mitbestimmungsrechte; sie haben im allgemeinen nur das Beschwerderecht, das sie zwar lebhaft ausüben, das aber meist keine allzu große Wirkung zeigt.

Nur manche Staaten sind so weit gegangen, den Benutzern institutionalisierte Mitwirkungsrechte einzuräumen. In der DDR etwa gab es Benutzerräte in den Bibliotheken.

Bei uns wenden sich Benutzer, die mit ihren Beschwerden nicht sofort Erfolg haben, im allgemeinen an andere Instanzen: In einer freien Gesellschaft ist ein weiterer Partner der Museen die Kritik durch die Medien und auch durch die Wissenschaft. Diese Verflochtenheit ist allen Kulturinstitutionen gemeinsam, alle müssen sich der öffentlichen Kritik stellen. Für die Museen gilt die Besonderheit, daß sie einer besonders intensiven wissenschaftlichen Kritik unterliegen, weil das Fach Kunstwissenschaft oder das Fach Völkerkunde – so könnte man den ganzen Katalog durchgehen – mit der Arbeit der Museen auf das engste verbunden ist und daher eine entsprechend kritische Begleitung stattfindet.

Hinzu treten nun noch Partner im gesellschaftlichen Raum, die gleichsam museumsspezifisch sind, mit denen die anderen kulturellen Organisationen nicht zu rechnen haben. Das sind einmal die Künstler, die insbesondere im Hinblick auf diejenigen Museen, die zeitgenössische Kunst sammeln, massive Interessen haben und diese auch individuell und organisiert wahrnehmen. Dies war zu allen Zeiten so. Der Verein Berliner Künstler hat im vorigen Jahrhundert unter Hilfestellung des Staates diese Rolle sehr effektvoll gespielt. Spuren dieses Einflusses sind bis heute noch erhalten, wenngleich in unterschiedlichem Ausmaß und heute in anderen Formen.

Neben den Künstlern stehen die Sammler, teils als Konkurrenten der öffentlichen Sammlungen, oft aber auch als deren Partner. Durch das Beratungsverhältnis, das sich – großenteils auf Initiative der Museen – schon im vorigen Jahrhundert zwischen Sammlern und Museen entwickelte, entstand eine Partnerschaft, die häufig dazu führte, daß aus beratenden Sammlern am Ende helfende Mäzene wurden.

Im vorigen Jahrhundert geschah dies im großen Stil, und es geschieht bis heute immer wieder.

Neben den Sammlern steht der Kunsthandel, der nicht nur Lieferant für die Museen ist, sondern auch zu ihrem Partner werden kann, wie es vorbildhaft gerade in Berlin im vorigen Jahrhundert vorgeführt wurde. Die informelle Einflußnahme des Handels auf die Museumspolitik, das persönliche Vertrauensverhältnis, das sich zwischen den prominenten Händlern und den prominenten Museumsdirektoren in jahrzehntelanger Zusammenarbeit herausgebildet hatte, kann kaum überschätzt werden. Hier liegt aber auch ein zu allen Zeiten schwieriges Problemfeld. Denn die Vermischung von Handelsinteressen und staatlichen Sammelinteressen ist eine dauernde Gefahr. Als Andeutung möge genügen, daß Wilhelm von Bode sich in größtem Stil auch als Vermittler oder sogar direkt als Händler betätigt hat. Die Museen, der Staat haben strenge Regeln entwickelt; aber ein Feld für Versuchungen und für Spannungen besteht hier nach wie vor.

Und endlich — last but not least — kommen die Förderer und Mäzene ins Blickfeld, jene gesellschaftliche Gruppe, die sich aus den schon genannten, ganz verschiedenen Gruppen rekrutieren kann, die aber vereint wird durch die Bereitschaft und die Möglichkeit, die Museen in ihrer Arbeit beratend und auch wirtschaftlich zu unterstützen. Einzelne Mäzene und Stifter und Zusammenschlüsse von solchen begleiten die Arbeit der Berliner Museen von einem relativ frühen Stadium, von den sechziger Jahren an. Die Nationalgalerie, das berühmteste Beispiel, geht auf die Stiftung des Konsuls Wagener zurück; von da an besteht eine lange Kette der Unterstützungen bis hin zur Gegenwart.

Alle diese Richtkräfte üben auf die Entwicklung, auf die Politik, insbesondere auf die Erwerbs- und Ausstellungspolitik eines Museums ihren Einfluß aus, bestimmen damit das Profil, die Linie des Museums mit. Diese Linie wird also von einem komplizierten und ständig wechselnden Parallelogramm der Richtkräfte bestimmt. Wie stark sie im einzelnen sind, wie sie die Linie beeinflussen, läßt sich nur aufgrund der jeweils konkreten politischen und wirtschaftlichen Bedingungen in einem Staat und dessen Gesellschaft bestimmen. Natürlich muß auch das persönliche Entscheidungs- und Durchsetzungsvermögen der Akteure in allen diesen Gruppen, die auf die Museumsarbeit Einfluß nehmen, ins Kalkül einbezogen werden. Das ergibt in allen Epochen ein farbiges und ständig wechselndes Bild. Das alles ist zu bedenken, wenn man den Blick auf das Kaiserreich richtet, um zu sehen, wie sich die verschiedenen Kräfte dort zusammengefügt haben, um den großen Erfolg der Berliner Museen, ihre aufsteigende Linie im späten 19. und frühen 20. Jahrhundert zu ermöglichen.

Die Lage der Berliner Museen im Kaiserreich

Die Bühne des Kaiserreichs, die frisch gebackene Reichshauptstadt Berlin nach 1871, wird auf Staatsseite bestimmt durch die beherrschende Macht des neugeschaffenen Reiches, das Königreich Preußen. Es ist eine europäische Großmacht, aus eigenem Recht, auch im deutschen Rahmen ein Großstaat: drei Fünftel des Reichsgebietes etwa und ein gleicher Anteil der Bevölkerung sind preußisch. Preußen ist damals so groß wie die heutige, wiedervereinigte Bundesrepublik Deutschland zusammengenommen. Ein so mächtiger Staat war in der Lage – das war neben vielen Nachteilen der große Vorteil dieser Konstruktion –, der Reichshauptstadt eine imponierende kulturelle Grundausstattung zu liefern, ohne daß das Reich auch nur einen Finger dafür zu krümmen brauchte. Das Reich spielte in der Kulturpolitik des Kaiserreiches als solches keine Rolle, es trat nur selten auf die Bühne, manchmal allerdings, wenn es um auswärtige Kulturpolitik ging, ganz eindrucksvoll. Als etwa zu entscheiden war, welche Künstler Deutschland auf der Weltausstellung in Saint Louis 1904 vertreten sollten, fand eine Debatte im Reichstag darüber statt, ob die auf traditionalistische Strömungen beschränkte Politik des Reiches so ihre Ordnung habe, ob man die Intervention des Königs von Preußen und Deutschen Kaisers so hinnehmen könne. Der politisch so machtlose Reichstag lieferte zu diesem Gegenstand eine Debatte von hohem Rang, den man bei kulturpolitischen Diskussionen im gegenwärtigen Bundestag manchmal vermißt.

Im übrigen aber dominierte Preußen. Preußen war für Kulturpolitik, speziell für Museumspolitik, hoch motiviert. Der Wille, die preußische Hauptstadt, die jetzt Reichshauptstadt geworden war, zu einem den anderen europäischen Metropolen gleichwertigen Zentrum für Kultur und Kunst auszubauen, war bei allen preußischen Instanzen unverkennbar. Besonders nach der Reichsgründung war diese Bereitschaft mit Händen zu greifen, als der Kronprinz zum Protektor der Königlichen Museen ernannt wurde und er binnen kurzer Zeit eine Vervielfachung der Ankaufsmittel für die Museen durchsetzte. Man kann bei einem Unternehmen wie der Ausgrabung und der „Einholung" der Funde von Pergamon beispielhaft studieren, wie alle preußischen Instanzen miteinander wetteiferten, dieses Unternehmen zu finanzieren und es überhaupt erst zu ermöglichen.

Dieser Hintergrund bildete natürlich eine vorzügliche Rahmenbedingung für die Entwicklung der Museen, die sich in diesen Anfangsjahren des Kaiserreiches zu jener Institution umbildeten, die sie heute noch sind. Ihre Gründung geht zwar in Preußen auf das Jahr 1830 zurück, aber erst nach der Reichsgründung gewannen die Museen in ihrer Innenstruktur das Gesicht, das wir heute kennen und schätzen. Mit anderen Worten: sie wurden professionalisiert. Anfangs wurden die Museen noch vielerorts von Dilettanten betrieben, zu Generaldirektoren wurden vorzugsweise Hofkavaliere berufen. Wilhelm von Bode erzählt bissig von einem von ihnen, der im Tiergarten auf und ab gegangen sei und die Namen der großen Künstler auswendig gelernt habe, um beim Kaiser damit Eindruck zu machen.[1] Bezeichnenderweise war der erste kommissarische Direktor der Nationalgalerie – das Fach Kunstwissenschaft steckte noch in den Kinderschuhen – ein Historienmaler, Eduard Daege. Die Kustoden waren zunächst aktive Künstler, Maler, deren praktischer Sachverstand gefordert wurde. Dies änderte sich nach der Reichsgründung, als der nächste Direktor der Nationalgalerie, der Museumsmann Max Jordan, berufen wurde. Er wurde dem Volksschriftsteller Berthold Auerbach vorgezogen, den man zunächst für diesen Posten in Vorschlag gebracht hatte. Max Jordan sorgte dafür, daß jetzt auch die Kustoden Fachleute waren, die aus der Museumspraxis kamen. Allmählich, da sich diese Entwicklung überall in Deutschland vollzog, bildete sich eine Museumslaufbahn heraus. Wilhelm von Bode, sein Aufstieg vom Assistenten bis zum Generaldirektor in den Berliner Museen, ist das schlagendste Beispiel dafür. Max Jordan wurde vom Städtischen Museum Leipzig nach Berlin geholt, und Hugo von Tschudi wurde an die Spitze der Nationalgalerie berufen, nachdem er sich als Assistent Wilhelm von Bodes bewährt hatte. Er wurde übrigens dem patriotischen Historienmaler Hermann Knackfuß vorgezogen, den man dem Kaiser für diesen Posten angedient hatte. Knackfuß war es, der mit Wilhelm II. zusammen das berühmte Bild „Völker Europas, wahrt Eure heiligsten Güter“ entwickelt hatte.

Das Verhältnis zum Staat war noch stark hierarchisch, wie es preußischer Tradition entsprach. Die Museen waren dem Ministerium für geistliche, Unterrichts- und Medizinalangelegenheiten zugeordnet und hier der Abteilung für

Kunst. Aber die preußische rechtsstaatliche Tradition sorgte dafür, daß die Referenten die Museen als ihre Sache empfanden, daß sie eine streng sachbezogene Politik durchzusetzen versuchten und gegen Pressionen von höchster Stelle, auch gegen Pressionen des Monarchen, oft genug Widerstand leisteten. Diese Rolle wurde noch dadurch verstärkt, daß wiederholt das Amt des Referenten für die Museen in Personalunion mit dem Amt des Generaldirektors fiel. Wie der preußische Kurator bei den Universitäten, war auch der so amtierende Generaldirektor und Museumsreferent sowohl Vertreter des Staates bei seinen Museen wie umgekehrt Vertreter seiner Museen beim Staat, was zu günstigen Entwicklungsbedingungen führte. Ein qualifizierter Beamter, und solche brachte das alte Preußen in großer Zahl hervor, machte die Sache der ihm anvertrauten Institution zu seiner eigenen, und das kam der Institution natürlich zugute.

Faktische Autonomie der Museen und ihre Schranken

Diese Organisation führte zu einem hohen Maß an faktischer Autonomie der Museen in der Kaiserzeit. Im Regelfall konnten sie ihre Ankaufspolitik ungehindert durch die staatliche Bürokratie durchsetzen. Referenten wie Erich Müller oder der spätere preußische Kultusminister Friedrich Schmidt-Ott sorgten dafür. Die Kultusminister hielten sich im allgemeinen aus der laufenden Museumspolitik heraus.

Der einzige grundsätzlich bedenkliche Zug in der preußischen Zeit kam ausgerechnet durch ein Gremium hinein, das ein schüchterner Versuch des Staates war, eine Art von Mitbestimmung gesellschaftlicher Gruppen einzuführen. Das war die berühmte Landeskunstkommission, 1862 gegründet, die sowohl das Vorschlagsrecht für das hatte, was wir heute „Kunst am Bau“ nennen würden, als auch für die Erwerbspolitik der Nationalgalerie. In der Landeskunstkommission waren die kunstpolitischen Institutionen des Staates, die Akademien und die Künstlervereinigungen vertreten. In der Praxis entgleiste die Kommission leicht zu einer Art Selbstbedienungsladen der organisierten Künstlerschaft. Das zeigte sich vor allem bei der überwiegenden Verwendung der Mittel für „Kunst am Bau“, für Wandmalereien und ähnliches zum Nachteil der Nationalgalerie; und es zeigte sich auch wiederholt in Gestalt massiver Einflußnahme der Künstlerschaft auf die Erwerbspolitik der Nationalgalerie. Aber man kann Preußen schlecht den Vorwurf machen, hier eine Intervention des Staates versucht zu haben; es war gerade das Umgekehrte gewollt. Der Versuch mißriet jedoch in gewisser Weise, und die Museen haben viel Mühe aufwenden müssen, um die Einflußnahme des Gremiums zurückzudrängen.

Der kritische Punkt im preußischen System trat in der wilhelminischen Epoche des Kaiserreiches hervor, nämlich die Interventionsmöglichkeit des Monarchen. Sie war durchaus von der Person Wilhelms II. abhängig, denn erst zu seiner Zeit nahm diese Interventionsmöglichkeit konkrete Gestalt an und geriet damit in ein kritisches Stadium. Sowohl Wilhelm I. als auch sein Sohn hatten sich Zeit ihres Lebens mit Interventionen in Museumsdingen zurückgehalten. Bei Wilhelm I. lag dies in seiner Natur begründet; er stand der Kunst nicht sehr nahe, war ein nüchterner Berufssoldat und seine kunstpolitischen Stellungnahmen beschränkten sich auf eine eher sympathische Abneigung gegen die damals so beliebten Allegorien in der Kunst. Er liebte vor allem Darstellungen von praktischen Gegenständen, die er nachvollziehen konnte.

Sein Sohn, der langjährige Kronprinz Friedrich Wilhelm und spätere Kaiser Friedrich III., hat eine ganz einzigartige Rolle in der Museumsgeschichte gespielt. Er war nach dem

Krieg 1870/71 Protektor der Königlichen Museen geworden. Durchaus kunstverständig und kunstengagiert, liebte er alles, was mit der Renaissance zusammenhing. Besonders aber war er zusammen mit seiner Frau ein Pionier des Kunstgewerbes und seiner Darstellung in einem Museum. Aber seinem Charakter nach war er so vornehm und so einsichtig, daß er niemals als Diktator der Museen in Erscheinung getreten ist. Wir hören immer nur von einer dienenden und helfenden, niemals von einer befehlenden und durchsetzenden Rolle.

Dies änderte sich mit dem Regierungsantritt seines ältesten Sohnes, Wilhelms II.; jetzt verstärkte sich nicht nur das persönliche Engagement des Monarchen, sondern es häuften sich auch die Interventionen in die Museumspolitik. Das hatte einmal, um gerecht zu sein, durchaus auch objektive Gründe: Erst Wilhelm II. stieß auf neue und für einen im traditionellen Kunstverständnis aufgewachsenen Monarchen fremde Kunstrichtungen. Auch hatte es erst Wilhelm II. mit einem Zeitgeist zu tun, der – teils durch ihn beeinflußt, teils aber auch unabhängig von ihm – zunehmend nationalistisch verengt wurde. Die pauschale Ablehnung fremder Kunst in nationalen Galerien wäre im frühen Stadium des Kaiserreiches wahrscheinlich so nicht denkbar gewesen. Sie trat erst in der wilhelminischen Epoche auf. Gründe lagen aber, von diesen objektiven Momenten abgesehen, zum anderen auch in der Persönlichkeit Wilhelms II. Wilhelm dilettierte selbst in der Kunst; er hat Marinebilder gemalt, die zwar nie den Weg in ein Museum gefunden haben, die aber immerhin zeigen, daß er mehr war als ein primitiver Dilettant. Er arbeitete oft mit Künstlern, die seine Kunstanschauung teilten, zusammen, um bestimmte Gemälde zu entwickeln. Er hatte aber auch ganz ausgeprägte eigene Anschauungen über die Rolle der Kunst und damit auch über die Rolle der Museen. Kunst sollte nach seiner Anschauung den Menschen veredeln, sollte ihn möglichst auch patriotisch erheben statt – wie Wilhelm II. formulierte – in den Rinnstein zu drücken. Die „Rinnsteinkunst" wurde von ihm zum Schlagwort erhoben. Er hatte eine ausgeprägte Meinung zu Kunstrichtungen, die sich mit dem Leben der Ärmeren, mit den sozialen Problemen befaßten. Originalton Wilhelm II.: „Wenn Kunst Elend noch scheußlicher hinstellt, als es ist, versündigt sie sich am deutschen Volk."[2]

Interventionslust des Monarchen

Mit dieser Auffassung und, wie es seiner impulsiven Natur entsprach, mit großem Engagement mischte sich Wilhelm II. in die Museumspolitik ein; es häuften sich nicht nur die persönlichen Meinungsäußerungen, sondern auch die persönlichen Interventionen. 1903 kam es zum Skandal, als ein „Grunewaldsee" von Walter Leistikow von der Landeskunstkommission einstimmig für die Nationalgalerie vorgeschlagen, vom Kaiser jedoch mit der schnoddrigen Bemerkung abgelehnt wurde, er kenne den Grunewaldsee besser, er sei Jäger, und die Natur sei nicht so, wie Leistikow sie darstelle.[3] Als Albert von Keller den Monarchen einmal mit einem vorsichtig impressionistischen Bild konfrontierte, bemerkte der Kaiser sofort: „Das Bild hat keine klaren Konturen, es gefällt mir nicht." Worauf Keller antwortete: „Majestät, gehen Sie einmal an das andere Ende des Raumes, lassen Sie es aus der Ferne auf sich wirken" – worauf Wilhelm II. völlig ungnädig wurde: „Wer hat denn schon so große Räume? Kunst kann doch nicht nur dazu da sein, aus zehn Meter Entfernung betrachtet zu werden!" Wer in unserer Zeit Debatten über die Anschaffung kontroverser Werke für die Nationalgalerie miterlebt hat, erkennt die Argumente wieder. Max Liebermann fand vor den Augen eines solchen Monarchen natürlich wenig Gnade. Ein Künstler, der den Ausspruch getan hatte, eine gut gemalte Rübe sei ebenso gut wie eine gut gemalte Madonna[4], mußte einen derart strukturierten Kaiser notwendig reizen. Diese Einstellung zur Kunst wäre an sich nicht so schlimm gewesen; Wilhelm II. teilte sie mit vielen seiner Amtsbrüder. In England beispielsweise war es in dieser Epoche nicht anders. Der Unterschied lag nur darin, daß Wilhelm II. konkret in die Anschaffungspolitik hineinregieren wollte und daß ihm dies in einem überraschenden Maße auch gelang. Er hatte ein lebhaftes Interesse für die Kunst; nur hatte er zu den Museen eine Beziehung, die im Grunde auf die absolutistische Zeit zurückging. Er sah sich nicht nur als Herrscher von Gottes Gnaden, sondern auch als ein zur Pflege der Museen Berufener. Er identifizierte sich förmlich mit den Museen, nicht nur, weil sie ein traditionelles monarchisches Statussymbol waren, sondern weil sie natürlich auch – und insofern war Wilhelm II. durchaus modern – als Propagandainstrument für eine bestimmte Staats- und Gesellschaftsauffassung benutzt werden konnten.

Von diesen Antriebskräften her muß man die Interventionen Wilhelms II. auch werten, für die er im übrigen gar nicht so wenig Möglichkeiten hatte. Zwar war Preußen ein Rechtsstaat und die Rolle des Monarchen nicht mehr unumschränkt, sondern auf ganz bestimmte Eingriffsrechte verwiesen. Aber diese waren eben nicht ganz unbedeutend. Schon im vorrechtlichen Raum konnte der König die Museen auf vielfältige Weise beeinflussen, durch Zuwendungen oder deren Versagung aus seiner Privatschatulle. Er konnte begehrte Ernennungen an die Akademie oder Berufungen auf Professuren und auf Direktorenposten konzedieren oder verhindern, er konnte Orden austeilen oder versagen. Sein Wort galt, Kompetenz hin, Kompetenz her, im monarchischen Preußen noch so viel, daß bei erkennbarer Ungnade

Ausstellungen abgesagt oder fallengelassen wurden und daß Erwerbungen unterblieben.

Die Majestät hatte ganz bestimmte Stoßrichtungen. Nachdem die Secession, ein Zusammenschluß moderner Künstler, die die modernen Richtungen gegen die etablierten durchsetzen wollten, ab 1898 tätig war, richtete sich die geballte Abneigung des Kaisers gegen diesen Zusammenschluß, dessen Angehörige und deren Tätigkeit. Zu einer anderen, ganz persönlichen Zielscheibe wurde sehr schnell der Direktor der Nationalgalerie, Hugo von Tschudi, der seine Erwerbspolitik bewußt darauf anlegte, die Nationalgalerie zu kosmopolitisieren und moderne Richtungen in ihr durchzusetzen. Dies mußte mit dem Kunstverständnis Wilhelms II. und seinem Verständnis von einer Institution, die Nationalgalerie hieß, zwangsläufig kollidieren.

Pressionen von Interessenten

Faßt man die Interventionen des Kaisers ins Auge, fällt zugleich der Unterschied zu späteren Diktaturen in Deutschland auf. Bei allem Antagonismus zu Hugo von Tschudi stimmte der Monarch nach der großen Jahrhundertausstellung 1904 doch zu, daß dieser Geheimer Regierungsrat wurde. Er bewahrte sich auch in den Kampfzeiten eine gewisse Liberalität. Immer wieder einmal tolerierte er Ankäufe von Liebermann-Bildern, und ebenso stimmte er zu, daß aus Anlaß der Eröffnung des Kaiser-Friedrich-Museums Liebermann den Generaldirektor Wilhelm von Bode porträtierte. Er hat Ankäufen der Nationalgalerie sogar zugestimmt, wenn es sich um Werke ausländischer Künstler handelte, denn seine Abneigung richtete sich nur gegen einige von ihnen. Er hat auch Tschudi lange Zeit toleriert, obwohl dieser es damals darauf anlegte, in einen

Konflikt mit dem Monarchen zu geraten. Dies sind große, sehr große Unterschiede zu den Praktiken ausgeprägter Diktaturen. Der Kaiser war von Hause aus gar nicht einmal die größte Gefahr für die Entwicklung der Museen in dieser Epoche.

Gefährlich, ja bösartig wurden die Interventionen Wilhelms II. eigentlich erst dadurch, daß er den Einflüsterungen einflußreicher Interessengruppen allzu oft erlag und sich von ihnen als Instrument ihrer eigenen Politik benutzen ließ. Eine verhängnisvolle Rolle spielte in diesem Zusammenhang Anton von Werner, der Direktor der Hochschule der Künste und einflußreicher Verbandsfunktionär – eine Rolle, die in der Kritik an Anton von Werner gelegentlich zu kurz kommt. Er war als Präsident des Vereins Berliner Künstler im Grunde der einflußreichste Lobbyist in der Berliner Szene und vertrat massiv die Interessen der Künstlermehrheit der damaligen Zeit, die im traditionellen Sinne vor sich hin malte. Die Wissenschaft spricht in diesem Zusammenhang häufig und vielleicht nicht ganz zu Unrecht vom Künstlerproletariat jener Tage, von Künstlern also, die ihre Hoffnung darauf setzten, daß ein einflußreicher Verband beim Staat Mittel locker machte und genügend Ankäufe durchsetzte, um ihre Existenzgrundlage zu sichern.

Ein solcher Funktionär – und insofern eine durchaus moderne Figur – war Anton von Werner, der mit der Durchsetzung dieser Interessen die Durchsetzung seiner eigenen, sehr engen, im akademischen Realismus befangenen Kunstauffassung verband. Dieser Druck wurde immer wieder auf den Kaiser ausgeübt, um ihn zum Intervenieren gegen mißliebige Entwicklungen zu bewegen. Die Ankaufspolitik Hugo von Tschudis etwa, die sehr stark die französischen Impressionisten einbezog, benachteiligte logischerweise die einheimischen akademischen Künstler. Deren Feindschaft gegen die Nationalgalerie und ihren Direktor und die Inanspruchnahme des Monarchen dafür waren die unmittelbare Folge. Vergiftet wurde das Klima außerdem aber auch durch zunehmende nationalistische und auch antisemitische Strömungen in der Öffentlichkeit. Die modernen Kunstrichtungen wurden vielfach mit ausländischen, fremdartigen Einflüssen gleichgesetzt. Da viele Sammler Juden waren, war der Vorwurf einer jüdischen Beeinflussung deutscher Kunstsammlungen schnell bei der Hand. Man muß allerdings Anton von Werner das Zeugnis ausstellen, daß er dem Antisemitismus mutig widerstanden hat. Er maßregelte Studenten, die antisemitische Flugblätter verfaßten, er geißelte den primitiven Antisemitismus des Hofpredigers Stoecker, aber er machte sich diese Strömungen auch zunutze, um seine eigene Politik durchzusetzen. Und der Kaiser war für solche Einflüsterungen immer wieder empfänglich, weil er den Zeitgeist nicht nur mitgestaltete, sondern auch selbst ein Produkt dieses Zeitgeistes war.

Gegenkräfte und Konflikte

Die staatliche Einflußnahme auf die Politik der Museen weckte aber auch Gegenkräfte. Wir stoßen nun auf das Spannungsfeld zwischen dem konservativ eingestellten Staat und denjenigen Gruppen, die ihn trugen oder jedenfalls ihn sich zunutze machten, und jenem Teil des Bürgertums, das anders dachte und die kosmopolitische Einstellung der Museen unterstützte. Hier spielte das Berliner Bürgertum eine Rolle, die über schlichtes Mäzenatentum und bloße finanzielle Unterstützung weit hinausging und die schließlich eine politische Dimension gewann, die für die Entwicklung der Berliner Museen gar nicht hoch genug eingeschätzt werden kann.

Das Berliner Bürgertum hatte vom wirtschaftlichen Aufschwung Deutschlands erst nach der Herstellung der Zolleinheit und später nach der politischen Einigung profitiert. Es trug die Entwicklung Berlins zu einer Metropole europäischen Ranges mit; es wurde zusehends wohlhabender. Bald wurde das Sammeln von Kunst als eine Möglichkeit angesehen, der Öffentlichkeit vor Augen zu führen, daß man Geld nicht nur, wie es hieß, „für Haus und Equipage" hatte. Max Friedländer hat dies so formuliert: „Der Kunstbesitz ist so ziemlich die einzige anständige und vom guten Geschmack erlaubte Art, Reichtum zu präsentieren. Den Anschein plumper Protzigkeit verjagend, verbreitet er einen Hauch ererbter Kultur. Die großen Meister geben dem Besitzer von ihrer Würde ab, erst scheinbar, schließlich aber auch wirklich."

Das Sammeln in Berlin verbreitete sich schnell; die wohlhabenden Sammler, darunter eine große Zahl jüdischer Herkunft und jüdischen Glaubens, wurden für die Museen zunehmend Partner und schließlich Mäzene. Das Mäzenatentum im kaiserlichen Berlin war, so wird geschätzt, zu 80% jüdisches Mäzenatentum.

Zunächst entwickelte sich diese helfende Rolle für die Museen im Bereich der alten Kunst. Dies war vor allem eine Leistung Wilhelm von Bodes, der die Betreuung der Sammler und ihre allmähliche Hinführung zur Unterstützung der Museen zu einer hohen Kunst entwickelte. Ein Paradebeispiel solcher kunstvollen Beeinflussung war der Bankier Oskar Hainauer, der die lange Reihe der an die Museen herangeführten Sammler eröffnete. Karl von der Heydt kam hinzu. James Simon ist vielleicht der Prominenteste unter ihnen. Seit den achtziger Jahren bildeten sich auch Vereinigungen zur Förderung der Museumsarbeit: zunächst bereits 1881 für die Völkerkunde und dann 1896 mit dem Kaiser-Friedrich-Museumsverein, einer Schöpfung Bodes, auch ein Verein zur Unterstützung der Kunstsammlungen. Damit hatte Berlin sozusagen die erste Stufe der Be-

I

III

IV

ziehungen zwischen Museen und unterstützendem Bürgertum erklommen.

Das ganze politische Gewicht des Mäzenatentums in Berlin wurde in einer gleichsam zweiten Stufe erreicht. Denn die Entwicklung, die Wilhelm von Bode maßgeblich für die alte Kunst durchgesetzt hatte, mußte nun für die moderne Kunst nachgeholt werden. Um 1880 lag die Beschäftigung mit zeitgenössischer, in die Zukunft weisender Kunst in Berlin noch ziemlich brach. Es gab für sie kaum Ausstellungsmöglichkeiten. Vor allem dem Berliner Bürgertum ist es zu verdanken, daß sich dieser Zustand änderte. Pionier auf diesem Gebiet war der Jurist Carl Bernstein, der seit 1882 in seiner Privatsammlung in Berlin auch französische Impressionisten zeigte – damals ein revolutionärer Einbruch in die stark kanonisierte deutsche Kunst. 1883 folgte der Salon Gurlitt, und Max Liebermann, zu Erfolg und Geld gekommen, begann ebenfalls Impressionisten zu sammeln. Er hatte alsbald siebzehn Manets und viele andere große Namen in seiner Sammlung am Brandenburger Tor beisammen, einer Sammlung, die großen Einfluß auf das Verständnis und den Umgang mit Kunst in Berlin gehabt hat.

Zwischen 1880 und dem Ende des Jahrhunderts entstand in Berlin auch der Handel mit moderner Kunst, der nach Paris bald die zweite Stelle in Europa einnahm. So war der Boden bereitet, die Leistung Wilhelm von Bodes auf die moderne Kunst auszudehnen. Es war Bodes langjähriger Assistent, Hugo von Tschudi, der systematisch Mäzene anzuwerben begann, um Schenkungen für die Nationalgalerie zu bekommen. Tschudi lenkte diese Schenkungspolitik in eine ganz bestimmte Richtung. Er benutzte sie, um die kaiserliche Intervention gegenüber der Ankaufspolitik der Nationalgalerie gleichsam zu unterlaufen. Der Kaiser konnte – jedenfalls über lange Zeit – nur in Erwerbungen hineinregieren, die mit staatlichen Mitteln getätigt wurden. Schenkungen konnten zunächst ohne Zustimmung des Monarchen angenommen werden. Davon machte Tschudi reichlich Gebrauch. Es war die Zeit, in der die Auseinandersetzung zwischen traditioneller Kunst und den modernen, kühneren Kunstrichtungen in Berlin ihren Höhepunkt erreichte. 1896 kam Tschudi ins Amt, 1898 bildete sich auf der Seite der Künstler diejenige Institution, die die modernen Richtungen förderte, die Secession. 1899 zeigte sie ihre erste Ausstellung in der Kantstraße in Charlottenburg.

Der Kaiser und die hinter ihm stehenden Kräfte konnten diese Entwicklung nicht verhindern, sie konnten sie nur behindern. Dem Kaiser paßte von Anfang an „die ganze Richtung nicht", um dieses Bonmont des Polizeipräsidenten von Richthofen hierauf anzuwenden. Eine ganze Reihe von kleinlichen Schikanen gegen die neue Richtung folgte. Offiziere in Uniform durften die Ausstellung der Secession nicht besuchen, was – und das zeigt wiederum die „liberalen Löcher" im Kaiserreich – den Reichskanzler, Fürst Hohenlohe, nicht daran hinderte, genau dies zu tun.

Es gab durchaus auch Gegenkräfte im staatlichen Organismus. Die monarchische Bürokratie versuchte, die kaiserliche restriktive Linie zu unterlaufen, wo sie nur konnte – nicht aus Sympathie für die neuen Richtungen, sondern aus rechtsstaatlichem Denken heraus. Auch die teilweise liberal besetzten Kommunalverwaltungen machten gegen den Kaiser Front. Anläßlich der Eröffnung der ersten Secessionsausstellung sagte der Oberbürgermeister von Charlottenburg: „Bei uns pflegen wir die Kunst ohne Ansehen der Person und der künstlerischen Richtung"[5] und formulierte damit ein Gegenprogramm zur kaiserlichen Linie. Es bildete sich, mit anderen Worten, als Reaktion auf die Linie des konservativen Staates eine Allianz zwischen fortschrittlichen Museumsleuten, den in der Secession zusammengeschlossenen Künstlern, liberal denkenden Staatsbeamten und der liberalen Presse in Berlin, die jede Maßnahme der Secession positiv begleiteten und entsprechend kritisch auf Gegenmaßnahmen aus dem Staatsapparat reagierten.

Das Bürgertum war gespalten. Ein Teil dachte in Berlin liberal und unterstützte die Linie der Secession und der Nationalgalerie, ein großer Teil aber war im nationalistischen Zeitgeist befangen, verstand etwa die Rolle der Nationalgalerie im buchstäblich nationalen Sinne und wollte keine „welschen“ oder französischen Künstler sehen. Das Ende dieses Ringens war, daß Tschudi die Berliner Bühne verließ und nach München ging. Sein Nachfolger Ludwig Justi setzte seine Linie, wenngleich sehr viel diplomatischer und mit anderen Mitteln, in vielen Punkten fort – mit durchaus beachtlichem Erfolg. Der Kaiser lenkte daraufhin in gewisser Weise ein, so daß dieser große Konflikt nicht allzu tiefe Spuren hinterlassen hat.

Schlußfolgerungen

Die Entwicklung der Kunstpolitik im Kaiserreich war keineswegs singulär. Der Kampf zwischen Traditionalismus und Moderne in der Museumspolitik ist wahrscheinlich zeitlos. Er spielt sich immer wieder ab, auch in unseren Tagen, wenn neue und neuartige Kunstrichtungen nach vorne drängen. Das Aufkommen der Impressionisten hatte Adolf von Menzel noch mit hämischen, abwertenden Kommentaren begleitet. Degas etwa hat er als „Dreck“ bezeichnet, sich zwar dafür entschuldigt, aber dann doch gesagt, in der Sache bleibe er bei seiner Auffassung. Liebermann, der den Impressionismus in Deutschland mit durchgesetzt hatte, bekämpfte später den Expressionismus, den er nicht mehr verstand. Das Phänomen, daß neuartige Richtungen es immer schwer haben und von den etablierten Richtungen abgelehnt werden, war aber nicht nur ein deutsches Problem. Ich erwähnte den Streit über den deutschen Beitrag für die Weltausstellung in Saint Louis 1904, der zu einer Debatte im Deutschen Reichstag führte. Wenn man den engstirnigen deutschen Beitrag mit dem französischen vergleicht, dann ist dort von den großen Namen des französischen Impressionismus sehr wenig zu sehen gewesen, stattdessen eine Salonkunst, die heute in den Museen kaum noch ausgestellt wird.

Die deutsche Besonderheit war aber, daß dieser Konflikt eine bösartige Form annahm und zeitweise ein vergiftetes Klima schuf, indem er auf seiten der Künstler mit einem Kampf um wirtschaftliche Interessen vermengt wurde. Solcher Art sind die Interventionen Anton von Werners zum großen Teil gewesen. Eine deutsche Besonderheit war auch, daß der Monarch zügelloser als die anderen Monarchen in Europa seine persönliche Kunstauffassung zur Geltung zu bringen suchte. Und die furchtbarste Besonderheit in Deutschland war, daß dem ganzen schon Strömungen zugrunde lagen, die noch verhängnisvoll werden sollten: die nationalistische Strömung und auch die antisemitische, die im Bürgertum jener Tage zwar noch nicht sehr verbreitet und noch nicht gesellschaftsfähig, aber doch schon vorhanden und greifbar war. Wenn man etwa die Karikaturen der „Lustigen Blätter“ zu den Kunstkämpfen jener Zeit durchsieht, stellt man entsetzt fest, wie häufig in ihnen ein antisemitischer Zug erkennbar wird.

In den zwanziger Jahren, als Kunst und Museen sich noch einmal geradezu rauschhaft entwickelten, reichten die Gegenkräfte zunächst noch aus, um die liberale Kunstpolitik des Staates zu tragen. Aber dann wurden sie schwächer; es wurde Deutschlands Verhängnis, daß die nationalistischen und antisemitischen Strömungen, die im Kaiserreich begonnen hatten, nunmehr sogar den Staat beeinflußten.

Trotz alledem – obwohl in den Kämpfen zwischen liberalem, mäzenatischem Bürgertum und konservativem Staat manche Züge der späteren Diktatur schon sichtbar wurden, nicht zuletzt die Intoleranz und Rücksichtslosigkeit auch im persönlichen Bereich – besteht doch zwischen dem Kaiserreich und dem Hitlerschen Staat ein Abgrund an Unterschieden. Das Kaiserreich hatte noch so viele Reserven an Liberalität, daß Interventionen des Staates immer wieder relativiert und abgeschwächt werden konnten. Hugo von Tschudi ist ja letztlich nichts passiert – man muß es aus der Erfahrung dessen, was danach kam, einmal so formulieren. Er hat es schwer genug gehabt, er ist bekämpft worden. Und auch Max Liebermann ist vieles versagt worden, was ihm seiner Leistung nach zugestanden hätte. Aber beide konnten leben und arbeiten, und niemand, der Kaiser eingeschlossen, dachte daran, sie in ihren Lebens- und Arbeitsbedingungen oder gar in ihren staatsbürgerlichen Rechten zu beschneiden.

Wir dürfen nicht vergessen, daß sich trotz aller Konflikte immerhin unter tätiger Mitwirkung des Berliner Bürgertums der grandiose Aufstieg der Berliner Museen verwirklicht hat, der auch die umkämpfte Nationalgalerie einschloß; denn das, was die Nationalgalerie damals erworben hat, macht zu einem guten Teil ihren Stolz noch immer aus.

Anmerkungen

1 Vgl. Wilhelm von Bode, Mein Leben, 2 Bde., Berlin 1930, Bd. I, S. 61 f.

2 Rede Wilhelms II. anläßlich der Vollendung der Siegesallee am 18. 12. 1901, zit. n. Wilhelm Schröder, Das Persönliche Regiment. Reden und sonstige öffentliche Äußerungen Wilhelms II., München 1907, S. 166.

3 Vgl. Lovis Corinth, Das Leben Walter Leistikows, Berlin 1910, S. 52.

4 Vgl. Max Liebermann, Die Phantasie in der Malerei, hg. von Günter Busch, Frankfurt/M. 1978, S. 49.

5 Zit. n. Paret, Die Berliner Secession, S. 119.

Weiterführende Literatur

Dominik Bartmann, Anton von Werner. Zur Kunst und Kunstpolitik im Deutschen Kaiserreich, Berlin 1985.

Karl-Heinz und Annegret Janda, Max Liebermann als Kunstsammler. Die Entstehung seiner Sammlung und ihre zeitgenössische Wirkung. In: Forschungen und Berichte, Staatliche Museen zu Berlin, Bd. 15, Berlin 1973, S. 105–145.

Ekkehard Mai, Hans Pohl, Stephan Waetzoldt (Hg.), Kunstpolitik und Kunstförderung im Kaiserreich. Kunst im Wandel der Sozial- und Wirtschaftsgeschichte (Kunst, Kultur und Politik im Deutschen Kaiserreich, Bd. 2), Berlin 1982.

Peter Paret, Die Berliner Secession. Moderne Kunst und ihre Feinde im Kaiserlichen Deutschland, Berlin 1981; auch als Ullstein Kunstbuch Nr. 36074, Berlin 1983.

Paul Ortwin Rave, Die Geschichte der Nationalgalerie Berlin, Berlin 1968.

Christopher With, The Prussian Landeskunstkommission 1862–1911. A Study in State Subvention of the Arts (Kunst, Kultur und Politik im Deutschen Kaiserreich, Bd. 6), Berlin 1986.

Drei Berliner Porträts: Wilhelm von Bode, Eduard Arnhold, Harry Graf Kessler

Museumsmann, Mäzen und Kunstvermittler – drei herausragende Beispiele

von

Wolfgang Hardtwig

Der Museumsmann Wilhelm Bode, der Sammler Eduard Arnhold und der Kunstvermittler Harry Graf Kessler haben das Kunst- und Kulturleben in Deutschland in der Wilhelminischen Ära zutiefst beeinflußt. Sie interessieren als Persönlichkeiten, doch lassen sich an ihnen auch wesentliche Aspekte der Kunstdiskussion, Kunstförderung und Kunstpolitik in der Epochenwende um 1900 darstellen. Die Kunst in ihrem Verhältnis zu Öffentlichkeit und Politik verdient Aufmerksamkeit nicht nur im Blick auf die Kunstgeschichte im engeren Sinn. Auch der gesellschaftliche und politische Wandel läßt sich von der Seite kultureller Vorgänge und Leistungen, in diesem Fall speziell der ästhetischen Kultur her, genauer beleuchten.

Im Zentrum der folgenden Überlegungen stehen einzelne Persönlichkeiten. Der Historiker ist aufgefordert, sie in ihrer Unverwechselbarkeit zu verstehen, zugleich aber im Besonderen das Allgemeine aufzusuchen und zu begreifen, für welche allgemeingesellschaftlichen, kulturellen und politischen Wandlungsprozesse die individuellen Akteure und ihr Wirken stehen. Es soll also zunächst versucht werden, die Leistungen Bodes, Arnholds und Kesslers zu skizzieren, dann aber soll nach den gemeinsamen Bedingungen gefragt werden, unter denen sie aufgetreten sind. Schließlich soll diskutiert werden, in welcher Weise sie dazu beigetragen haben, die Kunstwahrnehmung, das Kunstinteresse und die öffentliche und private Kunstförderung in der Wilhelminischen Ära auf neue Grundlagen zu stellen.

Wilhelm von Bode
Der Großorganisator und Großakquisitor

Wilhelm Bodes Aufstieg zum „Bismarck der Museumswelt", wie ihn Karl Scheffler genannt hat[1], war alles andere als geradlinig. Der aus einer Braunschweiger Beamten- und Juristenfamilie stammende Bode unterzog sich den typischen Prozeduren der bildungsbürgerlichen Sozialisation, Jurastudium und studentischem Verbindungsleben, freudlos, aber gehorsam.

Erst nachdem umständlich der Rat Carl Schnaases eingeholt worden war, erlaubte der Vater dem fertigen Braunschweiger Referendar das Zweitstudium der Kunstgeschichte, das Bode allerdings weitgehend autodidaktisch betrieb. Am 2. August 1872 trat er auf Betreiben des Direktors der Gemäldegalerie, Julius Meyer, die Stelle eines Assistenten zunächst an der Plastischen Abteilung der Berliner Museen an.

Bode hat kurz vor seinem Tod 1929 seine rastlose, außerordentlich vielseitige und zugleich konzentrierte, höchst erfolgreiche, aber auch von endlosen Krankheiten behinderte Tätigkeit in aufschlußreichen, aber merkwürdig öden Memoiren rekonstruiert. Sie reihen im wesentlichen

Erwerbungsgeschichten aneinander, entweder die mißlungenen, bei denen er regelmäßig nachweist, um wieviel teureres Geld das British Museum oder Rothschild das entsprechende Werk dann später gekauft haben; oder gelungene Erwerbungen, die seine überragende Kennerschaft unter besonderer Berücksichtigung der Unfähigkeit aller anderen Beteiligten ins hellste Licht rücken. Aber was sich auch immer beim Leser an Reserve aufbauen mag gegen den „Autokrat“, wie Karl Scheffler meinte, gegen sein „persönliches Regiment“, gegen die „Rücksichtslosigkeit des Generalgewaltigen“[2], eines wird man ihm mit Jacob Burckhardts Worten nicht absprechen können: das „Königsrecht des Bestimmten über das Unbestimmte“. Es zeigte sich unter anderem an folgenden Punkten: Zunächst setzte Bode durch, daß die Einkaufspolitik der Preußischen Museen mit ihrem bis dahin fest fixierten Klassizismus und mit der Tradition brach, Kopien bzw. Gipsabgüsse zu erwerben. Das war im Vergleich mit anderen großen Sammlungen überfällig, in Berlin aber wohl aufgrund des nachwirkenden Einflusses Friedrich Wilhelms IV. noch nicht selbstverständlich. Sodann gelang es ihm, die Bestände der Berliner Museen praktisch in allen Bereichen, vom Orientteppich über das Kunsthandwerk und die Plastik bis zu den Gemälden vor allem des 16. und 17. Jahrhunderts, in ganz außerordentlichem Umfang zu vermehren.

Die Grundlage dieses Erfolgs war die Kombination zweier Fähigkeiten, die beim Kunstfreund nicht immer zusammenkommen: Bode kannte den Kunstmarkt wie kein anderer oder – mit den Worten Max Liebermanns – „kein Mensch auf der Welt hat wie Bode eine auch nur annähernd große Warenkenntnis“[3], und er fundierte seine Kennerschaft und damit seine Ankaufspolitik auf eigene Forschungen, die er mit bemerkenswerter Konstanz neben aller praktischen Museumsarbeit durchhielt.

Beides, Marktkenntnis und Forscherkompetenz, bildete dann auch die Grundlage für seine Beziehung zu den Sammlern. Er war *die* Autorität, er ermunterte und beriet die in ihrem Kunsturteil naturgemäß meist noch unsicheren Kunstsammler aus dem aufstrebenden Wirtschaftsbürgertum, und vor allem: *Er* war es, der die gelegentliche Metamorphose des Sammlers zum Mäzen beförderte. Höchst erfolgreich verstand er zum Wohl der Berliner Museen das Grunddilemma jedes Sammlers zu nutzen, das ein Chronist der Berliner Privatsammlungen 1870 mit folgenden Worten umschrieb: „Nichts ... ist ihm (dem Sammler) schmerzlicher und bildet geradezu die dauernde Qual seines Lebens als der Gedanke, daß diese ganze, mit so großer Mühe ... zusammengebrachte ... Sammlung ... nach dem Tode ihres Schöpfers durch den unbarmherzigen Hammerschlag des Auctionators zersprengt wird. Diese durch den ‚Kunstauctionator' repräsentierte grausame Ironie des Schicksals ... erscheint gleichsam als die Strafe, welche der Genius der Kunst für derartige persönliche Monopolisierung auferlegt. Um dem Schmerz dieses vorgeahnten Geschickes zu entgehen oder ihn doch zu mildern, bleibt ihm nur ein Mittel ... Vererbung der Sammlung an ein öffentliches Kunstinstitut." Damit erscheint dann auch der „Genius der Kunst versöhnt, weil sie (die Sammlung) nunmehr der Beschränktheit des Monopols entzogen und als Gemeingut der Nation dem freien und unselbstsüchtigen Genuß der Gesamtheit zurückgegeben" ist.[4]

Ebenso beharrlich und methodisch, wie Bode die Sammler erst beriet und dann, keineswegs immer mit Erfolg, an ihre Dankesschuld gegenüber dem Vertreter der Museen erinnerte, verfuhr er, um das Projekt des Kaiser-Friedrich-Museums Wirklichkeit werden zu lassen. 1896 gründete er den Kaiser-Friedrich-Museums-Verein und schuf damit eine neue, wirkungsvolle Struktur für ein organisiertes Mäzenatentum. 1904 war das viel umstrittene und mit unübersehbaren Schwächen behaftete Haus fertig. Bode hatte damit Raum geschaffen für die wesentlich von ihm selbst erweiterten Bestände der Kunst von der Spätantike bis ins 18. Jahrhundert. Dies war ihm vor allem auch deshalb gelungen, weil seine erfolgreiche Sammelpolitik in nahtloser Übereinstimmung stand mit Wilhelms II. preußisch-dynastisch und national motivierter Kunstpolitik, der es vor allem um herrscherliche Repräsentation durch monumentale Kulturbauten zu tun war. Tatsächlich gelang es Berlin in der Ära Bode in vergleichsweise kurzer Zeit, mit dem Ausbau seiner Museen „Weltgeltung" – wie es in der Literatur gerne heißt – zu erlangen. Gegen diese Seite der wilhelminischen Weltgeltungsambitionen wird man am wenigsten etwas einzuwenden haben.

Eduard Arnhold
Der Unternehmer als Sammler und Mäzen

Steht man bei Bode vor dem kunstpolitischen Großorganisator und Großakquisitor der Epoche, so bei Eduard Arnhold vor einem ihrer bemerkenswertesten Großunternehmer. Arnhold wurde 1849 als drittes Kind des jüdischen Arztes Dr. Adolf Arnhold geboren, kam 1863 als Lehrling in die Berliner Kohlenhandlung Caesar Wollheim, trat 1875 26jährig als Teilhaber in die Firma ein und übernahm sie 1882 nach dem Tod des Kommerzienrates Wollheim als Alleininhaber. Er gehört zum Kreis der überwiegend jüdischen Unternehmer, der Caros, Huldschinskys und Friedländers, die den Kohlenbergbau und die Eisenindustrie Oberschlesiens aufbauten. Arnholds Geschäft war der Kohlehandel, vor allem mit Berlin. Um die Jahrhundertwende deckte er fast ein Viertel des gesamten Kohlebedarfs der expandierenden Reichshauptstadt. 1914 nahm er in der

Rangliste der Berliner Millionäre hinter Fritz von Friedländer-Fuld und Rudolf Mosse den dritten Platz ein. 1889 wurde er Mitglied des Aufsichtsrates der Dresdner Bank, 1912 deren geschäftsführender Vorsitzender. Im Krieg trug er als ständiger Berater des Reichskommissariats für Kohleverteilung wesentlich zur Erfüllung des Hindenburg-Programms für die Kohleversorgung bei. 1918 bis 1921 war er sachverständiges Mitglied der deutschen Delegationen in Versailles, in Spa und auf der Londoner Konferenz. Der Verlust der oberschlesischen Kohlengruben beeinträchtigte Arnhold erheblich, aber nicht existenzbedrohend. Er starb 1925 – hoch geehrt; die Nobilitierung hatte er abgelehnt, nicht aber die Berufung ins preußische Herrenhaus 1913.

Mit diesen Ehrungen bedankte sich der preußische Staat auch für Arnholds umfassendes Mäzenatentum, das, sollte es angemessen gewürdigt werden, das ganze preußische Ordenssystem zu sprengen drohte. In der Personalakte Arnholds im Geheimen Staatsarchiv Berlin-Dahlem finden sich umfangreiche Unterlagen zu Ordensfragen, darunter ein Schreiben des Staatsministeriums an den Kaiser vom 15. April 1910, das folgende Erörterungen enthält: „Je mehr die Wissenschaft mit zunehmender Vertiefung zu umfassenden Großunternehmungen fortschreitet, je mehr die Preise der Erwerbungen für die heimischen Sammlungen durch die Amerikanische Konkurrenz ins Ungemessene anschwellen, je mehr die Bekämpfung von Volkskrankheiten und sozialer Not große Mittel erfordert, umso mehr ist die Staatsverwaltung zur Durchführung der ihr obliegenden Aufgaben genötigt, sich an die Hilfe Privater zu wenden. Diese ist aber erfahrungsgemäß davon abhängig, daß der Staat in geeigneten Fällen besondere Anerkennung nicht versagt." Da aber die vorhandenen Orden im Falle Arnholds möglicherweise nicht als „entsprechende Auszeichnung" angesehen werden könnten, schlug das Ministerium vor, für solche besonderen Fälle neue Orden, etwa eine

Wilhelms-Medaille oder ein Wilhelmskreuz, zu schaffen.[5] Im Falle Arnholds dürften diese Erwägungen müßig gewesen sein. Er wahrte zwar das Ansehen seines Namens mit großer Entschiedenheit und beträchtlichem geschäftlichen Risiko, auch etwa gegen den preußischen Handelsminister Brefeld, der über einen 1901/02 lancierten Angriff auf den von Arnhold dominierten oberschlesischen Zwischenhandel stürzte, aber sein Mäzenatentum war für Arnhold viel zu sehr Teil seiner Persönlichkeit, als daß er es von solchen Auszeichnungen abhängig gemacht hätte.

Seit Beginn der siebziger Jahre sammelte Arnhold, und er zählte zu den wenigen Sammlern sowohl von alter als auch moderner Kunst. Eine sehr viel wichtigere Beraterfunktion als Bode nahm für ihn deshalb auch Hugo von Tschudi ein. Arnholds Anschaffungen moderner Kunst bewegten sich im Rhythmus der im jeweiligen Jahrzehnt bekannt werdenden Richtungen: zuerst die Düsseldorfer Landschafts- und Genremalerei der Andreas Achenbach und Ludwig Knaus, dann Böcklin, Feuerbach und Marées sowie Menzel und Lenbach, wozu dann nach 1900 zahlreiche Werke der Secessionisten Gaul, von Hildebrand, von Hofmann, von Kalckreuth, Klinger, Leibl, Leistikow, Stuck, Thoma, Trübner, Uhde, Ury usw. kamen. Seit 1896 verlagerte er dann den Schwerpunkt seines Interesses auf französische Impressionisten, darunter insgesamt sechs Monets, mehrere Manets, mehrere Degas, Landschaften von Sisley und Pissarro, aber auch von Cézanne. Arnhold konnte seine Sammlung über die Krise seines Wirtschaftsimperiums hinweg erhalten, in alle Welt verstreut wurde sie erst nach 1933.

Parallel zum Aufbau seiner eigenen Sammlung war Arnhold unablässig mäzenatisch tätig. Er stellte Tschudi Geld zum Ankauf vor allem französischer Werke zur Verfügung und ermöglichte damit zusammen mit anderen Stiftern erst den Aufbau der Impressionistensammlung der Nationalgalerie. Neben die Kunstförderung trat in höchst generösem

Umfang die Künstlerförderung und die Förderung der Kunstwissenschaft.

1911 stiftete er die Deutsche Akademie Villa Massimo in Rom und schenkte sie dem preußischen Staat, er schuf einen „Eduard-Arnhold-Hilfsfonds für Künstler", und kontinuierlich unterstützte er mit kräftigen Dotationen die Biblioteca Hertziana. Diese Förderungen fielen besonders ins Gewicht, seit mit Kriegsniederlage, politischem Systemwechsel und Inflation die Mittel des Staates für die Kunst- und Künstlerförderung noch erheblich knapper geworden waren, als sie es ohnehin immer sind.

Wer für irgendein fundiertes künstlerisches Anliegen Geld brauchte, wandte sich an Arnhold, sei es Max Liebermann mit der Bitte um Unterstützung für die Zeichenschule des Herrn von Kunowski, seien es Eberhard von Bodenhausen und Harry Graf Kessler in ihren Finanznöten mit der Zeitschrift „Pan". Ein Brief Bodenhausens, des Mitstreiters Kesslers am „Pan", führt Bode, Kessler und Arnhold am 6. April 1900 in einer sehr charakteristischen Konstellation zusammen. Bodenhausen schreibt an Kessler, „daß Arnhold sehr viel mehr täte, wenn Du (Kessler) und Bode mit einem fertigen Organisationplan (für einen erneuerten ‚Pan') vor ihn trätet. Er hat einen enormen Berliner Lokalpatriotismus."[6]

Harry Graf Kessler
Avantgarde-Promotion und Elitebewußtsein

Projekte zu machen zur Förderung der modernen Kunst, diese Projekte aber auch beharrlich und schwungvoll zu verfolgen und dazu tausend Kontakte spielen zu lassen, das war in der Tat das Lebenselixier Harry Graf Kesslers. Kessler ist zweifellos die glänzendste, aber auch die eigentliche tragische Gestalt im Kreis der hier behandelten Kunstpolitiker und -förderer. Schon seine Herkunft hat den Reiz des Ungewöhnlichen. Als Sohn eines überaus erfolgreichen, polyglotten und 1879/81 in den Grafenstand erhobenen Bankiers und dessen offenbar überaus attraktiver, aus irischem Uradel stammender Frau in Paris 1868 geboren, erhielt er seine Schulbildung an illustren Institutionen in Paris und Ascot, studierte dann Jura in Leipzig, hörte dort aber bereits kunstgeschichtliche Vorlesungen. Die Absicht, in den diplomatischen Dienst einzutreten, mißlang, wahrscheinlich aufgrund einer Intrige des späteren Reichskanzlers von Bülow. Kessler war finanziell unabhängig und blieb berufslos, suchte aber und fand rasch den Kontakt zu den wichtigsten Köpfen der Berliner Kunstszene und wurde 1895 Aufsichtsrat und Vorstandsmitglied der Genossenschaft für den „Pan". Hofmannsthal, mit dem er bald befreundet war, bezeichnete ihn als „Künstler im lebendigen Material", er verschaffe „Seelen einen Anblick" und führe „Erscheinungen einander zu".[7]

Damit ist wohl Kesslers wichtigste Eigenschaft getroffen. Hofmannsthal spricht von dessen „zehntausend Bekannten", Kesslers Tagebuch selbst nennt in fünf Jahrzehnten rund 40 000 zeitgenössische Namen. Kessler war der Gesellschaftsmensch schlechthin, aber zumindest bis zur Mitte der zwanziger Jahre war diese Existenzform nicht nur Selbstzweck, sondern stand auch im Dienste der maßgeblichen Idee der künstlerischen Avantgarde: durch die nonkonformistischen, die Fesseln der Tradition sprengenden, die Grenzen der Nationen überspringenden Künste ein immer größeres Publikum zu einem neuen Lebensstil zu erziehen und an eine Reform des ganzen Lebens heranzuführen. 1909 bereits spricht Kessler in einem Brief an seinen Freund Bodenhausen von der „modernen Welt, die in den letzten 10 bis 20 Jahren durch unsere und die vorhergehende Generation geschaffen worden ist".[8] Und 1925, in der Gedenkrede auf Paul Cassirer, heißt es dann noch präziser, Kunst, Gesellschaft und Politik aufeinander beziehend: „Die Auflehnung der 90er Jahre und der ersten Jahre dieses Jahrhunderts war in Wirklichkeit der Anfang der Revolution. Das Brüchige des kaiserlichen Systems ist in Kunst und Literatur viel früher gespürt und begriffen worden als in der Politik."[9] Diese Äußerung belegt allerdings auch, daß Kesslers grenzenlose ästhetische Rezeptivität zumindest bis 1918 durchaus blinde Flecken in der Wahrnehmung der politisch-sozialen Welt einschloß. Erst die Niederlage von 1918 und die revolutionären Ereignisse in Berlin machten ihn zum aufmerksamen und teilnehmenden Beobachter auch der plötzlich zu Akteuren gewordenen Arbeitermassen und ihrer politischen Führer.

Sein Ziel einer Lebensreform durch Bewußtseinsveränderung, die durch eine zeitgemäße Kunst angestoßen werden sollte, verfolgte Kessler mit einer Fülle von Aktivitäten. Er gehörte zusammen mit seinem Freund Bodenhausen zu den treibenden Kräften im „Pan". Als kompetenter Berater im Hintergrund unterstützte er den modernitätsfreundlichen Kurs des aufstrebenden Insel-Verlags. Wieland Herzfeldes Zeitschrift „Neue Jugend" unterstützte er 1916 durch Zuschüsse und Bürgschaften bei den Lieferanten. Mit seinen Essays über eine Reihe moderner Künstler versuchte Kessler systematisch, deren Arbeit dem deutschen Publikum nahezubringen. Im Kampf um die Berliner Secession polemisierte er erbittert gegen Anton von Werner und die Akademie. Er zählte zu den organisations- und geschäftskundigen Gründern und Propagandisten des Künstlerbundes und war dessen zweiter Vorsitzender. Er sammelte das Modernste, das jeweils zu haben war, unter anderem in den neunziger Jahren die französischen Neoimpressionisten, dann Rodin und Maillol, mit denen er befreundet war; ein Gemälde Beckmanns kaufte er bereits bei dessen erstem Auftreten, ebenso George Grosz, den er für den „Höllenbreughel" der Epoche hielt.[10] Nahtlos ist dabei der Übergang vom Sammeln zur Künstlerförderung: Munch-Zeichnungen kaufte er, obwohl sie ihm nicht gefielen, nur weil es dem Künstler schlecht ging[11]; Lesser Urys „Der Mensch" empfahl er zum Ankauf durch die Nationalgalerie, was an Bode scheiterte[12], usw.

Auf höhere Ebenen der Kunstpolitik stieß Kessler dann 1901/02 vor, als es ihm aufgrund seiner persönlichen Verbindungen und glänzenden Umgangsformen gelang, die Berufung Henry van de Veldes nach Weimar durchzusetzen. Im Auftrag des Großherzogs eröffnete van de Velde 1902 sein „Kunstgewerbliches Seminar" in den Räumen der Kunstschule. Damit verbunden war eine Berater- und Koordinierungsfunktion für die künstlerische Seite des Sachsen-Weimarischen Gewerbes und der Bautätigkeit. Kessler selbst wurde 1903 zum ehrenamtlichen Leiter des „Museums für Kunst und Kunstgewerbe" berufen. Für kurze Zeit schien es so, als ließe sich hier im großen Maßstab ein Zentrum der Kunst-, Gesellschafts- und Lebensreform organisieren. Aber die Weimarer Hofgesellschaft reagierte am Ende nicht anders als die Berliner. Kessler scheiterte gerade an seinen beachtlichen Anschaffungs- und Ausstellungserfolgen. Nach diesem kurzen Zwischenspiel in offizieller Funktion kehrte er in seine alte Rolle des allgegenwärtigen Connaisseurs und Anregers zurück. Wie die meisten deutschen Intellektuellen, Gelehrten und Künstler blieb er 1914–1917 vom allgemeinen Kriegsgrößenwahn nicht verschont, engagierte sich aber nach der Novemberrevolution bei der linksliberalen DDP und bei der Deutschen Friedensgesellschaft und warb für eigene Völkerbundprojekte. Seit der Mitte der zwanziger Jahre spiegeln seine Tagebücher eine zunehmende Vereinsamung wider, die Sammlung wurde Stück für Stück verkauft. Kessler finanzierte aber noch die Verbreitung von Anti-Hitler-Plakaten John Heartfields. Im Februar 1933 nahm er an der letzten öffentlichen

Kundgebung deutscher Intellektueller gegen Adolf Hitler teil und ging dann ins Exil, wo er 1935 starb.

Die drei hier in aller Kürze vorgestellten Gestalten des Berliner Kunstlebens in der Wilhelminischen Ära, der bildungsbürgerliche Kulturverwalter Bode, der jüdische Unternehmer Arnhold, der Halbkünstler und Gesellschaftsmensch Kessler, gehörten ganz unterschiedlichen sozialen Sphären an. Trotzdem haben sich ihre Wege vielfach gekreuzt. Bei allen Unterschieden gehören sie aus der Fernsicht von heute zusammen, und dieses Aufeinanderbezogensein läßt sich *genauer* beschreiben als mit dem bloßen Hinweis auf ihre Zeitgenossenschaft. Im Folgenden soll also versucht werden, Strukturen dieser Berliner Gesellschaft um 1900 herauszuarbeiten, die die Hinwendung einer aufgeschlossenen Minderheit zur Moderne, den Willen zum Sammeln, die Bereitschaft zum Mäzenatentum und den Aufstieg Berlins zur Kulturmetropole besser erklären können als die bloße Darstellung individueller Begabungen und Leistungen.

Die neuen Formen der Soziabilität und die Dialektik von Demokratisierung und Elitebildung

Diese neuen Formen der Soziabilität nehmen ältere Verhaltens- und Organisationsweisen auf, intensivieren und transformieren sie aber zu neuen Strukturen der Kommunikation, die den Durchbruch der künstlerischen Moderne ermöglichten. Zunächst ist hier der Salon zu nennen. Kesslers Salon in seiner Wohnung in der Nähe des Anhalter Bahnhofs in Berlin und in der Cranachstraße in Weimar war jeweils ein großes gesellschaftliches Ereignis, zu dem Kessler kunstvoll Gäste zusammenführte, die aus gesellschaftlich-beruflichen, intellektuellen oder auch nur aus Gründen des geselligen Vergnügens voneinander etwas wollten und voneinander etwas hatten.

Der Salon ist der wichtigste Ort der „Vernetzung" von Geist bzw. Kunst, Geschäft und Politik, von Establishment und Newcomern. Zwischen Kunstsammeln und Salongeselligkeit scheint dabei noch ein besonderer Zusammenhang zu bestehen. Es gibt zwar auch den Typus des einsamen Sonderlings, der seine Schätze im Verborgenen hortet, aber das ist die Ausnahme. Kessler wollte seine delikate Van de Velde-Wohnungseinrichtung mit einem von ihm neu erworbenen Seurat oder Maillol selbstverständlich zeigen, und Analoges gilt für die meisten Sammler. Arnhold hielt Salon, und dort verkehrte, ebenso wie im Salon Bernsteins, des ersten großen Moderne-Sammlers in Berlin, natürlich auch Wilhelm Bode. Max Liebermann sprach in bezug auf den Salon Bernstein vom Wiederaufleben des Salons der Henriette Herz um 1800[13] und macht damit auf die historischen Zusammenhänge aufmerksam, in denen die Salonkultur zu sehen ist. Sie ist die Sozialform verstärkter Öffnung der gebildeten und bildungsfreudigen sozialen Gruppen zueinander und damit die Sozialform geselliger intellektueller Horizonterweiterung. Es machte einen erheblichen Unterschied, ob man zu den kulinarischen Festen im Haus des Bankiers Bleichröder oder zum Salon im Hause Bernstein, Arnhold oder Kessler ging, wobei die politisch einflußreicheren Kreise zweifellos bei Bleichröder verkehrten. Wichtiger noch als der Salon war der Zusammenschluß der Künstler selbst zu Avantgarde-Gruppen. Er beginnt, nach einzelnen Vorläufern wie der Lukas-Bruderschaft der Nazarener zu Beginn des Jahrhunderts, in den achtziger Jahren in Berlin mit der Künstlerkolonie der Brüder Hart und wird dann in der Künstlergeschichte der Moderne bestimmend. Er verbindet sich mit der Kritik am bürgerlichen Vereinsgedanken, betont jetzt nicht mehr wie die Künstlervereinigungen des 19. Jahrhunderts die Zugehörigkeit zur bürgerlichen Gesellschaft, sondern die Distanz zu ihr und unterstreicht insofern die Krise der bürgerlichen Geselligkeit seit dem Ausgang des Jahrhunderts. Die Berliner Secession war eine Evasion aus dem Verein Berliner Künstler (1841) und aus der Allgemeinen Deutschen Kunstgenossenschaft. Ganz ähnlich wie in Berlin verläuft der Abspaltungsprozeß der Moderne auch in München, Wien und andernorts. Der Secession folgt in der oppositionellen Abgrenzung gegen die offizielle Kunstpolitik die Gründung des Künstlerbundes, und fast gleichzeitig entstanden die ersten Expressionistenvereinigungen, die „Brücke" (1905) und – nach einigen Übergangsstufen der Organisation – „Der Blaue Reiter" (1911/12).

Diese neuen Formen der Künstlersoziabilität stärkten die Stoßkraft der Avantgarde, aber sie förderten und untermauerten auch das vielleicht bestimmende Dilemma im Verhältnis von moderner Kunst und Gesellschaft: die Dialektik von Demokratisierung und Elitebildung. Das späte 18. und das 19. Jahrhundert hatten mit dem Übergang von der fürstlichen Kunstkammer zum Museum, mit der Entstehung der Kunstvereine und überhaupt einer neuen bürgerlichen Kunstöffentlichkeit, mit den neuen graphischen Techniken, der Expansion des Kunstmarktes usw. die Chancen des Kunstzugangs immer mehr verbreitert. Auch der Aufschwung des Sammler- und Mäzenatentums im späten 19. Jahrhundert gehört zu dieser Demokratisierung des Kunstzugangs. Ihr laufen um die Jahrhundertwende zwei nicht immer eindeutig zu trennende Bewegungen zuwider: die konservative und die modernistische Kritik der Egalität und der Masse. Mehr konservativen Motiven entstammte die Klage über die Entstehung eines zahlenmäßig ausufernden „Kunstproletariats" bei Bode[14], aber auch bei Liebermann, wenn er an Arnhold schreibt: „Solange der Staat Millionen vergeudet, das Proletariat in der Kunst großzuziehen, ist es ein nobile officium der wahrhaft Kunstbegeisterten, für Einführung eines vernünftigen Unterrichts in der Kunst einzutreten."[15] Modernistisch dagegen ist die Polemik Kesslers gegen das „allgemeine Stimmrecht" in der deutschen Kunstgenossenschaft, mit dem er den abgrenzenden Eliteanspruch der Secessionisten argumentativ untermauert, und die Verehrung für Nietzsche, jenen Menschen – wie Kessler im Tagebuch schreibt –, „der in seinen Neigungen und Abneigungen, in seinem Streben und in seinen Träumen der Ausdruck einer neuen Art, der Typus des geistig Vornehmen, aber nervös Zerrütteten im Kampfe mit der steigenden Demokratisierung ist."[16]

Die Art und Weise, wie sich Bode, Arnhold und Kessler zu den Avantgarde-Bewegungen stellten, ist symptomatisch für die immer größere Kluft, die sich zwischen der überwiegenden Mehrheit eines durchaus kultivierten Kunstpublikums und den radikal modernistischen, sich antibürgerlich gebenden Kunstrebellen auftat. Arnhold sammelte das jeweils Neue, vollzog aber nicht mehr den Schritt von den Impressionisten zu den Expressionisten; Bode engagierte sich noch beim „Pan", lehnte aber die nachliebermannsche Moderne ab, wobei er allerdings eine Mittelposition insofern einnahm, als er sich für die Kunstgewerbebewegung stark machte; Kessler blieb jeweils an der Spitze der Bewegung. So antibürgerlich sich andererseits die Kunstrebellen gaben, der Brückenschlag zwischen Kunst und Publikum gelang am Ende dann doch nur durch die bürgerlichen Kunstfreunde, vor allem durch ästhetisch interessierte Geschäftsleute und Unternehmer, etwa im Deutschen Werkbund, die sich mit dem sachlichen Design der Moderne den neuen Massenmarkt für Gebrauchswaren zu erschließen hofften, durch die Mäzene wie Arnhold und Kessler, die sammelnd in Neuland vorstießen, und schließlich durch die die Partei der Moderne ergreifenden, nicht historistisch ausgewogen sammelnden Museumsdirektoren, wie Kessler gern einer gewesen wäre und Hugo von Tschudi und Alfred Lichtwark über viele Jahre hinweg gewesen sind.

Mäzenatentum und soziale Aufstiegsmobilität

Die Berliner Soziabilität führte Personen zusammen, die ganz unterschiedlichen sozialen Herkunftskreisen entstammten, die aber auch typisch sind für das Ausmaß der sozialen Durchlässigkeit der deutschen Gesellschaft im Kaiserreich und für die neu entstehenden Strukturen der sozialen Schichtung. Wilhelm Bode stammte, wie erwähnt, aus bildungsbürgerlichem Haus. Er betonte diese Bürgerlichkeit, ließ sich aber 1914 gleichwohl nobilitieren. Das ist nicht ganz so selbstverständlich, wie es auf den ersten Blick erscheinen könnte. Denn Eduard Arnhold, der aus bildungsbürgerlicher Familie stammende jüdische Wirtschaftsbürger und Millionär, lehnte den Adelstitel ab – ebenso übrigens wie James Simon, Carl Fürstenberg, die Hamburger Ballin und Warburg, aber auch die nicht-jüdischen Ruhrindustriellen Krupp, Vater und Sohn, Thyssen, Stinnes und Kirdorf. Der bildungsbürgerliche Sohn des aufgestiegenen Wirtschaftsbürgers Kessler dagegen legte durchaus Wert auf seine etwas exzentrische, vom Vater ererbte Gräflichkeit – exzentrisch, weil die Erhebung in den Grafenstand höchst ungewöhnlich war. Henry van de Velde etwa gab sich bewußt Mühe, mit der Einrichtung des Kesslerschen Wohnhauses in Weimar dessen aristokratischer Lebensführung zu entsprechen.

Bei allen Herkunftsunterschieden war die Standeszugehörigkeit offenkundig nicht mehr entscheidend. Alle drei – Bode, Kessler und Arnhold – verkehrten in denselben gesellschaftlichen Kreisen. Kessler nahm insofern noch eine gewisse Sonderstellung ein, als er den Umgang mit den Spitzen der Gesellschaft durch seine Kontakte auch mit der nicht etablierten Künstlerschaft ergänzte. Es war – so kann man mit Otto Hintze abkürzend feststellen – einerseits eine großbürgerlich-adlige Verwaltungselite, andererseits eine großbürgerlich-adlige Wirtschaftselite entstanden, in der „die Standesunterschiede zu verblassen (begannen) vor der sozialen Bedeutung der Berufsstellung mit ihrem Rang, ihren Auszeichnungen und Ehrenvorrechten, ihren Ansprüchen an gesellschaftliche Bildung und Lebenshaltung."[17] Kunstsammler- und Mäzenatentum schlugen eine geistige und kommunikative Brücke zwischen bürgerlich-adliger Bildungs- und Wirtschaftselite. Blickt man in der Geschichte der informellen Kunstförderung etwas weiter zurück, so wird deutlich, daß sich im Kunstsammeln und im Mäzenatentum Prozesse des Elitenwechsels widerspiegeln. Bei einer kursorischen Berechnung auf der Grundlage von Schaslers bilanzierender Geschichte der Berliner Privatsammlungen 1870 zeigt sich, daß sich adlige, wirtschaftsbürgerliche und bildungsbürgerliche Sammlungen bis dahin in etwa die Waage hielten.[18] Danach verschob sich das Schwergewicht immer mehr zu den Unternehmern, besonders, so ist doch anzunehmen, zu den jüdischen.

Peter Paret allerdings will dem jüdischen Sammler- und Mäzenatentum keine Sonderrolle zugestehen.[19] Er hat dabei den Satz Heinrich Heines für sich, die Juden seien wie die Menschen, unter denen sie lebten, nur noch ausgesprochener als diese. Aber die Vielzahl der jüdischen Sammlungen, die gerade zwischen 1870 und 1914 entstanden, fällt doch ins Auge, von Gerson Bleichröder bis James Simon und Eduard Arnhold, um nur die Extreme unterschiedlicher Sammlungsstile zu benennen. Es soll hier nicht eingegangen werden auf die komplizierten Fragen, inwieweit jüdische Emanzipation, jüdischer Sozialaufstieg und die überaus komplexen Assimilationsprozesse zusammenhängen mit jüdischem Sammler- und Mäzenatentum. Wirklich kompetent lassen sie sich erst beantworten, wenn genau – möglichst auf quantifizierender Grundlage – untersucht ist, wer wann was gesammelt und gefördert hat. Wenigstens aber sei hier noch auf einen Brief Theodor Fontanes aus dem Jahr 1890 hingewiesen, der die Bedeutung des jüdischen Unternehmertums für das Berliner Kunstleben – gerade auch im Zusammenhang mit Geselligkeitskultur – illustrieren kann: „Ich habe ... unserm von mir aufrichtig geliebten Adel gegenüber einsehen müssen, daß uns alle Freiheit und feinere Kultur, wenigstens hier in Berlin, vorwiegend durch die reiche Judenschaft vermittelt wird. Das ist eine Tatsache, der man sich schließlich unterwerfen muß und als Kunst- und Literaturmensch (weil man sonst gar nicht existieren könnte) mit Freudigkeit."[20] Hingewiesen soll dagegen werden auf einen anderen Gesichtspunkt, der bei der Behandlung des Kunstmäzenatentums meist etwas unterbelichtet bleibt. Die Kunstförderung ist gerade beim unternehmerischen Mäzenatentum fast immer nur *ein* Faktor unter vielen und meist, in Zahlen ausgedrückt, keineswegs der wichtigste. Der steinreiche Gerson Bleichröder, der Bankier Bismarcks, war offenbar ästhetisch ungebildet, aber er sammelte, unterstützte Künstler und half zum Beispiel dem Germanischen Nationalmuseum mit Dotationen; aber die dafür aufgewendeten Summen blieben verschwindend gering gegenüber den Stiftungen an Robert Koch oder für sonstige zahllose karitative Zwecke. Ähnliches gilt für Simon und für Arnhold – allerdings mit einer deutlichen Gewichtsverschiebung zur Kunst hin. Die größten Summen dürften dabei neben der Wohltätigkeit für die Wissenschaftsförderung ausgegeben worden sein. Eduard Arnhold spielt *eine*, wenn nicht überhaupt *die* führende Rolle – neben dem Präsidenten Adolf von Harnack – in der 1911 gegründeten Kaiser-Wilhelm-Gesellschaft zur Förderung der Wissenschaft, der heutigen Max-Planck-Gesellschaft. Er gehörte ihrem eigentlichen Entscheidungsgremium, dem Verwaltungsausschuß von der Gründung bis zu seinem Tod 1925 an. Arnhold sprang immer wieder mit größeren Summen ein, aber er betätigte sich auch als Einwerber von Spenden im Kreise seiner Unternehmerkollegen.[21] Alles dies ging ihm leicht von der Hand, Arnhold war, wie Adolf von Harnack in seiner Gedächtnisrede sagte, ein „freudiger Mann“[22], ihn zog neben seiner unternehmerischen Arbeit die Tätigkeit in den Selbstverwaltungsgremien der Wirtschaft, in der Wissenschafts- und Kunstförderung ebenso an wie er sie beherrschte. Bei der Fülle dieser Aktivitäten tritt allerdings auch deutlich hervor, wie sehr sich die private Initiative im Falle Arnholds, aber auch seiner deutsch-jüdischen Unternehmerkollegen, in der betonten Nähe zu Staat und Monarchie entfaltete. Damit ist ein weiterer Problemkreis angeschnitten.

Die Entwicklung von Kulturverwaltungsstaat und Öffentlichkeit und das Verhältnis von Kunst und Macht

Das Sammeln und die damit verbundenen Formen des Mäzenatentums hatten seit der Renaissance schon weitere Kreise ergriffen. Aber die Kunstförderung war bis um die Wende vom 18. zum 19. Jahrhundert doch vorrangig Sache der Fürsten bzw. der Höfe sowie des Adels und allenfalls der Stadtgemeinden gewesen. Der Kulturverwaltungsstaat im heutigen Sinne bildete sich erst im Laufe des 19. Jahrhunderts heraus. Symptomatisch für diesen Prozeß ist die große Denkschrift Franz Kuglers von 1843 in seiner Eigenschaft als Kunstreferent im Preußischen Kultusministerium: „Über die Kunst als Gegenstand der Staatsverwaltung mit besonderem Bezuge auf die Verhältnisse des preußischen Staates", weil Kugler hier den Gesamtumfang der staatlichen Verantwortung für die Kunst umreißt: die Gründung und Fortführung der Akademien, Musikschulen, technischen Kunstanstalten, die Förderung und Anerkennung der Künstler durch Zuwendungen und Auszeichnungen, die Unterhaltung von Museen und – in ersten Ansätzen – die Denkmalpflege und schließlich die Förderung des Theaters.[23]

Dieses Programm stand im Einklang mit den Erwartungen der bürgerlichen Öffentlichkeit, die in der staatlichen Kunstpflege sowohl eine inhaltliche Gestaltungs- als auch eine Erziehungsaufgabe sah. Aber Staat und Monarchie wurden gerade auf dem Gebiet der Kunstpflege nur sehr langsam entflochten, und die Bürokratisierung – das heißt auch Versachlichung und Professionalisierung – der Kunstpflege ging nur in permanenten Reibungen mit dem bis 1918 anhaltenden höfischen Einfluß vonstatten.

In Preußen und Berlin waren seit Friedrich Wilhelm III. diese Reibungen und damit auch die Reibungsverluste bekanntlich besonders heftig, einmal wegen der persönlichen Eigenheiten der Monarchen in ihrem Verhältnis zur Kunst, vor allem aber, weil Wilhelm II. der schon von Friedrich dem Großen verabschiedeten Vorstellung eines monarchischen Gottesgnadentums nachtrauerte. Die Politisierung der Kunstszene in Berlin nach 1890 entzündete sich an einer besonderen Variante des deutschen Grundproblems der Gleichzeitigkeit des Ungleichzeitigen: Der Kaiser suchte ein in der west- und mitteleuropäischen Kulturentwicklung längst obsolet gewordenes monarchisches persönliches Regiment durchzusetzen in denselben Jahren, die künstlerisch den Durchbruch zur Moderne brachten. Das trieb die Politisierung der Kunstdiskussion besonders voran, aber es handelte sich nicht nur um ein preußisches Problem; vielmehr spitzte sich hier nur die überall mehr oder weniger starke Spannung zwischen Substanzverlust des Hofes und Bedeutungsgewinn der Staatsverwaltung besonders zu.

Im Zentrum dieses Geschehens stand, außer Tschudi, Wilhelm Bode. Er hat es im Rückblick sarkastisch kommentiert, aber er hat sich auch virtuos darin bewegt. Als er 1872 bei den Berliner Museen anfing, war der Generaldirektor Graf Usedom. Usedom war vorher Botschafter in Italien gewesen, verfügte über keinerlei spezielle Qualifikation für sein Amt, außer gesellschaftlicher Begabung und guten Beziehungen zum Hof. Dann allerdings besserten sich die Zustände. Nachfolger Usedoms wurde nicht, wie Bode zu befürchten Anlaß hatte, der Baron von Dachröden, den Bode kurz vor der erwarteten Ernennung beim Spaziergang im Tiergarten traf, lange schmale Zettel in der Hand, die er erst zu verstecken suchte, bevor er dann erklärte: „Ich habe mir die Lebensdaten der größten Künstler aufgeschrieben, die ich gerade auswendig lerne. Ich möchte mich doch auf jede Weise auf das Amt des Generaldirektors vorbereiten, das ich – wie Sie wissen – demnächst übernehmen soll.“[24] Nachfolger wurde vielmehr Richard Schöne, der erste sachlich kompetente und ausgebildete Generaldirektor, der zudem 1878 in seiner Eigenschaft als Kunstreferent im Kultusministerium für den Erlaß eines neuen Museumsstatuts gesorgt hatte, auf dessen Grundlage sich von jetzt ab die Professionalisierung der Museumsarbeit und der Ausbau der staatlichen Museen vollzog.

Die weitere Entwicklung verlief allerdings durchaus widersprüchlich und geht in einer simplen Gegenüberstellung – hier Fortschritt durch eine professionalisierte Kunstverwaltung, dort Erstarrung durch einen reaktionären Hof – nicht auf. Richard Schöne handelte, rein institutionell gesehen, moderner als sein Nachfolger im Amt des Generaldirektors, Bode, indem er sich vor allem an das

Ministerium wandte. Er rieb sich dabei auf und mußte 1905 Platz machen für Bode, der wesentliche Erfolge gerade durch seinen außerinstitutionellen Umgang mit der Hofgesellschaft und dem politischen Establishment, mit Herbert von Bismarck, dem Legationsrat von Holstein, dem von ihm im übrigen verachteten Kaiser Friedrich und schließlich mit Wilhelm II. erzielte.

Das Problem, die Spannung zwischen Hof und Staat, stellte sich, wie erwähnt, auch außerhalb Berlins und konnte dabei auch in ganz anderem Licht erscheinen. Gewann man einen Monarchen für die eigenen, etwa auch ultramodernen Zwecke, so ließen sich gerade durch den im verfassungsrechtlichen Sinne eher anachronistischen Zugriff auf den Monarchen spektakuläre Fortschritte erzielen: so im Fall des Hessen-Darmstädtischen Großherzogs Ernst Ludwig und der Darmstädter Mathildenhöhe, so aber auch im Falle Harry Graf Kesslers und des Großherzogs von Weimar.

Der Nachteil war allerdings, daß bei einer solchen Kalkulation auf einen „benevolent absolutism“ das Vorhaben ebenso spektakulär scheitern konnte, wie es zustande gekommen war.

So wichtig solche institutionellen Strukturen für die Kunstförderung und das Mäzenatentum im Kaiserreich auch waren, ist es doch notwendig festzuhalten, daß kunstpolitisch oder mäzenatisch relevante Macht nicht nur durch Hofkontakte oder in staatlichen Institutionen verfügbar war, sondern zunehmend auch in den organisatorischen und kommunikativen Strukturen der aristokratisch-bürgerlich-industriellen Übergangsgesellschaft. Es war zwar gerade in den Weimarer Jahren, daß Kessler sich mächtig fühlte; der Verlust der Weimarer Stellung nach zwei erfolgreichen Jahren stürzte ihn in eine Existenzkrise, die sich in extremer Unruhe und Umtriebigkeit äußerte. Aber ein Teil der „kunstpolitischen“ Instrumente im weiteren Wortsinn, die er in Weimar 1905 vor seinem geistigen Auge Revue passieren ließ, waren ihm auch nach seinem Sturz geblieben. Am 5. November 1905 findet sich im Tagebuch die Eintragung: „Mir überlegt, welche Wirkungsmittel ich in Deutschland habe: d. Deutsche Künstlerbund, meine Stellung in Weimar, inclusive d. Prestiges trotz des großherzoglichen Schwachsinns, die Verbindung mit der Reinhardtschen Bühne, meine intimen Beziehungen zum Nietzsche Archiv, zu Hofmannsthal, zu van de Velde, meine nahen Verbindungen zu Dehmel, Liliencron, Klinger, Liebermann, Ansorge, Gerhard Hauptmann, außerdem mit den beiden einflußreichsten Zeitschriften ‚Zukunft' und ‚Neue Rundschau' und ganz nach der anderen Seite hin zur Berliner Gesellschaft, Harrachs, Richters, Sascha Schlippenbach, dem Regiment und schließlich mein persönliches Prestige. Die Bilanz ist ziemlich überraschend und wohl einzig. Niemand anders in Deutschland hat eine so starke, nach so vielen Seiten reichende Stellung. Diese ausnutzen im Dienste einer Erneuerung Deutscher Kultur: Mirage oder Möglichkeit? Sicherlich könnte Einer mit solchen Mitteln Princeps Juventutis sein! Lohnt es die Mühe?"[25] Seit der gescheiterten Bewerbung in den diplomatischen Dienst trieb Kessler sozusagen Kunstdiplomatie größten Stils in den Strukturen der bürgerlich-aristokratischen Kunstöffentlichkeit, bis ihm dann seit der Mitte der zwanziger Jahre der gesellschaftliche Umbruch, das Abbröckeln des Vermögens und das eigene Altern auch diese Möglichkeit entzogen.

Die Beziehung zur Macht ist auch für diejenigen Sammler und Mäzene ein Thema, die durch Eduard Arnhold repräsentiert werden. Chaim Waitzmann, einer der Gründer des Staates Israel, hat sie 1923 die „Kaiser-Juden" genannt und damit ihren betonten Monarchismus und deutschen Patriotismus kritisiert. Neben Eduard Arnhold gehörten dazu: Leopold Koppel, Inhaber des Bankhauses Koppel und Begründer der Deutschen Gasglühlicht AG (des Vorläufers von Osram), Franz von Mendelssohn, Mitinhaber des Bankhauses Mendelssohn, Paul von Schwabach, Mitinhaber des Bankhauses Bleichröder, der schlesische Kohlenindustrielle Fritz von Friedländer-Fuld. Sie alle verkehrten bei Hof, besaßen oder bauten oder erwarben Adelspalais bzw. große Villen im Tiergarten und kauften Landgüter. Sie alle spielten, überproportional in den Gremien der Kaiser-Wilhelm-Gesellschaft vertreten, eine herausragende Rolle bei der Wissenschaftsförderung, wobei es gleichwohl in den Leistungen und im Auftreten erhebliche Unterschiede gab. Fritz von Friedländer-Fuld etwa, der sich hatte taufen und nobilitieren lassen, fiel, ganz anders als Arnhold, der Taufe und Nobilitierung abgelehnt hatte, durch den Bau eines überaus prunkvolles Palais am Pariser Platz durch den Hofarchitekten von Ihne auf, nicht aber durch besonderes Kunstmäzenatentum. Mäzenatentum dieser Art verbürgte Nähe zum Kaiser, dem symbolischen und im Wilhelminismus eben immer noch teilweise faktischen Zentrum der Macht. Arnholds tatsächliche Loyalität zeigte sich in der Revolution 1918, als er dem Kaiser seine Besitzungen zur Verfügung stellte.

Die Inklination zur Macht ist im übrigen keine Spezialität von Unternehmern wie Arnhold, sie ist beim Sammler- und Mäzenatentum auch sonst zu beobachten. Eine Auswertung Kölner Sammelinventare des späten 18. Jahrhunderts zum Beispiel hat gezeigt, daß adlige und bürgerliche Funktionseliten, die der Hierarchie der Macht nahestanden, bereits mit geringerem Vermögen zu sammeln anfingen als die übrigen Kunstbesitzer. Andererseits sammelten Wirtschaftsbürger, offenbar mehr auf den Erfolg als auf die Ehre orientiert, erst dann, wenn sie über ein wesentlich größeres Vermögen verfügten als die adligen Kunstbesitzer.

Es ist allerdings auch nicht zu übersehen, daß die Nähe von Kunst und Macht und damit auch die Spannung zwischen Kunst und Macht im kaiserlichen Berlin besonders gesteigert war, aus Gründen, die sich aus der Geschichte der Stadt ergeben. Der Ausbau Berlins zur politischen Metropole des neuen Großstaates verlief sehr viel weniger als der etwa von Paris, London oder Wien naturwüchsig und spontan und sehr viel mehr „machtgesteuert" oder „machtorientiert".[26] Der Aufstieg Berlins zur „verspäteten Metropole" (René König) seit 1871 brachte es mit sich, daß seither fast alle Standortentscheidungen von Unternehmern, Interessenvertretern, aber auch von Kulturproduzenten und Kulturinteressenten an der politischen Hauptstadtfunktion der Stadt orientiert waren, so daß der machtorientierte Prozeß der Metropolenbildung zugleich „ein Grundmodell für die Durchformung, die Durchorganisation der Gesellschaft" abgab.[27] Zugleich brachte diese verspätete Metropolenbildung mit besonderer Schärfe die spezifischen Probleme der modernen Großstadt auf die Tagesordnung.

Das Verhältnis von Urbanität und Identität

Während die meisten Hauptstädte Europas sich in ganz anderen Fristen entwickelt hatten, trafen im Falle Berlins nach 1871 vier Faktoren aufeinander und verstärkten sich gegenseitig: ein die Grenzen des damals Vorstellbaren sprengendes Bevölkerungswachstum; die in Berlin schon seit dem Beginn des Jahrhunderts zügig voranschreitende und nach 1871 noch einmal beschleunigte Industrialisierung; der Ausbau der Hauptstadt des neuen Nationalstaats und – als Folge dieser drei Prozesse – die besonders beschleunigte und spannungsreiche Urbanisierung.

Nirgendwo in Deutschland prallten daher auch die Gegensätze so scharf aufeinander: in der Sozialtopographie der Stadt zwischen dem Wohnungselend in den proletarischen Quartieren des Nordens und Ostens, den Zentren der revolutionären Unruhen von 1918/19 einerseits, und den luxuriösen Stadtlandschaften im Süden und Westen andererseits; und in der politischen Kräfteverteilung zwischen Kommune, Reichstagsvertretung und höfisch-monarchischem Zentrum. Auf der kommunalen Ebene mit ihrem eingeschränkten Wahlrecht dominierten die Fortschrittsliberalen, bei den Stichwahlen zum Reichstag auf der Basis des allgemeinen gleichen Männerwahlrechts die Sozialdemokraten, und beiden stand das höfische und politische Establishment um Kaiser und Kanzler mit unverständiger Ablehnung gegenüber. Mit alledem wurde Berlin auch zum Hauptgegenstand der um 1900 bereits ausufernden Großstadtliteratur und Großstadtkritik. In ihr ging es bei aller Breite der Aspekte und der höchst unterschiedlichen Konsequenzen, die aus den Analysen und Reflexionen jeweils gezogen wurden, letzten Endes um *ein* Thema: die prekäre Identität des einzelnen im Ansturm der modernen Lebensmächte, der Temposteigerung in allen Lebensvollzügen, der „entwurzelnden" (wie es hieß) Mobilität, der Überschwemmung der Wahrnehmungskraft durch die Reizvielfalt, der Potenzierung der Leistungsanforderungen, der zunehmenden Spezialisierung usw. Das brillanteste und für die Stadtsoziologie folgenreichste Dokument dieser Großstadttheorie ist Georg Simmels Essay „Die Großstädte und das Geistesleben", 1903. Als Hauptkennzeichen der großstädtischen Existenz arbeitete Simmel ihre Rationalität und Objektivität heraus, das heißt aber auch auf der Ebene der Kultur: das Zurücktreten dauerhafter und verbindlicher Regeln und vor allem ein „Mangel an Definitivem im Zentrum der Seele".[28]

Mit diesem Identitätsproblem in „unserem", wie Hofmannsthal klagte, „bis zur Verworrenheit komplizierten Kulturleben"[29] waren alle drei in dieser Studie behandelten Akteure konfrontiert, wenn auch unterschiedlich ausgeprägt und akzentuiert: Wilhelm Bode, stolz auf seine bürgerliche Herkunft, aber voller Verachtung für die bürger-

V

VI

VII

VIII

liche Revolution von 1848/49, der „Bismarck des Museumswesens", der erfolgreich bei Hof antichambrierte, leistungsversessen, aber heimgesucht von den Symptomen der um 1900 zu *der* Krankheit der Moderne reüssierten Neurasthenie. Eduard Arnhold, der jüdische Sozialaufsteiger, Sohn eines leidenschaftlichen 1848ers und „Kaiser-Jude" par excellence; und schließlich der neuadlige berufslose Harry Graf Kessler, der dieses Identitätsproblem nicht nur bis an den Rand des Erträglichen erlitten, sondern auch aufs exakteste beschrieben hat. „... Wenn dieses ruhige Haus (in Berlin bzw. Weimar) ... nicht dahinterstünde, wäre der Anblick meines Lebens für mich doch anders, zerrissener, sprunghafter, unsicherer, während dieser Hintergrund mir wenigstens die Illusion einer Einheit giebt. Und welches Leben bietet mehr als eine eingebildete Einheit, wenigstens innerlich? Äußerlich kann sich mit der Zeit eine Einheit der Wirksamkeit herausstellen; aber innerlich, wer ist nicht innerlich tausendfältig, ob er stillsitzt oder in der Welt an zwanzig verschiedenen Orten zwanzig verschiedene Seelen hat und der Reihe nach in jedem Jahre immer wieder aufleben läßt?"[30] An anderer Stelle spricht er (1895) vom „lebenslangen Kampf einer Persönlichkeit gegen die ihre Triebe, ihren Willen und selbst ihr Identitätsbewußtsein auflösenden Strömungen des modernen Lebens ..."[31]

In den zeitgenössischen Reflexionen über die moderne Großstadt dominieren bei aller ebenfalls vorhandenen Fortschrittsfreude letztlich die kritischen Akzente. Aber gerade Viten wie die Bodes, Arnholds oder Kesslers zeigen doch auch, wie die großstädtische Urbanität dem „Fachmenschentum ohne Geist", wie Max Weber das genannt hat, und der modernen Partikularität auch eine Chance symbolischer Universalität entgegenstellte: die Versenkung in das Kunstwerk. Sie prägte – zumindest hat man diesen Eindruck – auch den Lebensentwürfen Bodes, Arnholds und Kesslers einen Zug zur Universalität ein: bei Bode in der fast die gesamte alte Kunst erfassenden Kennerschaft, bei Arnhold in der Selbstergänzung des Wirtschaftsmannes durch sein Sammler- und Mäzenatentum und bei Kessler, dem umgekehrt gerade die Universalität seiner Wahrnehmungskraft zur größten Gefahr zu werden drohte, in der Fähigkeit zur Konzentration auf sein Tagebuch, mit dem er *die* Chronik der Epoche schrieb.

Ausblick

Zu den Chancen der Urbanität gehörte es aber auch, daß sich die Wege von drei Persönlichkeiten wie der hier dargestellten immer wieder kreuzen konnten. Und das war um 1900 in einer solchen Zuspitzung der Fähigkeiten und Wirkungschancen dann eben doch nur in Berlin möglich – Berlin, das, wiederum verspätet, seit 1890 endlich auch zur Kulturmetropole aufstieg. Der Hinweis auf die Kulturstadt Berlin ist hier nicht rhetorisch gemeint, sondern provoziert zum Schluß einen Blick auf die Gegenwart, der zwar nicht zeigen will, was man aus der Geschichte lernen kann, der aber doch eine historische Anmerkung zu der Frage erlaubt, warum Kunst- und Kulturförderung und Mäzenatentum gerade in der heutigen Umbruchsituation der Stadt so wichtig sind. Die Jahre um 1900 sind Jahre eines großen Themenwechsels in der öffentlichen, allerdings bürgerlich dominierten Diskussion, weg vom Primat des Klassenbegriffs und des sozialen Konflikts, hin zum Primat des Fahnenworts „Kultur". Das bedeutet nicht, daß soziale Konflikte unwichtig oder schlicht verdrängt worden wären. Vielmehr schlug sich darin unter anderem die Einsicht in die sozialintegrativen Möglichkeiten von Kultur, gerade auch der Großstadtkultur nieder – von den egalitär allen Stadtbewohnern angebotenen Leistungen der Daseinsvorsorge bis hin zu den Werken der Hochkultur, die jetzt prinzipiell jedermann so zugänglich wurden wie nie zuvor. Das heute erneut zu verspäteter Metropolenfunktion aufsteigende Berlin braucht diese sozial versöhnende Präsenz von Kultur wie keine andere Stadt, gerade wenn richtig ist, was Karl Scheffler 1910, ohne die Zukunft vorausahnen zu können, als das „Schicksal" dieses „hart determinierten Stadtindividuums" beschrieb: „immerfort zu werden und niemals zu sein".[32]

Anmerkungen

1 Karl Scheffler, Erinnerungen an Wilhelm Bode, in: Karl Scheffler. Eine Auswahl seiner Essays aus Kunst und Leben 1905–1950, hg. von Carl Georg Heise und Johannes Langner, Hamburg 1969, S. 140.

2 Karl Scheffler, Der Museumskrieg, Berlin 1921, S. 52f.

3 Zit. n. Irene Geismeier, Fünfundsiebzig Jahre Bodemuseum 1904–1979, in: Forschungen und Berichte, Staatliche Museen zu Berlin, Bd. 23, Berlin 1983, S. 130–137, hier S. 136.

4 Max Schasler, Zur Geschichte der Berliner Privatgalerien, in: Deutsche Kunst-Zeitung, Jg. 15, 1870, S. 115.

5 Vgl. Geheimes Staatsarchiv, Berlin, I. Hauptabteilung, Rep. 90, 2136.

6 Bodenhausen – Kessler. Ein Briefwechsel 1894–1918, S. 54.

7 Hugo von Hofmannsthal, Reden und Aufsätze, Bd. 3, Frankfurt/M. 1979, S. 448.

8 Bodenhausen – Kessler, Ein Briefwechsel 1894–1918, S. 90.

9 Kessler, In memoriam Paul Cassirer (1926), in: Ders., Gesammelte Schriften, Bd. 2, S. 272–276, hier S. 275.

10 Vgl. Kessler, Tagebuch eines Weltmannes, S. 311f.

11 Vgl. ebda., S. 64.

12 Vgl. Bodenhausen – Kessler. Ein Briefwechsel 1894–1918, S. 30, 135.

13 Vgl. Nicolaas Teeuwisse, Vom Salon zur Secession, Berlin 1986, S. 88f.

14 Vgl. etwa Wilhelm Bode, Rembrandt als Erzieher von einem Deutschen, in: Preußische Jahrbücher, Bd. 65, Berlin 1890, S. 301–314, hier S. 312f., wo Bode seiner Befürchtung Ausdruck verleiht, daß diejenigen, die nicht zu den „wenigen großen Talen-

ten" zählen, im „sozialistischen Proletariat" landen; verblüffend das Wohlwollen, mit dem Bode Julius Langbehns Bestseller besprach und damit einem der Hauptwerke des Kulturpessimismus zu seiner rasanten Publizität verhalf; zu Langbehn vgl. Fritz Stern, Kulturpessimismus als politische Gefahr, Bern/Stuttgart 1963.

15 Max Liebermann, Siebzig Briefe, hg. von Franz Landsberger, Berlin 1937, S. 42.

16 Kessler, Tagebuch eines Weltmannes, S. 90.

17 Otto Hintze, Der Beamtenstand (1911), in: Ders., Soziologie und Geschichte, Gesammelte Abhandlungen, Bd. II, hg. von Gerhard Oestreich, 2. erw. Aufl. Göttingen 1964, S. 66–125, hier S. 99.

18 Schasler, S. 113–138, vgl. Anm. 4.

19 Peter Paret, Bemerkungen zu dem Thema: „Jüdische Kunstsammler, Stifter und Kunsthändler", in: Mai/Paret (Hg.), Sammler, Stifter und Museen.

20 Theodor Fontane, Gesammelte Werke, Zweite Reihe, 5 Bde., Berlin 1920, Bd. 5, S. 278 f.

21 Vgl. z. B. den Schriftwechsel des Geschäftsführers der Kaiser-Wilhelm-Gesellschaft mit Arnhold, in: Archiv zur Geschichte der Max-Planck-Gesellschaft, Hauptabteilung I, Rep. 1A, 1691.

22 Adolf von Harnack, Gedächtnisrede bei der Trauerfeier für Herrn Geheimen Kommerzienrat Eduard Arnhold am 15. August 1925, in: Ders., Aus der Werkstatt des Vollendeten, Gießen 1930, S. 269–274, hier S. 272.

23 Franz Kugler, Über die Kunst als Gegenstand der Staatsverwaltung mit besonderem Bezuge auf die Verhältnisse des preußischen Staates, Berlin 1847.

24 Bode, Mein Leben, Bd. I, S. 61 f.

25 Kessler, Tagebuch eines Weltmannes, S. 186.

26 Vgl. Lothar Gall, Berlin als Zentrum des deutschen Nationalstaats, in: Wolfgang Ribbe und Jürgen Schmädeke (Hg.), Berlin im Europa der Neuzeit, Berlin, New York 1990, S. 229–236, hier S. 234.

27 Ebda., S. 234.

28 Georg Simmel, Philosophie des Geldes, 2. verm. Aufl., Berlin 1987, zit. n. Rudolf Richter, Lebensstile in der städtischen Gesellschaft, in: Max Haller, Hans-Joachim Hoffmann-Nowotny, Wolfgang Zapf (Hg.), Kultur und Gesellschaft, Frankfurt/M., New York 1989, S. 657.

29 Kessler, Tagebuch eines Weltmannes, S. 249.

30 Ebda., S. 213.

31 Ebda., S. 60.

32 Karl Scheffler, Berlin. Ein Stadtschicksal, Berlin 1910, S. 266 f.

Weiterführende Literatur

Zu Wilhelm von Bode

Wilhelm von Bode, Die älteren Privatsammlungen in Berlin und die Bildung neuer Sammlungen nach dem Kriege 1870, in: Der Kunstwanderer, hg. von Adolph Donath, Jg. 1922, 2. Augustheft, S. 539 f.; 1. Septemberheft, S. 57 f.; 2. Septemberheft, S. 30 ff.

Wilhelm von Bode, Mein Leben, 2 Bde., Berlin 1930.

Thomas W. Gaehtgens, Wilhelm von Bode und seine Sammler, in: Ders., Die Berliner Museumsinsel im Deutschen Kaiserreich. Zur Kulturpolitik der Museen in der wilhelminischen Epoche, München 1992, S. 11–28.

Gedächtnisfeier zum fünfzigsten Todestag Wilhelm von Bodes, in: Jahrbuch Preußischer Kulturbesitz, Bd. XVI, Berlin 1979.

Ekkehard Mai und Peter Paret (Hg.), Sammler, Stifter und Museen, München 1993 (im Druck).

Stephan Waetzoldt, Museumspolitik – Richard Schöne und Wilhelm von Bode, in: Ekkehard Mai und Stephan Waetzoldt (Hg.), Kunstverwaltung, Bau- und Denkmalspolitik im Kaiserreich, Berlin 1981, S. 481–490.

Zu Eduard Arnhold

Erich Achterberg, Berliner Hochfinanz. Kaiser, Fürsten, Millionäre um 1900, Frankfurt/M. 1965, S. 48–51.

Kurt Düwell, Eduard Arnhold, Mäzen und Freund des Kunstreferates der Kulturabteilung des Auswärtigen Amts im Kaiserreich und in der Weimarer Republik, in: Ekkehard Mai und Peter Paret (Hg.), Sammler, Stifter und Museen, München 1993 (im Druck).

Gedächtnisbuch Eduard Arnhold, hg. von Johanna Arnhold und Adolf Grabowsky, Berlin 1928 (Privatdruck).

Werner E. Mosse unter Mitwirkung von Arnold Pauker, Juden im Wilhelminischen Deutschland, 1880–1914, Tübingen 1976, S. 76 ff.

Barbara Paul, Drei Sammlungen französischer impressionistischer Kunst im kaiserlichen Berlin – Bernstein, Liebermann, Arnhold, in: Zeitschrift des deutschen Vereins für Kunstwissenschaft, Bd 42, H. 3: Sammler der frühen Moderne, 1988, S. 11–30.

Wilhelm Treue, Caesar Wollheim und Eduard Arnhold. Die Geschichte einer Kohlen-Großhandelsfirma von der Mitte des 19. Jahrhunderts bis zum Ende 1925, in: Tradition 6, 1961, S. 97 ff.

Kurt Zielenziger, Juden in der deutschen Wirtschaft, Berlin 1930, S. 155–165.

Zu Harry Graf Kessler

Beatrice von Bismarck, Harry Graf Kessler und die französische Kunst um die Jahrhundertwende, in: Zeitschrift des Deutschen Vereins für Kunstwissenschaft, Bd. 42, H. 3: Sammler der frühen Moderne, 1988, S. 47–62.

Eberhard von Bodenhausen – Harry Graf Kessler. Ein Briefwechsel 1894–1918, ausgewählt und hg. von Hans-Ulrich Simon, Marbach 1978.

Hans Janssen, Harry Graf Kessler und Edvard Munch, in: Weltkunst, Jg. 60, Nr. 11, 1990, S. 1706–1709.

Harry Graf Kessler, Gesammelte Schriften, Bd. I–III, hg. von Cornelia Blasberg und Gerhard Schuster, Frankfurt/M. 1988.

Harry Graf Kessler, Tagebuch eines Weltmannes, hg. von Gerhard Schuster und Margot Pehler, Marbach 1988.

Bernhard Zeller, Harry Graf Kessler. Zeuge und Chronist seiner Epoche, in: Akademien der Wissenschaften und der Literatur Mainz, Abhandlungen der Klasse der Literatur, Jg. 1989, Nr. 1, S. 1–22.

Allgemein

Bernhard von Brocke und Rudolf Vierhaus (Hg.), Forschung im Spannungsfeld von Politik und Gesellschaft. Geschichte und Struktur der Kaiser-Wilhelm-/Max-Planck-Gesellschaft aus Anlaß ihres 75jährigen Bestehens, Stuttgart 1990.

Michael Erbe, Berlin im Kaiserreich (1871–1918), in: Wolfgang Ribbe (Hg.), Geschichte Berlins, Bd. II, Berlin 1987, S. 691–793.

Wolfgang Hardtwig, Privatvergnügen oder Staatsaufgabe. Monarchisches Sammeln und Museum 1800–1914, in: Ekkehard Mai und Peter Paret (Hg.), Sammler, Stifter und Museen, München 1993 (im Druck).

Wolfgang Hardtwig, Harm-Hinrich Brandt (Hg.), Deutschlands Weg in die Moderne. Politik, Gesellschaft und Kultur im 19. Jahrhundert, München 1993.

Jürgen Kocka (Hg.), Bürgertum im 19. Jahrhundert. Deutschland im europäischen Vergleich, München 1988.

Hans Mommsen, Die Auflösung des Bürgertums seit dem späten 19. Jahrhundert, in: Jürgen Kocka (Hg.), Bürger und Bürgerlichkeit im 19. Jahrhundert, Göttingen 1987, S. 288–315.

Thomas Nipperdey, Wie das Bürgertum die Moderne fand, Berlin 1988.
Wolfgang Ribbe und Jürgen Schmädeke (Hg.), Berlin im Europa der Neuzeit, Berlin und New York 1990.

Die Nationalgalerie und ihre Stifter

Mäzenatentum und staatliche Förderung in Dialog und Widerspruch

von

Eberhard Roters

Im Frühjahr 1961 veranstaltete Leopold Reidemeister, der damalige Direktor der Nationalgalerie, eine Ausstellung in der Orangerie des Charlottenburger Schlosses mit dem Titel „Die Nationalgalerie und ihre Stifter“ und dem Untertitel „Ausstellung zum hundertjährigen Bestehen der Nationalgalerie“. Der dazu erschienene schmale Katalog ist heute wahrscheinlich ein Rarissimum. Außer dem Verzeichnis der ausgestellten Werke enthält er nur eine einzige Abbildung, nämlich die des 1831 entstandenen Gemäldes „Gartenblumenstrauß im Krug“ von Johann Wilhelm Preyer. Reidemeister hat gerade dieses Bild nicht nur deshalb als Etikett gewählt, weil die gefällige Mischung der in dem Steinkrug versammelten Blumen der bunten Auswahl und stilistischen Vielfalt der damals gezeigten Kunstwerke entsprach, sondern auch noch aus einem anderen, wichtigeren Grund: Links am Fuße des Tonkrugs liegt auf der blanken Tischplatte zwischen Veilchen und Vergißmeinnicht ein Siegelring; das in den achteckig gefaßten roten Stein eingeprägte Siegel ist das Wappen des Berliner Konsuls Joachim Heinrich Wilhelm Wagener. Das Bild mit dem Blumenstrauß ist somit im eigentlichen Sinne des Wortes ein Stifterbild – das Ur-Stifterbild der

Nationalgalerie. Denn ohne den mäzenatischen Impetus des Konsuls Wagener wäre das Museum wohl gar nicht erst entstanden.

Joachim Heinrich Wilhelm Wagener
Der Urstifter der Nationalgalerie

Dieser Urstifter verdient einige Worte des Gedenkens. Joachim Heinrich Wilhelm Wagener wurde im Juli 1782 in Berlin geboren. Sein Vater war Mitbegründer der Firma Anhalt und Wagener, eines hoch angesehenen Speditions- und Kommissionsgeschäftes, das seinen Sitz in der Brüderstraße 5, nahe dem Königlichen Schloß, hatte und in geschäftlichen Beziehungen zum Königshaus stand. Seit 1814 war Joachim Heinrich Wilhelm Wagener Mitinhaber des Bankhauses und führte seit 1820, dem Jahr des Todes seines Vaters, die Geschäfte selbständig weiter. Aufgrund seiner ausgedehnten Verbindungen wurde er 1831 zum schwedisch-norwegischen Wahlkonsul ernannt. Am Anfang der langen Reihe von Stiftern, Mäzenen und Sponsoren der Nationalgalerie steht also ein kunstsinniger Kaufmann und Bankier. Kunstsinnig in der Tat, denn seit seiner ersten Erwerbung eines Gemäldes von Karl Friedrich Schinkel im Jahre 1815 hatte Wagener Feuer gefangen und über Jahrzehnte hinweg eine stattliche Sammlung von Gemälden überwiegend deutscher, aber auch einiger ausländischer Künstler zusammengetragen. Er kannte die meisten Künstler persönlich, suchte sie in ihren Ateliers auf und förderte sie, indem er bei ihnen Bilder für seine Sammlung in Auftrag gab. Manche dieser Künstler hatte er schon in ihrer Jugend kennengelernt, als sie noch ganz am Anfang ihrer Entwicklung standen.

Das Sammeln, insbesondere das Sammeln von Gegenwartskunst, war damals in Berlin noch nicht en vogue.

Immerhin gab es solche Sammlungen, beispielsweise die des Grafen Athanasius Raczynski oder die des Eisengroßhändlers Peter Louis Ravené. Alle drei machten ihre Sammlungen zu festgelegten Zeiten auch der Öffentlichkeit zugänglich. Besitzerstolz paarte sich mit dem Ehrgeiz, etwas für die öffentliche Bildung zu tun. Indes hat allein Wagener den Schritt vom Sammler zum Stifter vollzogen. Das ist seine herausragende Tat. In Wageners Testament, das er 1859 aufsetzte und das nach seinem Tod im Januar 1861 eröffnet wurde, vermachte der Erblasser die gesamte, inzwischen auf 262 Gemälde angewachsene Sammlung dem preußischen Staat, wobei er es, wie es in dem Testament heißt, „dem allerhöchsten Ermessen überlasse, ob etwa die Sammlung (...) noch verstärkt und fortgeführt werden soll, um so zu einer nationalen Galerie heranzuwachsen, welche die neue Malerei auch in ihrer weiteren Entwicklung darstellt.“[1] Der Name Nationalgalerie ist damit testamentarisch zum erstenmal vorformuliert. Dies war ein kluger Schachzug und ein geradezu mustergültiges Beispiel für die Möglichkeit eines Mäzens, mittels der Bedingungen, die er mit seiner Schenkung verbindet, auf die öffentliche Kulturpolitik Einfluß zu nehmen.

Die Idee einer deutschen Nationalgalerie ist Frucht des vaterländisch-demokratischen Impetus von 1848. Abgeordnete der Düsseldorfer Künstlerschaft hatten diese Idee erstmals in der Paulskirche vorgetragen; sie war vom Frankfurter Parlament auf die Wunschliste der zu realisierenden Projekte gesetzt worden. Die preußische Hauptstadt bot sich – in Konkurrenz zu anderen deutschen Städten, etwa Frankfurt – als Sitz an; die Berliner Künstlerschaft unternahm wiederholt und beharrlich entsprechende Vorstöße in dieser Richtung. Dort wurden sie allerdings trotz allen Wohlwollens auch des Königshauses vom preußischen Finanzminister immer wieder schroff zurückgewiesen. Erst im Vorjahr der Testamentseröffnung, 1860, hatte er den

Antrag auf Einsetzung von 50 000 Talern zur Förderung der Künste in den Haushaltsplan erneut abschlägig beschieden. In dieser Situation brachte das Wagenersche Vermächtnis den Staat in Zugzwang; denn es war in seiner Generosität von einer solchen Dimension, daß es gar nicht ignoriert werden konnte. König Wilhelm I., soeben erst, im Januar 1861, inthronisiert, nahm die Gelegenheit wahr, seinen Regierungsantritt mit einer bedeutsamen kulturpolitischen Demonstration zu schmücken, indem er das Wagenersche Vermächtnis beim Wort nahm. Er steuerte aus der Königlichen Sammlung an die zwanzig Gemälde bei. Das neu gegründete Museum für zeitgenössische Kunst wurde zum Geburtstag des Königs, am 22. März 1861, zunächst als „Wagenersche und National-Galerie" der Öffentlichkeit übergeben und provisorisch in den Räumen der Akademie der Künste am Pariser Platz untergebracht. Dort blieb die Sammlung so lange, bis schließlich das nach August Stühlers Entwurf von Oberhofbaurat Heinrich Strack fertiggestellte Gebäude auf der Museumsinsel am 22. März 1876, dem Geburtstag des Kaisers, eingeweiht und der Sammlung zur Verfügung gestellt wurde.

Wie sah nun die Sammlung des Konsuls Wagener aus, deren Schenkung den Grundstock der Nationalgalerie bildet? Bei der ersten Erwerbung Wageners 1815 handelte es sich um ein Bild von Schinkel, den zwei Jahre vorher entstandenen „Gotischen Dom am Wasser". Schinkel, der als klassizistischer Baumeister vor allem wegen der disziplinierten Handhabung des griechisch-antiken Formenkanons in die Kunstgeschichte eingegangen ist, hat in seiner Malerei einer ausufernd phantastischen Neugotik gefrönt. Für die bis an die Grenze des Pittoresken gehenden Architektenträume, die in seinen Gemälden zum Ausdruck kommen, gibt es in der Realität des Mittelalters keine direkten Vorbilder. Im Katalog der „Galerie der Romantik" heißt es dazu: „In diesem Sinne wird in Schinkels ‚Gotischem

Dom am Wasser‘ ein Höchstmaß an patriotisch gefärbter Religiosität evident. Das Gemälde leitet eine Reihe von Dombildern ein, in denen sich die politische und geistige Situation der Erhebung von 1813 widerspiegelt.“[2] Ein weiteres Bild Schinkels, die „Gotische Kirche auf einem Felsen am Meer“ von 1815, wurde von Wagener ebenfalls erworben. Diese beiden Gemälde bilden den Grundstock seiner Sammlung. Jenen frühen Erwerbungen sei eine von Wageners letzten gegenübergestellt: Peter Cornelius’ „Hagen versenkt den Nibelungenhort“ von 1859. Der nun schon betagte Sammler hatte das Werk bei dem ebenfalls schon greisen Spätromantiker, der seine besten Schaffensjahre längst hinter sich gelassen hatte, eigens in Auftrag gegeben. Auch dieses Bild mit dem beliebten Motiv aus der Nibelungensage ist eindeutig vom nationalen Impuls inspiriert und führt ihn auf eine plakativ-illustrative Weise eingängig vor Augen und ins Gemüt. Doch welch ein Unterschied zu Schinkels Dombildern – was dort noch Sentiment war, ist hier zur Sentimentalität verkommen. Zwischen diesen beiden Polen – der Aussagekraft der frühen und der Aussageschwäche der späten Erwerbungen – pendelt die gesamte Sammlung. Dies liegt daran, daß sie, aus der Spätromantik hervorgegangen, in das Biedermeier hineinwuchs. Einige weitere Beispiele sind Caspar David Friedrichs „Einsamer Baum“ und „Mondaufgang am Meer“, beide von 1822, Eduard Gaertners „Reetzengasse“ von 1831 oder Franz Krügers „Ausritt zur Jagd“ aus dem Jahre 1819; aber auch Theodor Hildebrandts „Der Krieger und sein Kind“, 1832, Adolf Schrödters „Don Quixote“, 1834, und Rudolf Jordans „Ein Heiratsantrag auf Helgoland“, 1834, sowie „Der Tod des Lotsen“, 1836. Solche Bilder wirken auf uns heute harmlos bis unfreiwillig komisch. Die gesamte kleinbürgerliche Ehrbarkeit des Biedermeier scheint sich darauf wie Meltau niedergelassen zu haben.

Von manchen Kunsthistorikern ist deshalb die Sammlung Wagener abfällig beurteilt oder günstigstenfalls mit einigen Zeilen wohlwollender Ironie abgetan worden. Solche Mokanz aus der Rückschau wird aber weder der Sammlung noch dem Sammler gerecht. Wagener war ein Kind seiner Zeit. Er sammelte, was damals modern war, was der gesellschaftlichen Befindlichkeit entsprach. Der Schwerpunkt seiner Sammlung liegt auf den dreißiger bis sechziger Jahren, also auf der Mitte des Jahrhunderts. Er sammelte aus den Ateliers heraus zumeist die Kunst der Jungen. Zwar hatte Wagener auch einige wenige Ausländer in seiner Sammlung, doch da er ein Bürger von demokratischer Gesinnung war, ohne indes das Existenzrecht der Monarchie in Frage zu stellen, hatte er sich aus nationalen Gründen auf die deutsche Kunst kapriziert und sammelte das Beste, was die deutsche Kunst der Nachromantik damals dem Zeitgenossen zu bieten hatte: die Maler der Düsseldorfer, der Münchener und der Berliner Schule. Die große Zeit der deutschen Romantik war vorüber. Die Deutschrömer Feuerbach, Böcklin und Marées waren junge Männer, deren Ruhm im Dunkel der Zukunft lag, und auch der junge Menzel war noch nicht hervorgetreten. So gesehen, unterschieden sich Wageners sammlerische Intentionen in nichts von denen eines heutigen Sammlers, wobei außerdem zu bedenken ist, daß es professionelle Galerien, die den Sammler hätten beraten oder lenken können, noch nicht gab. Wagener sammelte, wie es sich für einen richtigen Sammler gehört, das, was ihm gefiel, und verließ sich dabei auf seinen Spürsinn. Wer weiß, wie die nach uns kommenden Generationen über unsere Generation, ihren Stil und ihren Geschmack urteilen werden? Gerade in ihrem ehrwürdigen Biedersinn besteht der hohe zeitgeschichtliche Wert der Sammlung Wagener, mit der die Nationalgalerie ihre Existenz begonnen hat.

Von den Kunstwerken, die der König hinzustiftete, sind lediglich zwei von herausragender Bedeutung: Karl Blechens Gemälde „Wasserfälle bei Tivoli", um 1830, und des preußischen Hofmalers Friedrich Georg Weitsch anrührendes Porträt von 1806, das Alexander von Humboldt beim Botanisieren am Orinoko zeigt. Die Stiftung nicht etwa eines dynastischen Schlachtengemäldes, sondern stattdessen dieses unprätentiösen, sympathischen Bildnisses des weltberühmten Naturforschers und Naturphilosophen könnte als eine Art Verbeugung des Königs vor der weltläufigen Unabhängigkeit des preußischen Gelehrtengeistes aufgefaßt werden. Obwohl das Gemälde dem Anfang des Jahrhunderts entstammt und wir uns zum Zeitpunkt seiner Schenkung bereits ein Jahrzehnt jenseits der Mitte des Jahrhunderts befinden, ist dies ein bemerkenswerter Vorgang. Es vollzieht sich etwas, das zur Regierungszeit des Vorgängers von Wilhelm I., des weit kunstsinnigeren Friedrich Wilhelm IV. – der es übrigens abgelehnt hatte, die deutsche Kaiserkrone aus den Händen der Abgesandten des Volkes entgegenzunehmen – wohl noch nicht möglich gewesen wäre: Die aus einem demokratisch nationalen Antrieb im Zeichen hohen bürgerlichen Selbstbewußtseins hervorgegangene Sammlung, die ein vermögender Privatmann nicht nur Preußen, sondern der gesamten Nation hinterläßt, wird vom König im richtigen Verständnis des verehrungsvollen Gestus nicht nur akzeptiert, sondern auch staatlich und dynastisch sanktioniert. Monarchie und Bürgertum gehen aufeinander zu und reichen sich die Hände. Dies ist vor allem deshalb möglich, weil es sich um einen Akt in effigie handelt: er findet in der Welt der Bilder statt. Aber mehr noch: die Zeit um 1860 kennzeichnet in mancher Beziehung eine Windstille der Nation, ist das ausgependelte équilibre zwischen 1848 und 1871. Insofern verrät der Vorgang eine Menge über die psychosozialen Hintergründe der Verlaufskurve preußisch-deutscher Geschichte im 19. Jahrhundert, und er läßt erkennen, in welchem hohen Maße Wageners Schenkung ein politisch durchaus gezielter Akt gewesen ist.

Max Jordan und die Landeskunstkommission

Nun galt es, für die Nationalgalerie eine Persönlichkeit zu finden, die die Geschicke des Hauses fachkundig betreuen könnte. 1874 trat Max Jordan, bis dahin Leiter des Städtischen Museums Leipzig, sein Amt als erster professioneller Direktor der Nationalgalerie an. Museumsdirektoren haben es – um auch dies einmal hervorzuheben – nicht leicht, insbesondere diejenigen unter ihnen nicht, die für die zeitgenössische Kunst zuständig sind, denn an ihr erhitzen sich die Gemüter. Was die Direktoren der Nationalgalerie betrifft, so ging Max Jordan – aus Gram über die ständigen Auseinandersetzungen mit den ihm zugemuteten Verhinderungsgremien gesundheitlich ruiniert – vorzeitig in den Ruhestand, sein Nachfolger, Hugo von Tschudi, mußte nach einem schweren Konflikt mit dem Kaiser den Hut nehmen und Tschudis drei Nachfolger, Ludwig Justi, Alois Schardt und Eberhard Hanfstaengl, wurden innerhalb kurzer Zeit einer nach dem anderen von den Nationalsozialisten entlassen.

Max Jordan versuchte, für die Kunst seiner Zeit zu tun, was er konnte, um ihr museale Würde zu verleihen. Sein Schicksal war die Landeskunstkommission, ein großes Gremium, das der preußische Staat berufen hatte, um Einfluß auf die Ankaufs- und Ausstellungspolitik der Nationalgalerie zu nehmen. Der Landeskunstkommission gehörten als Mitglieder überwiegend diejenigen Künstler an, die seit 1848 immer wieder eine Nationalgalerie gefordert hatten; ihr ständiges Drängen führte schließlich zum Erfolg. Darin

IX

X

XI

XII

besteht ihr unbestreitbares Verdienst. Sie fanden sich 1861 dadurch belohnt, daß ihnen die Aufsicht über die Nationalgalerie und über die vom Staat für Kunstankäufe vorgesehenen finanziellen Mittel übertragen wurde. Nun mögen Künstler zwar anregende Ideen haben, erfahrungsgemäß sind sie aber in aller Regel schlechte Administratoren und Richter in eigener Sache. Jordan sah sich einem Kreis konservativer, national gesinnter Künstler gegenüber, die den Höhepunkt ihres Schaffens längst überschritten hatten und mit ihrem Kunstverständnis weit hinter den Erfordernissen der Zeit zurückgeblieben waren. Sie benutzten ihre Verfügungsgewalt über die Finanzen vor allem zur Vergabe von Monumentalaufträgen zur Ausschmückung repräsentativer Neubauten, für die sie sich gegenseitig ins Gespräch brachten. Jordan hatte kaum Möglichkeiten, dem wirkungsvoll Widerstand entgegenzusetzen. Er rieb sich in zermürbenden Auseinandersetzungen auf. Um so höher ist es ihm anzurechnen, daß es ihm trotzdem gelungen ist, hin und wieder auch eigene Entscheidungen durchzusetzen.

Während der Ära Jordan, aber auch schon davor in den sechziger Jahren erhielt die Nationalgalerie nur wenige Schenkungen. Zwei Geldstiftungen, dazu bestimmt, aus den Kapitalzinsen Kunstwerke zu erwerben – die eines 1865 verstorbenen Herrn von Rohr sowie die des Bildhauers August Kiß und seiner 1869 verstorbenen Witwe –, fielen bereits in die Zuständigkeit der Landeskunstkommission. Als erstes Kunstwerk wurde aus den Kapitalzinsen 1864 Carl Friedrich Lessings protestantisch-nationales Monumentalgemälde „Hus auf dem Scheiterhaufen" erworben. Zur Ehrenrettung der Nationalgalerie sei jedoch gesagt, daß die Kapitalzinsen bis in unser Jahrhundert hinein immer wieder auch mit behutsamer Sorgfalt eingesetzt wurden, um – durchaus im Sinne der Stifter – zwar keine revolutionären Werke, aber solche von abgeklärter Qualität zu erwerben, wie etwa, um nur zwei Beispiele zu nennen, 1905

Erasmus Engerts „Wiener Hausgarten" von 1828/30 und 1910 Hans Thomas „Laufenburg" von 1870.

Zwischen 1861 und 1890 sind einzelne Schenkungen zu registrieren, die deshalb interessant sind, weil in ihnen ein neues, ganz entscheidendes Motiv des Mäzenatentums zum Ausdruck kommt. Diese Schenkungen belegen nämlich, daß die Stifter damit sichtbare Zeichen einer bürgerlichen Gruppen- und Familienpolitik setzen wollten. Zum Beispiel schenkten die Erben Johann Benoni Friedlaender der Nationalgalerie 1867 das um 1760 geschaffene „Jugendbildnis Lessings" von Johann Heinrich Tischbein. Damit meldet sich zum ersten Mal das emanzipierte und gesellschaftlich integrierte jüdische Berliner Bürgertum zu Wort und setzt mit der Schenkung eines Porträts des großen deutschen Aufklärers, des Dichters des „Nathan" und des Freundes von Moses Mendelssohn, ein bemerkenswertes Zeichen deutsch-jüdischen bürgerlichen Selbstbewußtseins. Von den Erben des deutschen Historikers Friedrich von Raumer kam 1873 die Schenkung des lebensgroßen ganzfigurigen Porträts des Dichters der Berliner Romantik, Ludwig Tieck, gemalt von Karl Christian Vogel von Vogelstein. In gleicher Weise wie die Schenkung des Lessingporträts von den Friedlaender-Erben ist eine weitere Gabe zu verstehen. Aus dem Vermächtnis der Frau Hofrat Therese Herz, geborene Wallach, erhielt die Nationalgalerie 1889 ein 1778 von der Hofmalerin Anna Dorothea Therbusch geschaffenes Bildnis, das Henriette Herz, die berühmte Gründerin des ersten Berliner literarischen Salons, darstellt. 1876 schenkte Hermann Grimm, der Kunst- und Literaturhistoriker und Verfasser des auch heute noch weit verbreiteten und immer noch gut lesbaren Buches „Das Leben Michelangelos", der Nationalgalerie Elisabeth Jerichaus Doppelporträt „Die Brüder Grimm" mit den Köpfen seines Vaters Wilhelm und seines Onkels Jakob.

Mit der Schenkung der Porträts der beiden Chemiker August Wilhelm von Hofmann und Friedrich von Kekulé aus der Hand des österreichischen Malers Heinrich von Angeli, 1890, tritt zum ersten Mal die deutsche Großindustrie auf den Plan. Die soeben erst fertiggestellten Bilder rochen noch nach Farbe; ihre Stifter waren die Vorstände der großen deutschen Teerfarbenfabriken.

Auf dem Wege über Schenkungen schien sich die Nationalgalerie zu einem Porträtmuseum zu entwickeln, und tatsächlich hat Ludwig Justi später, im Jahre 1913, eine nationale Bildnisgalerie von den Beständen abgezweigt.

Im Kampf um eine neue Sehweise Hugo von Tschudi

Die große Gelegenheit, das Mäzenatentum für die Nationalgalerie neu zu motivieren und es zu aktivieren, ergab sich, nachdem Max Jordan 1896 ausgeschieden war und Hugo von Tschudi seine Nachfolge antrat. Tschudi erkannte die Chance und wußte sie zu nutzen. Er war der Sohn des Schweizer Gesandten in Wien, damals 35 Jahre alt und seit 1884 Assistent von Wilhelm von Bode an der Gemäldegalerie. Obwohl Spezialist für die Kunst der Renaissance, war er dennoch von Bode als Nachfolger Jordans vorgeschlagen worden. Bodes anfängliche Befürchtung, der junge Gelehrte sei für den Posten möglicherweise zu konservativ, erwies sich schon bald als gänzlich unbegründet. Tschudi fuhr mit Max Liebermann, seinem Künstlerfreund, nach Paris, wo ihm die Augen für die Malerei des französischen Impressionismus geöffnet wurden. Tschudi erkannte deren Vorreiterrolle für eine neue Sehweise nicht zuletzt dank seines untrüglichen Qualitätsempfindens und setzte sich nun mit aller Vehemenz für die Anerkennung und Durchsetzung des französischen Impressionismus und seiner deutschen Nachfolger ein. So brachte Hugo von Tschudi in die Ankaufs-, Hänge- und Ausstellungspolitik der Nationalgalerie frischen Wind.

Inzwischen hatten sich die Gesellschaft und ihre Strukturen in Berlin grundlegend gewandelt. In den vorausgegangenen Jahren hatte nicht nur eine jüngere Generation die Generation der Großväter von 1848 und die der Väter von 1871 abgelöst. Hinzu kam, daß im Zuge der rasanten Entwicklung der preußischen Hauptstadt zum Zentrum einer neuen Technologie – vor allem des Maschinenbaus, der Elektrotechnik, der Biochemie und der Medizin – eine weltoffene, liberal und modern eingestellte bürgerliche Wissenschafts- und Wirtschaftselite herangewachsen war. Für die alte, dem Hohenzollernhaus treu ergebene Militär- und Verwaltungselite mit ihren inzwischen versteiften konservativen Wertvorstellungen, auf deren unbedingte Loyalität der Staat noch 1871 seine Stabilität gegründet hatte, war diese neue Elite zu einer überlegenen Konkurrenz geworden, denn sie hatte die Entwicklungstendenzen der neuen Zeit auf ihrer Seite. Ihr gehörten zahlreiche herausragende Persönlichkeiten des assimilierten jüdischen Großbürgertums an, das in der Wissenschaft, in der Industrie, im Handel und im Bankwesen, aber auch im Journalismus schon deshalb eine Domäne gesucht und gefunden hatte, weil ihm der Zugang zu den klassischen höheren Berufen und damit die Aufnahme in die alte Elite verschlossen war. Diese Persönlichkeiten, Aufsteiger im besten und fruchtbringendsten Sinne des Wortes, wie etwa Vater und Sohn Rathenau, bildeten den durchaus charakteristischen Kern der neuen Elite. Hinzu kamen die lebendigsten und tatkräftigsten Geister aus der Berliner Neubourgeoisie sowie einzelne Angehörige des Adels, die in die Wirtschaft und das Bankgeschäft einstiegen. Eine hochaktive, eine virulente Gesellschaft war es, die aufgrund ihres geistigen Formats und ihrer finanziellen Ressourcen in Berlin um 1900 den Ton angab. Sie fühlte sich im Neuen zu Hause und zeigte sich daher auch allen neuen kulturellen Entwicklungen gegenüber offen. Es war die Gesellschaft des Neuen Westens und der Secession, der auch diejenigen Kunstsammler angehörten, die in Berlin zum Abscheu und Entsetzen der etablierten Konservativen und unter dem Protestgeschrei der Presse den Impressionismus salonfähig machten. Der aus Odessa stammende Jurist Carl Bernstein, der sich 1873 in Berlin niedergelassen hatte, und der Großkaufmann und Geheime Kommerzienrat Eduard Arnhold zählen zu diesem Kreis herausragender Sammler, aus dem Tschudi seine Mäzene gewann.

Auch der preußische König gehörte einer neuen Generation an. Sein Großvater, Wilhelm I., war sich der Grenzen seines künstlerischen Urteilsvermögens sehr wohl bewußt, hatte sich gegenüber allen Belangen der Kunst sehr zurückgehalten und wäre gar nicht auf die Idee gekommen, in die Politik der Museen einzugreifen. Anders sein Enkel Wilhelm II., König von Preußen und Deutscher Kaiser. Zweimal ist Deutschland von Männern regiert worden, die selbst in der Malerei dilettierten und deshalb glaubten, in ihrem künstlerischen Urteil unfehlbar zu sein. Zweimal hat dies der Kunst in Deutschland zum Schaden gereicht. Beim zweiten Mal war der Schaden unermeßlich, beim ersten Mal hielt er sich noch in Grenzen. Beide Male aber hat die Nationalgalerie darunter gelitten.

Wilhelm II. übte in der Kunst ein sehr persönliches Regiment aus und griff immer wieder in die Belange der Nationalgalerie und die Politik ihres Direktors ein. Die Ereignisse sind bekannt und müssen nicht wiederholt werden. Hier kommt es lediglich darauf an, diese Ereignisse aus der mäzenatischen Perspektive zu fokussieren. Entscheidend ist, daß der Konflikt vorprogrammiert war. Hatte sich die Gründung der Nationalgalerie 1861 als ein Akt demonstrativen Einverständnisses zwischen dem privaten Mäzen und dem Monarchen dargestellt, so bot sich jetzt das genau umgekehrte Bild. Das preußische Königshaus als Repräsentant der Staatsmacht und das selbstbewußte bürgerliche Mäzenatentum reichten sich nicht mehr die Hand, sondern arbeiteten statt dessen gegeneinander. In der Geschichte der Nationalgalerie waren dies die aufregendsten, dramatischsten, heroischsten, glorreichsten und zugleich ertragreichsten Jahre. Aus privaten Schenkungen wuchs jener Kern der Sammlung, der auch heute noch ihren klassischen Höhepunkt bildet.

Die ersten Anzeichen der sich anbahnenden Kontroverse zeigten sich noch zu Jordans Zeiten um 1888. Jordan hatte versucht, die Landeskunstkommission zum Ankauf von Max Liebermanns „Flachsscheuer in Laren" zu bewegen, einem der großen Bilder, die heute in der Nationalgalerie auf der Museumsinsel zu sehen sind. Selbstverständlich stieß er damit auf Ablehnung. Max Liebermann, der weltmännische Protagonist des Pleinairismus und eines kompromißlosen und ungefälligen Realismus, wurde von dem damaligen Besucherpublikum der Berliner Kunstsalons nicht verstanden. Die Presse nannte ihn „Schwarzseher" und bescheinigte ihm ein „rohes" und „verhunztes" Menschenbild. Die Sammlung erhielt damals ihren ersten Liebermann, indem der Künstler das Bild der Nationalgalerie kurzerhand schenkte.

Liebermann war, vielleicht außer dem alten Menzel, der einzige, der sich in der Pariser Kunstszene auskannte, aber er, der Jüngere, war derjenige, der mit seinem künstlerischen Instinkt die Revolution des Sehens begriffen hatte, die in Paris vor sich ging. So war ihm die Anführerschaft der Jungen, die sich Ende des Jahrhunderts zur Berliner Secession zusammenfanden, auf den Leib geschrieben, und so war er auch für den neuen Direktor der Nationalgalerie der geeignete Mentor. Die Schlüsselrolle Liebermanns für die Entwicklung der Nationalgalerie kann gar nicht hoch genug eingeschätzt werden.

Was nun folgte, kann in dem Satz zusammengefaßt werden: Ein Künstler, ein Museumsdirektor und eine Handvoll hochmögender Mäzene probten den Aufstand. Der neue Direktor der Nationalgalerie ging ans Werk und wollte sein Museum forciert den französischen Impressionisten öffnen. Natürlich stieß er dabei auf den erbitterten Widerstand der Landeskunstkommission, die schon seinem Vorgänger das Leben schwer gemacht hatte und die auch jetzt nicht daran dachte, ihre Position zu ändern oder gar ihren Widerstand aufzugeben. Um den Auseinandersetzungen über die Ankäufe der Nationalgalerie zu entgehen, suchte Tschudi Mäzene zu gewinnen, die ihm die Zeugnisse der neuen französischen Malerei für die Sammlung schenkten. Das gelang ihm in einem überraschenden Ausmaß. Die Kunstfreunde der neuen Elite gehörten ja selbst zu dem Teil der Berliner Gesellschaft, der seine Verbindungen zum europäischen Ausland kultivierte und der auch anderes kannte als nur das Berliner Umfeld. Eine Tür war aufgestoßen; die frische Luft der Welt zog ein. Es war, als hätten die Sammler nur darauf gewartet.

Noch 1896, im Jahr seines Amtsantritts, gelang es Tschudi, einige heute weltberühmte Spitzenwerke des französischen Impressionismus als Schenkungen in die Sammlung einzubringen, darunter Claude Monets „Vétheuil an der Seine“ von 1880, eine Schenkung des kunstsinnigen Barons Karl von der Heydt aus der Elberfelder und Berliner Bankier- und Diplomatenfamilie, die im Berliner Kulturleben eine prägende Rolle gespielt hat. Karl von der Heydt war der Bruder Eduards, der in der Villa von der Heydt, dem heutigen Domizil der Stiftung Preußischer Kulturbesitz, residierte, und beide wiederum waren die Söhne des preußischen Handels- und Finanzministers August von der Heydt, der die Villa erbauen ließ. Zu dem Monet kam

Edouard Manets Gemälde „Im Wintergarten“ von 1879 hinzu, das auch heute eine Zierde der Nationalgalerie darstellt. Um diese Schenkung zu finanzieren, hatten sich vier Mäzene zusammengetan, nämlich Eduard Arnhold, Ernst und Robert von Mendelssohn und Henry Oppenheim. Max Liebermann stiftete eine von Auguste Rodin geschaffene Bronzebüste des Bildhauers Jules Dalou von 1838 – eine ebenso herausfordernde wie generöse Solidaritätsgeste eines Künstlers, der nicht nur auf seine eigenen Werke, sondern demonstrativ auch auf die seiner Künstler-Kollegen hinweist. Namentlich ungenannte Kunstfreunde schenkten 1897 Paul Cézannes um 1881 geschaffenes Meisterwerk „Mühle an der Couleuvre bei Pontoise“. 1899 stiftete Henriette Mankiewicz Monets „Häuser in Argenteuil“ von 1873. Zu den großen Stiftern dieser Jahre gehörten auch James Simon, Oskar Huldschinsky und der Berliner Industrielle Arnold von Siemens.

Tschudi hatte diese Erwerbungen durch seine Besuche in Paris meist selbst vorbereitet. Die Mehrzahl der Gemälde wurde durch die renommierte Pariser Kunsthandlung Durand-Ruel vermittelt. Später, nach Eröffnung seines Berliner Kunstsalons im Oktober 1898, übernahm auch Paul Cassirer die Vermittlung und hielt Verbindung zu den französischen Händlern.

Schon im Dezember seines Antrittsjahres 1896 stellte Tschudi seine Neuerwerbungen in einer aufsehenerregenden Ausstellung der Öffentlichkeit vor. Die Ausstellung rief den wütenden Zorn seiner konservativen Gegner hervor, vor allem in den akademischen Berliner Künstlerkreisen, aber auch bei den sich düpiert fühlenden Mitgliedern der Landeskunstkommission, die, angeführt von Anton von Werner, dem eingeschworenen Feind Liebermanns, das Ohr des Kaisers hatten. Die Franzosen galten ja immer noch als Erbfeind; so erschien der Ankauf französischer Werke auch aus nationaler Perspektive als ein schwerer kosmopolitischer

Affront. Dem Hauptargument seiner Gegner, die Aufgabe der Nationalgalerie sei es, ausschließlich nationale, also deutsche Kunst zu sammeln, hielt Tschudi entgegen, daß bereits Konsul Wagener mit seiner Erwerbungspolitik über die deutschen Grenzen hinausgegriffen habe und daß das Sammeln von Weltkunst als Vergleichsmaßstab für die deutsche Kunst notwendig sei.

Das Maß war endgültig voll, als Tschudi 1898 die neue Hängung der Bestände präsentierte. Um Platz zu gewinnen, hatte er die Altbestände gelichtet und viele Bilder, die nicht mehr als ehrwürdige Mittelware waren, ins Depot geschickt, darunter auch eine Anzahl von Bildern aus der Sammlung Wagener, die bis dahin als sakrosankt gegolten hatte. Die eingesessene Berliner Künstlerschaft schäumte vor Erregung. Es kam zu einer Protestresolution, die im März 1899 anläßlich der Beratung des Kulturetats im preußischen Abgeordnetenhaus diskutiert wurde. Wilhelm II. erließ daraufhin eine Anordnung folgenden Wortlauts: „Ich habe bei einem Besuch der National-Galerie im Frühjahr d. J. wahrgenommen, daß Gemälde, welche vermöge des Gegenstandes ihrer Darstellung besonders geeignet scheinen, einen bildenden Einfluß auf die Besucher auszuüben und auch durch ihren künstlerischen Wert die nationale Kunst in hervorragender Weise repräsentieren, von ihrem bevorzugten Platz beseitigt und durch Bildwerke der modernen Kunstrichtung ersetzt worden sind. Diese Veränderungen finden meinen Beifall nicht, und ich wünsche, daß die bezeichneten Werke wieder an ihre Stelle gebracht und die neueren Bilder an einer weniger hervorragenden Stelle untergebracht werden. Zugleich bestimme ich, daß künftig zu allen Erwerbungen für die National-Galerie, sei es durch Ankauf, sei es durch Schenkung, zunächst meine Genehmigung eingeholt werde. Ich ersuche Sie, hiernach das Weitere zu veranlassen. Gez. Wilhelm R., Neues Palais, den 29. August 1899."[3]

Damit hatte Wilhelm II. dem ihm unliebsamen privaten Mäzenatentum höchstpersönlich einen Riegel vorgeschoben. Tschudi, der in dieser Situation keinen Rückhalt beim Kultusminister fand, mußte sich dem kaiserlichen Befehl beugen. Sein Hamburger Kollege Alfred Lichtwark faßte die groteske Situation in einem Brief folgendermaßen zusammen: „Ihm stehen die reichsten Privatmittel zur Verfügung, die in Europa ein Museum heranziehen kann, und er könnte damit im Handumdrehen eine Sammlung ersten Ranges machen, nur daß seine vorgesetzte Behörde nicht wagt, sie als Geschenk in Empfang zu nehmen oder ihre Annahme dem Kaiser zu empfehlen.“[4]

1898, in einem Jahr, in welchem sich die Konflikte häuften, wurde auch die „Berliner Secession“ gegründet. Einer der Anlässe war, daß Walter Leistikows großformatiges Gemälde „Der Grunewaldsee“, 1895, auf Einspruch des Kaisers von der Hängung in der „Großen Berliner Kunstausstellung“ zurückgewiesen wurde. Daraufhin erwarb der Berliner Bankier Richard Israel, Rittergutsbesitzer auf Schulzendorf, das Gemälde und schenkte es der Nationalgalerie. Doch 1899 waren die privaten Stifter durch das Dekret des Kaisers vorerst nachhaltig verschreckt. Wer will schon, daß seine Schenkung auf Ordre des Landesherrn abgewiesen wird? Indes scheint sich die Konfrontation schon nach wenigen Jahren abgeschwächt zu haben: denn um 1906 ist eine neue Schenkungswelle zu beobachten, die sowohl auf Tschudis Verhandlungsgeschick als auch auf Paul Cassirers Verkaufsdiplomatie zurückgeführt werden kann.

1905 schenkte Paul Freiherr von Merling John Constables Gemälde „Das Haus des Admirals in Hampstead“, entstanden nach 1820. Gegen ein Bild mit einem so frühen Entstehungsdatum ließ sich wohl schwerlich etwas einwenden. Allein sieben Schenkungen sind für das Jahr 1906 zu verzeichnen: Guido Graf Henckel Fürst von Donnersmarck stiftete Gustave Courbets Gemälde „Die Welle“ von 1870, das er bei Théodore Duret in Paris erworben hatte. Charles François Daubignys großformatige „Frühlingslandschaft“ von 1862 war ein gemeinsames Geschenk Henckels von Donnersmarck, Eduard Arnholds, der Brüder Ernst und Robert von Mendelssohn sowie der Pariser Firma Boussot Valadon. Alfred Beit, London, stiftete das um 1860 entstandene Gemälde „Don Quixote und Sancho Pansa“ von Honoré Daumier. Von dem Berliner Bankier Karl Hagen stammt Edouard Manets „Landhaus in Rueil“ von 1882. Hagen hatte dieses Bild bei Cassirer gekauft, der es seinerseits von Durand-Ruel in Kommission hatte. Ebenfalls von Karl Hagen kamen zwei weitere Gemälde, nämlich Claude Monets „St. Germain L'Auxerrois“ von 1866 sowie Auguste Renoirs Großformat „Der Nachmittag der Kinder in Vargemont“ von 1884. Frau Elise König schließlich schenkte Auguste Renoirs Gemälde „Blühender Kastanienbaum“, entstanden 1881.

1907 kam ein weiterer Renoir hinzu, das frühe Gemälde „Im Sommer“ von 1868, geschenkt von Frau Mathilde Kappel. Aus demselben Jahr stammte auch die Schenkung von Claude Monets „Sommer“ von 1874, das Karl Hagen gemeinsam mit H. Steinbart stiftete.

Als 1909 Edouard Manets großartiges Stilleben „Fliederstrauß“ aus dem Vermächtnis von Frau Félicie Bernstein Eigentum der Nationalgalerie wurde, durfte dieses Geschenk zwar angenommen, das Gemälde aber auf Geheiß des Kultusministeriums wegen des immer noch nicht aufgehobenen Erlasses Kaiser Wilhelms II. nicht ausgestellt werden; es mußte im Depot verschwinden. So endete, aus der Stifterperspektive gesehen, die Ära Tschudi. Die beiden Blumensträuße, Preyers Widmungsblumenstrauß für den Konsul Wagener und Manets Fliederstrauß, der den Augen der Öffentlichkeit auf Befehl des Kaisers entzogen werden mußte, flankieren aufs eindrücklichste Dialog und Widerspruch von Mäzenatentum und staatlicher Förderung.

Obwohl der Akzent der Erwerbungen für die Nationalgalerie dank der Politik Tschudis und seiner Stifterfreunde ganz eindeutig auf der Kunst des französischen Impressionismus lag, sind der Nationalgalerie damals aber auch Werke zeitgenössischer deutscher Künstler geschenkt worden, von denen wenigstens zwei – nicht nur wegen des Künstlers, sondern auch wegen ihrer Stifter – erwähnt werden sollen: 1899 schenkte Cosima Wagner Hans von Marées' „Drachentöter" von 1880 und 1907 der Bildhauer Adolf von Hildebrand drei Gemälde aus dem Nachlaß seines 1887 in Rom verstorbenen Malerfreundes Hans von Marées, darunter das berühmte Bild „Die Ruderer", eine Studie zu den Fresken des Künstlers in der Deutschen Zoologischen Station in Neapel.

Ludwig Justi und die Weimarer Republik

1909 begann die Amtszeit Ludwig Justis; sie dauerte bis 1933. Im Unterschied zu Tschudi, der alle Probleme direkt, ohne aus seiner Sicht falsche Rücksichten und mit nur wenig Sinn für Taktik aufzugreifen pflegte, war Justi ein Diplomat, dem es gelang, die Wogen gesprächsweise oder mit geschickt formulierten schriftlichen Bulletins zu glätten oder sie von vornherein zu umschiffen. Die Sperranordnung des Kaisers konnte aber auch er nicht beseitigen. Sie blieb bestehen, bis der Kaiser 1914 durch den Ausbruch des Ersten Weltkrieges andere Sorgen bekam. Die Ankäufe wurden fortan ohne kaiserliche Kontrolle vom Kultusminister genehmigt, der aber auch seinerseits und weiterhin verbot, daß die Neuerwerbungen ausgestellt wurden.

Das große Ereignis der Ära Justi war 1919, zu Beginn der Weimarer Republik, die Eröffnung der neuen Abteilung der Nationalgalerie im Kronprinzen-Palais. Jetzt stand der Ausbreitung der Gegenwartskunst nichts mehr im Wege. Jetzt entfaltete sich hier das ganze Schaugepränge des Stils einer neuen Generation, des Expressionismus. Die eben noch so heiß umkämpften Impressionisten gehörten unversehens zu den nicht länger angefochtenen Klassikern.

Man sollte meinen, daß nun eine gleich große Welle der Schenkungen expressionistischer Kunstwerke die Nationalgalerie erreicht hätte, wie dies in der Zeit vor dem Ersten Weltkrieg mit den Impressionisten der Fall gewesen war. Doch dem ist nicht so. Die Struktur der Vorkriegsgesellschaft war weitgehend zerstört. Zwar gab es Sammler der neuen Kunst, aber sie waren nicht zugleich auch Mäzene. In der Weimarer Republik, die den verlorenen Krieg zu bewältigen hatte und die unter großem inneren Druck stand, war das Geld knapp. Justi behalf sich mit einer Politik der langfristigen Leihgaben, die er von den Sammlern, den Galerien und den Künstlern selbst erbat. 1929 gründete er den Verein „Freunde der Nationalgalerie", den Vorläufer des heutigen Vereins. Vorsitzender war Baron Eduard von der Heydt. Der Verein, der, wie Paul Ortwin Rave mitteilt, „nur wenige, aber sehr vermögende Mitglieder zählte, brachte Mittel für Kunstwerke auf, deren Ankauf mit staatlichen Mitteln erschwert oder unerwünscht war. Auf diese Weise kam eine Anzahl ausländischer Künstler in das Kronprinzen-Palais, die man sonst dort schwerlich getroffen hätte, wie etwa Pablo Picasso, Braque, Juan Gris, Dufy und andere."[5] Der kostspieligste und spektakulärste Ankauf des Vereins war Vincent van Goghs „Garten des Daubigny", ein allerdings in seiner Authentizität umstrittenes Gemälde, das damals einen heftigen Echtheitsstreit auslöste.

Trotz der erschwerten Bedingungen sind auch in der Justi-Periode einige mäzenatische Stiftungen zu verzeichnen. Hier zwei Beispiele: 1921 schenkte Frau Elisabeth Erdmann-Macke, die Witwe des im Ersten Weltkrieg gefallenen Künstlers, der Nationalgalerie das schöne kleine Freundschaftsbild „Bildnis Franz Marc" von 1910. Und 1926, ein Jahr nach dem Tod Lovis Corinths, kam dessen Gemälde „Das trojanische Pferd" als Geschenk der Familie in die Sammlung. Dieses Gemälde gehört zu den Kunstwerken, die 1937 für die Beschlagnahme-Aktion „Entartete Kunst" vorgesehen waren. Es entging aber dem Schicksal der „Vertreibung", weil es aus irgendeinem Grunde im Haus der Nationalgalerie zurückblieb und dann dort „überwinterte".

Damit ist der Hinweis gegeben, warum so viele der Kunstwerke aus der Ära Tschudi und Justi nicht mehr in der Nationalgalerie zu finden sind. Adolf Hitler, der zweite dilettierende Kunstmaler, der genau zu wissen glaubte, was Kunst sei und was nicht, hatte sich als „Führer" an die Spitze des Staates gesetzt. Der Rundumschlag des Nationalsozialismus gegen die Kunst unseres Jahrhunderts schlug Wunden, die niemals mehr zu heilen sind. Es war ein Schlag, so gründlich, daß es nach dem Krieg Jahrzehnte dauerte, bis nicht nur die Nationalgalerie, sondern die gesamte Museumslandschaft in Berlin sich regenerierte und auch das Mäzenatentum in einem neuen Selbstverständnis wieder erste Wurzeln schlug.

Mühsamer Neubeginn

Nach dem Ende des Zweiten Weltkrieges kamen die Dinge nur äußerst mühsam wieder in Gang. 1949 gründete der Berliner Magistrat die „Galerie des 20. Jahrhunderts" als provisorischen Ersatz für die Nationalgalerie, weil auch vier Jahre nach dem Krieg überhaupt noch nicht abzusehen war, was aus den alteingesessenen Museen des nicht mehr existierenden preußischen Staates mit ihren unter die Obhut der Besatzungsmächte genommenen und in alle Welt versprengten Beständen werden würde. Viel Geld war nicht vorhanden. Um so höher ist das Verdienst Adolf Jannaschs, des Direktors dieser Galerie, zu bewerten, daß es ihm gelungen ist, mit geringen Mitteln bedeutende Kunstwerke zu erwerben. Im bescheidenen Rahmen hat er auch einige Stifter gewinnen können. So ist beispielsweise Werner Heldts „Pfingsttag" von 1952 ein Geschenk des Kulturkreises im Bundesverband der Deutschen Industrie. Joan Mirós „Die kleine Blonde im Park der Attraktionen" wurde 1955 mit Unterstützung des bedeutendsten Sammlers der ersten Nachkriegszeit, des Industriellen Karl Ströher, Darmstadt, erworben. Max Beckmanns „Familienbild George" aus dem Besitz der Familie erwarb Jannasch 1954 aus Mitteln der Deutschen Klassenlotterie Berlin.

Damit tritt erstmals diejenige Institution in Erscheinung, die dank ihrer Förderungspolitik für die Berliner Museen viel Segensreiches bewirkt hat und die zugleich eine diskrete Hilfskonstruktion war und bis auf den heutigen Tag ist: ein verdecktes Staatsmäzenatentum, das nicht nur den Staat als Kunstkäufer vertritt und damit dessen Etat entlastet, sondern das über Jahrzehnte hinweg das fehlende private Mäzenatentum gleichsam ersetzt und damit die Tatsache in den Hintergrund treten läßt, daß Privatinitiative kaum noch vorhanden war, daß sie erst mühsam wieder herangezogen werden mußte und daß in dieser Richtung auch heute noch viel zu tun bleibt. Gerade in dieser Hinsicht lag Berlin weit hinter anderen deutschen Städten zurück. Die salvatorischen politischen Argumente dafür sind bekannt. Der Stadt ist aufgrund fehlenden Mäzenatentums in den fünfziger Jahren vieles verloren gegangen. Ein Beispiel für viele: Oskar Kokoschkas „Bildnis Herwarth Walden" aus der Sammlung Nell Walden, das von der Staatsgalerie Stuttgart erworben wurde.

1957 trat Leopold Reidemeister als erster Direktor der Nationalgalerie nach dem Krieg sein Amt an. Die Sammlung fand eine provisorische Unterkunft in der Orangerie des Schlosses Charlottenburg. Die erste Schenkung einer nicht-staatlichen Organisation kam 1957 vom Kulturkreis im Bundesverband der Deutschen Industrie. Es war eine Bronzebüste Konrad Adenauers von Gerhard Marcks. Der Meister hatte sie gerade erst und wohl eigens für diesen Zweck fertiggestellt.

Die ganze Abhandlung ist in eine Rahmenhandlung eingefügt; dieser Rahmen soll jetzt geschlossen werden. Als Leopold Reidemeister 1961 das hundertjährige Bestehen der Nationalgalerie zum Anlaß nahm, eine Ausstellung der gestifteten und geschenkten Werke zu veranstalten, tat er dies natürlich mit dem Hintergedanken, das eingeschlafene private Mäzenatentum wieder zu mobilisieren. Er startete eine große Werbeaktion in Westdeutschland und in Berlin. Außerdem erfand er die große Tafel mit der Genealogie der Stifternamen seit Gründung der Nationalgalerie in Bronzebuchstaben, die zunächst an einer großen Wand in der Mittelhalle im Eingangsbereich der Orangerie und später nach Übersiedlung der Nationalgalerie in den Mies van der Rohe-Bau dort angebracht war, wo sie sich auch heute noch befindet und laufend ergänzt wird.

Im Rückblick ist das Ergebnis dieser Aktion nicht sehr eindrucksvoll gewesen, obwohl es damals allen Beteiligten als ein gewaltiger Durchbruch erschien. Immerhin sind zwei herausragende Kunstwerke zu nennen, die erworben werden konnten. Erstens: Hannah Höchs große Dada-Collage „Schnitt mit dem Küchenmesser Dada durch die letzte Weimarer Bierbauch-Kulturepoche Deutschlands" von 1919. Stifter waren die Badischen Anilin- und Sodafabriken, Ludwigshafen, wobei davon ausgegangen werden kann, daß sich damals weder die Spender noch der Empfänger über die kunsthistorische Bedeutung des Werkes im klaren gewesen sein dürften. Die Bedeutung der Dada-Bewegung für die Kunstgeschichte wurde erst später entdeckt. Der Erwerbungsbetrag belief sich auf etwa 4000 DM. Zweitens: Karl Schmidt-Rottluffs bedeutendes frühes „Selbstbildnis mit Einglas“ von 1910, ein Geschenk Frau Möller-Garnys, Köln, der Witwe des Kunsthändlers Ferdinand Möller. Möller war in die kunsthändlerischen Veräußerungspläne für das durch die Aktion „Entartete Kunst“ angefallene Kunstgut einbezogen. Er hat sich große Verdienste dadurch erworben, daß er das ihm anvertraute Kunstgut entgegen dem Willen seiner Auftraggeber nicht weiterveräußerte, sondern für sich behielt und damit für den deutschen Kunstmarkt rettete. Er verfügte nach Kriegsende auch über dieses Bild, das früher der Städtischen Galerie Moritzburg in Halle gehört hatte. So gesehen, ist die Schenkung Frau Möller-Garnys auch eine Wiedergutmachung.

Abschließend sei ein kurzer Blick in die Gegenwart gestattet. Das Verhältnis zwischen Kunst, Museum, Staat und Mäzen ist, wie die Geschichte zeigt, auch ein physiognomisches. Es offenbart sich darin das Bewußtsein für die Angemessenheit der kulturellen Repräsentanz, die ein Spiegel des kulturellen Selbstbewußtseins einer Gesellschaft in ihrer Epoche ist. An den Zeitgenossen unserer Gegenwart liegt es, die Gesichtszüge der Gesellschaft, in der wir leben, durch ihre Eigeninitiative lustvoll mitzugestalten.

Anmerkungen

1 Zit. n. Kat. Die Nationalgalerie und ihre Stifter, S. 5.

2 Zit. n. Kat. Galerie der Romantik, S. 72.

3 Zit. n. Teeuwisse, Vom Salon zur Secession, S. 213 f.

4 Ebda., S. 214.

5 Zit. n. Rave, Die Geschichte der Nationalgalerie Berlin, S. 88.

Weiterführende Literatur

Werner Doede, Die Berliner Secession. Berlin als Zentrum der deutschen Kunst von der Jahrhundertwende bis zum Ersten Weltkrieg, Berlin 1977.

Dieter Honisch, Die Nationalgalerie Berlin, Recklinghausen 1979.

Henrike Junge (Hg.), Avantgarde und Publikum. Zur Rezeption avantgardistischer Kunst in Deutschland 1905–1933, Köln, Weimar, Wien 1992.

Konstanty Kalinowski und Christoph Heilmann, Sammlung Graf Raczynski. Malerei der Spätromantik aus dem Nationalmuseum Poznan, München 1992.

Manfred A. Pahlmann, Villa von der Heydt. Von-der-Heydt-Straße 18. In: Geschichtslandschaft Berlin, Orte und Ereignisse. Tiergarten, Berlin 1988, S. 299–308.

Paul Ortwin Rave, Die Sammlung des Konsuls Wagener als Kern der National-Galerie. In: Festschrift C. G. Heise zum 60. Geburtstag, Berlin 1950, S. 202–212.

Paul Ortwin Rave, Die Geschichte der Nationalgalerie Berlin, Berlin 1968.

Nicolaas Teeuwisse, Vom Salon zur Secession. Berliner Kunstleben zwischen Tradition und Aufbruch zur Moderne 1871–1900, Berlin 1986.

Kataloge

Die Nationalgalerie und ihre Stifter. Ausstellung zum hundertjährigen Bestehen der Nationalgalerie Berlin, Orangerie des Schlosses Charlottenburg, Berlin 1961.

Staatliche Museen Preußischer Kulturbesitz. Nationalgalerie. Verzeichnis der vereinigten Kunstsammlungen Nationalgalerie (Preußischer Kulturbesitz) Galerie des 20. Jahrhunderts (Land Berlin), Berlin 1968.

Nationalgalerie Berlin. Staatliche Museen Preußischer Kulturbesitz. Verzeichnis der Gemälde und Skulpturen des 19. Jahrhunderts, Berlin 1976.

Die Sammlung Wagener. Aus der Vorgeschichte der National-Galerie. Staatliche Museen zu Berlin, National-Galerie, Berlin 1976.

Galerie der Romantik. Nationalgalerie Berlin, Staatliche Museen Preußischer Kulturbesitz, Berlin 1986.

Die großen Anreger und Vermittler

Ihr prägender Einfluß auf Kunstsinn, Kunstkritik und Kunstförderung

von

Thomas W. Gaehtgens

Niemand wird als Mäzen geboren. Zwar mag Herkunft, Familie, Beruf für die spätere mäzenatische Tätigkeit richtungweisend sein, aber eine Conditio sine qua non sind diese Umstände nicht. Im Prinzip kann jeder Mensch zum Mäzen werden. Eine Mäzenatenforschung steckt erst in den Kinderschuhen. Dies ist durchaus bedauerlich, denn die Ursachen zu ergründen, die zu mäzenatischem Handeln führen, ist nicht nur historisch aufschlußreich, sondern sogar gesellschaftspolitisch von Belang.

Den Antrieb für Mäzenatentum näher zu bestimmen, stellt uns jedoch vor scheinbar unlösbare Aufgaben. Denn das Thema reicht sowohl in den Bereich der biographischen Darstellung und der Rekonstruktion sozialgeschichtlicher Umstände als auch in den der individualpsychologischen Analyse. Es fehlen zur Beantwortung dieser Fragen meist auch die Quellen, die entweder nicht mehr vorhanden oder nicht aufgearbeitet worden sind.

Im Zentrum dieser Vorlesungsreihe stehen Mäzene im Bereich der bildenden Kunst. Diese Einschränkung ist möglich und vernünftig, aber man kann sich durchaus fragen, ob sie legitim ist, wenn das Phänomen Mäzenatentum in seinen

Entstehungsbedingungen und Auswirkungen erforscht werden soll. Waren denn die Mäzene, von denen in den anderen Beiträgen bereits die Rede war, nur auf diesem Gebiet tätig? Nein, so war es nicht! Die großen Mäzene des Deutschen Kaiserreiches haben bedeutende Teile ihres Vermögens – ob die bedeutenderen, mag dahingestellt bleiben – sozialen, karitativen, pädagogischen, wissenschaftlichen und religiösen Einrichtungen übereignet. Zentraler Beweggrund für Mäzenatentum war offenkundig nicht die Förderung der Kunst, sondern aller Lebensbereiche, in denen Not und Mangel erkennbar war.

Es ist an der Zeit, eine differenziertere Auffassung des Begriffs Mäzenatentum zu erarbeiten, vielleicht eine Art Typologie. Der Konsul Wagener wollte im hohen Alter sein Haus bestellen, als er seine bedeutende Gemäldesammlung dem Kronprinzen vererbte. Wageners Entschluß wird durch diese Umstände nicht in Mißkredit gebracht. Im Gegenteil, er stiftete gleichsam sein Lebenswerk und suchte die Kontinuität seiner Bemühungen nun durch den Staat fortgeführt zu sehen. Sein Mäzenatentum bestand in der Förderung der Kunst und der Unterstützung der Einrichtung, die ihr gewidmet sein sollte.

Das Mäzenatentum in der Gründerzeit hingegen war von ganz anderer Art. Die Stifter wurden erst auf Anregung von Wilhelm von Bode zu Mäzenen. Ihr Mäzenatentum war in vielen Fällen – natürlich nicht immer – eine Gegenleistung für fachliche Beratung. Im übrigen hatte es der Museumsmann zunächst verstanden, wirtschaftlich erfolgreiche und wohlhabende Bürger zu Sammlern zu machen, wodurch erst eine Grundlage für mäzenatisches Handeln geschaffen worden war.

Aus beiden Beispielen geht schon hervor, daß Mäzenatentum zu einem ganz erheblichen Teil, wenn nicht dem entscheidenden, aus Defiziten einer Epoche erwächst. Ein Mäzen stiftet ein Museum, weil es noch keine dem zu fördernden Gegenstand entsprechende öffentliche Sammlung gibt. Das war früher so, und wir erleben es auch in unserer eigenen Gegenwart in dieser Stadt. Oder Mäzene treten an die Stelle des Staates, wenn dieser – aus welchen Gründen auch immer – seiner Aufgabe nicht voll entsprechen kann.

Im Bereich der bildenden Künste kann sich mäzenatisches Handeln auf sehr unterschiedliche Weise vollziehen, kann sich auf alte oder auf zeitgenössische Kunst, aber auch auf den Unterhalt von Künstlern erstrecken. Mäzenatentum geschieht durch Kauf von Werken zur Unterstützung des Künstlers, durch Stiften von Geld für den Ankauf von Kunstwerken oder durch Schenkung von Sammlungen. Alle diese mäzenatischen Tätigkeiten hat es gegeben; es gibt sie weiter. Sie sind aber nicht auf die gleiche Art zu bewerten, womit nicht moralische Kategorien, sondern historische Gegebenheiten gemeint sind.

Um diesen Zusammenhang zu erläutern, sei als Beispiel ein Brief zitiert: „Geehrter Herr Direktor! ... Ihr freundl. letztes Schreiben kam mir gestern zu Hand, nun bin ich in Erwiderung ... bereit, das von Ihnen (genannte) Bild von Vermeer zu Gunsten des Museums zu erwerben. Haben Sie gef. die Freundlichkeit, mir den genauen Betrag anzugeben ... Ich möchte nur daran die Bitte knüpfen, daß mein Name bei dieser Angelegenheit nicht figuriert, sondern dafür NN gesagt wird ... Mit bestem Gruß Ihr ergebenster James Simon."[1] Wenn wir sonst schon nichts über den Briefschreiber und die Umstände wüßten, wäre dies ein Fall von anonymem Mäzenatentum. Wir wüßten nicht einmal, ob sich der Geldspender für den Gegenstand überhaupt interessiert. Sein Name soll, aus welchen Gründen auch immer, nicht genannt werden. Diese Form des Mäzenatentums war und ist verbreitet. Eine solche Quelle in ihrem historischen Kontext aufzuschlüsseln, ist in diesem Fall leicht. Wir kennen den Stifter aus umfangreicher mäzenatischer Tätigkeit, und wir kennen den Adressaten, Wilhelm von Bode. In diesem gut dokumentierten Fall der Beziehung zwischen Simon und Bode arbeiteten Museumsmann und Mäzen Hand in Hand.

Der eine, der Museumsmann, kann seine ehrgeizigen museumspolitischen Pläne nur mit Hilfe von Spenden erreichen. Der andere, der Stifter und Mäzen, ja worin liegt eigentlich sein Interesse? Lesen wir einen anderen Brief: „Sehr geehrter Herr Direktor! Herr W. offeriert mir ein männliches Porträt von A. v. Dyck. Ich erlaube mit Ihrer gütigen Zusage … Ihren Rath einzuholen u. um Ihren Ruf zu bitten betreffs der folgenden Punkte: 1. ob das Bild unzweifelhaft ein Dyck ist; 2. ob es gut erhalten, überhaupt guter Qualität ist, 3. ob der Preis von 12 000 M. angemessen, gfs. ob Wahrscheinlichkeit ist, billiger anzukaufen. … Im Voraus den aufrichtigen Dank. Ihr ergebenster James Simon.“[2] Beide Briefe zusammengenommen erläutern erst das komplexe Gefüge einer Partnerschaft, in der Mäzenatentum entsteht. Der Fachmann findet einen Gesprächspartner. Er regt ihn zu Kennerschaft an, fördert sein Wissen, vor allem hilft und berät er bei dem Aufbau der Sammlung und pflegt das Verantwortungsbewußtsein dafür, daß Sammler immer nur Besitzer, nie Eigentümer werden können.

Daß Mäzene fördern, ist jedermann klar; wie aber werden Mäzene gefördert, wie kommen sie zu dem Gegenstand, der ihr Mäzenatentum auslöst? Wenn es so ist, daß Mäzene auf Mißstände einer Gesellschaft durch Handeln reagieren, dann hat der Historiker einen Zugriff. Denn er kann versuchen, den Mißstand zu beschreiben. Damit ist aber noch nicht das Entscheidende getan. Mindestens ebenso wichtig wird sein, zu erhellen, ob, und wenn ja, von wem sie erkannt werden. Die Aufgabe besteht somit darin, das soziale und intellektuelle Umfeld zu erhellen, das Mäzene zum Handeln anregt. Da Mäzene nicht als solche geboren werden, sind auch sie Produkte eines geistigen Kontextes, auf den hier aufmerksam gemacht werden soll.

Im Bereich der modernen Kunst, auf den es hier ankommt, bestimmen vier Berufsfelder diesen Kontext: Künstler – Kritiker – Kunsthändler – Museumsmann. Ihr Niveau und ihr Zusammenspiel, oder um es modern auszudrücken: ihre Vernetzung bestimmen das Niveau des Mäzenatentums. Jede Epoche hat die Mäzene, die sie verdient. Es ist weniger eine Frage des Geldes, als vielmehr ein Problem der Erkenntnis und der Vermittlung, das Mäzenatentum bestimmt. Hawaii und Florida, wo bekanntlich viele reiche Leute ihren Ruhestand verbringen, sind nicht durch besonderes Mäzenatentum auffällig geworden. Mäzenatentum entsteht in sozialen und geistigen Konfliktfeldern, selten in einer Epoche und Umgebung, die von Saturiertheit geprägt ist.

Zum Mäzen, wenn er nicht selbst ein Fachmann ist, gehört der Spezialist, der Gelehrte, der freilich in verschiedenster Form auftreten kann. Er kann Museumsmann sein, aber auch Kritiker oder Kunsthändler. Sie alle vermitteln, beraten und fördern Kunst, der eine auf literarische, intellektuelle, der andere auf völlig legitime kommerzielle Weise. Oder beide tun beides. Wichtig ist jedoch, sich klarzumachen, daß Mäzenatentum nur gedeihen kann, wenn diese Infrastruktur besteht.

Mit der Kunst der Moderne ist ein qualitativer Wandel dieses Beziehungsgefüges eingetreten. Am Ende des 19. Jahrhunderts geriet das Mäzenatentum gewissermaßen in eine Krise. Mut, Entscheidungsfreudigkeit und Risikobereitschaft, Eigenschaften, die Mäzene in hohem Maße in ihrem Berufsleben aufweisen, ja die geradezu Garanten ihres wirtschaftlichen Erfolges waren, sind in der Förderung der modernen Kunst zunächst nur selten zu entdecken. Durch Bode wurden die Sammler konservativ. Es bedeutete ja weder ein finanzielles noch ein ästhetisches Risiko, einen van Dyck oder einen Botticelli zu kaufen. Was immer man mit diesen Werken später zu machen beabsichtigte – Bode beklagte übrigens, daß die wenigsten seinen Stiftungshoffnungen entsprachen –, Oskar Hainauer, Eduard und James Simon erwarben längst sanktionierte Kunst. Es soll hier nicht darauf eingegangen werden, daß sie sich auf diese Weise auch einen gesellschaftlichen Rahmen gaben, der in ihrer eigenen Gegenwart eine Nobilitierung ihrer Stellung bedeutete. In unserem Zusammenhang soll vielmehr davon die Rede sein, daß der Sammler alter Kunst einer anderen Gruppe gegenüberstand, die sich der Moderne verschrieb.[3]

Die Geschichte des Mäzenatentums als einer gesellschaftlichen Aufgabe von Bürgern, die Herausforderungen der Künstler ihrer eigenen Gegenwart anzunehmen, ist noch nicht geschrieben. In dieser Aufgabe allerdings kann man vielleicht die bedeutendste Leistung von Mäzenen erblicken. Das Deutsche Kaiserreich hat diesen Typus von Mäzen entwickelt, und er ist, gerade auch in Berlin – vielleicht nicht in der gewünschten Verbreitung – auch heute noch anzutreffen.

Der Mäzen zeitgenössischer Kunst muß meist selbst Sammler sein. Denn die von ihm geförderten Werke zeichnen sich gerade dadurch aus, daß sie von den öffentlichen Museen oft noch nicht anerkannt werden. Der Mäzen und Sammler kauft und fördert Werke der Avantgarde, die später zur sanktionierten klassischen Moderne werden wird.

Bei seiner Tätigkeit, die im Ankauf von Werken oder der finanziellen Zuwendung an Künstler besteht, befindet sich der Mäzen mit Kritikern und Kunsthändlern in einem Boot. Oft ist er umgeben von anregenden Gestalten, die beides tun – schreiben und handeln. Im Kaiserreich kam es in Deutschland zum ersten Mal zu einer solchen geistigen und pragmatischen Partnerschaft. Wieso gerade diese Epoche eine solche Interessengemeinschaft ausbildete, ist eine wichtige kulturhistorische Frage. Auf sie ist noch einmal zurückzukommen, wenn zunächst in einige Beispiele dieser Partnerschaften Einblick genommen worden ist.

Der Kunstschriftsteller

Im Jahre 1894 erschien das erste Heft der Zeitschrift „Pan". Die Bedeutung dieser Zeitschrift kann gar nicht hoch genug eingeschätzt werden. Die Publikation war ein kultureller Höhe- und Wendepunkt. In geradezu utopischer Weise suchten die Autoren eine geistige und kulturelle Erneuerung. Aber nach kurzer Zeit waren alle Hoffnungen dahin, die Redaktion brach auseinander, und verhärtete Fronten hatten sich gebildet. Sie sollten bis zum Ende des Kaiserreichs bestehen bleiben, ja sogar darüber hinaus.

Einer der aktiven Betreiber der Kulturzeitschrift, die sich sowohl der Literatur als auch den bildenden Künsten widmete, war Julius Meier-Graefe. Schriftsteller, Kritiker, später auch Galerist, war er eine, wenn nicht die einflußreichste Stimme in der Verteidigung der modernen Kunst. Seine „Entwicklungsgeschichte der Modernen Kunst", in mehreren Auflagen erschienen, und seine Biographien über Paul Cézanne, Vincent van Gogh, Auguste Renoir, Edgar Degas, Camille Corot, Eugène Delacroix, Hans von Marées und Max Liebermann trugen entscheidend zur Anerkennung der modernen Kunst, vor allem des Impressionismus, in Deutschland bei. Mit seinem Buch über den jungen Menzel und den Fall Böcklin vertrat er konsequent und mit scharfer Polemik seine Position einer ästhetisch-sensualistischen Kunstauffassung. Seine Gegner hingegen unterstützten eine bestimmte nationale Inhalte fördernde Malerei. Auch waren sie von der Notwendigkeit, akademische Traditionen zu wahren, überzeugt. Meier-Graefe jedoch sah die

Moderne als eine internationale Bewegung an, deren gegenwärtiges Zentrum er in Paris erkannte.[4]

Der „Pan“ brach auseinander, weil die Herausgeber glaubten, sie könnten die Abonnenten, von Wilhelm II. über großbürgerliche Sammler und Mäzene, freie Mitarbeiter von Museumsdirektoren wie Alfred Lichtwark und Wilhelm Bode bis hin zu Schriftstellern wie August Strindberg und Richard Dehmel, in einer Reformbewegung vereinen. Der Name „Pan“ war nicht nur der griechischen Gottheit wegen gewählt, sondern auch, um die Bedeutung des Wortes – allumfassend – im Sinne eines gemeinsamen Aufbruchs zu nutzen. Die ersten Nummern vereinten noch die verschiedensten Stilrichtungen – zur größten Überraschung und zum Entsetzen der Leser und Abonnenten. Als dann Meier-Graefe eine Farblithographie der Pariser Tänzerin Marcelle Lender von Henri de Toulouse-Lautrec in die Zeitschrift aufnahm, zerbrach die Redaktion durch den Vorwurf, die Darstellung sei skizzenhaft, unsittlich, unmoralisch und undeutsch. Der Zwiespalt zwischen international orientierten Kritikern und Museumsleuten und nationalistisch und konservativ eingestellten war unüberbrückbar. Meier-Graefe gab seine Mitarbeit am „Pan“ auf, zog nach Paris und eröffnete eine Galerie, in der er den Jugendstil förderte.

Meier-Graefe war einer der bedeutendsten Kritiker des Deutschen Kaiserreiches. In meisterhafter Prosa suchte er ein literarisches Äquivalent für die sinnliche Erfahrung des Sehens. Er war kein konsequent-systematischer Denker, dem Entstehungszusammenhänge in ihren historischen Bedingungen darzustellen am Herzen gelegen hätte. Daten und Fakten spielen in seinen Büchern nur eine geringe Rolle. Dafür war er ein Entdecker und ein beschwörender Vermittler von Kunsterfahrung. Wenn Hugo von Tschudi, der Direktor der Nationalgalerie, seine Mäzenatenfreunde zu Stiftungen zu bewegen suchte, konnte er gewiß sein, daß Meier-Graefe den Boden bereitet hatte. Kein Land, nicht einmal Frankreich, hatte eine so intensive literarische Auseinandersetzung mit dem Impressionismus aufzuweisen wie Deutschland.

Meier-Graefe hatte daran den entscheidenden Anteil. Aber mehr noch, er war auch Entdecker von El Greco, der bis um die Jahrhundertwende als augenkranker Künstler galt, von Hans von Marées und von Edvard Munch.

Seine ersten beiden kunstkritischen Arbeiten widmete Meier-Graefe diesem norwegischen Maler, dessen erste Ausstellung in Berlin im Jahre 1892 zu einem Skandal und letztlich zur Gründung der Secession führte. Meier-Graefe erkannte in Munch die Künstlerpersönlichkeit, in deren Werken sich individuelle Ängste und soziale Konflikte der Gesellschaft widerspiegeln. Meier-Graefe fühlte die Herausforderung der Bilder Munchs, wenn er schrieb: „Es gab noch etwas fürs Hirn, man durfte wieder denken.“[5] Geprägt von Friedrich Nietzsche erkannte er in Munch das Genie, das durch Vereinsamung und Entfremdung Konventionen in Frage stellte. „Der Schoß, aus dem heute der Künstler entspringt,“ schrieb Meier-Graefe, „ist nicht mehr das Ideal seiner Zeit, sondern der Protest gegen sie.“[6] Kunst als Protest, als Aufschrei gegen sittliche und moralische Einengung, welcher Mäzen sollte sie fördern?

Man übersieht heute leicht, daß Berlin in den achtziger und neunziger Jahren von einer bisher in der Geschichte einmaligen Flut von wilhelminischen Denkmälern und Bauwerken überzogen wurde. Der Zweite Weltkrieg und der verheerende bornierte Vandalismus des Friedens nach dem Kriege hat von der kaiserzeitlichen Denkmalstrategie, die ganz Berlin in einen dynastisch-ideologischen Bildersaal umwandeln wollte, kaum etwas erhalten. Versetzen wir uns einen Moment in das Berlin der offiziellen Kunstpolitik der neunziger Jahre.

Das Zeughaus war eine Ruhmeshalle Preußens und der preußischen Armee, das meistbesuchte Museum Berlins neben dem großen Sedanpanorama Anton von Werners. Am Dom wurde gebaut, die Kaiser-Wilhelm-Gedächtniskirche und viele andere Kirchen wurden errichtet. Das Nationaldenkmal von Reinhold Begas neben dem Schloß wurde eingeweiht. Und immer wieder fand eine aufwendige militärische Zeremonie in der Siegesallee statt, um eine neue Denkmalnische einzuweihen. Die von Wilhelm II. bewußt dem von ihm ungeliebten Reichstag entgegengesetzte Fürstengalerie sollte dem Parlament und dem Volk die wahren Herrschaftsverhältnisse vor Augen führen. Kritische Zeitgenossen haben voller Humor aufs Korn genommen, daß man den Wald des Tiergartens vor lauter Denkmälern bald nicht mehr würde erkennen können.[7]

Dem wilhelminischen, neobarocken Denkmalkult entsprach in der Malerei nicht nur die immer wieder zitierte Malweise Anton von Werners, sondern auch die einer Reihe von hochbezahlten und hochdekorierten Hofmalern wie etwa Albert von Keller und Max Koner, deren Werke durch ihr Pathos die Malerei des Absolutismus in den Schatten stellten. Einigen wenigen aufgeschlossenen Künstlern, Schriftstellern, Dichtern, Kunsthändlern und Kritikern ist es zu verdanken, daß Berlin als Reichshauptstadt sich um 1900 auch im Bereich der Künste zu einer geistigen Metropole zu entwickeln begann. Selbstkritik, die Suche nach dem individuellen Ausdruck, Selbstvergewisserung und die Hoffnung auf die Erneuerung einer Gesellschaft, in der die Kultur von oben dirigiert zu sein schien, waren die Triebkräfte für den Wandel.

Erst vor diesem Hintergrund wird der Mut eines Kunsthändlers wie Hermann Pächter, der seit den späten achtziger Jahren französische Impressionisten ausstellte, deutlich.[8] Meier-Graefe erkannte in Pächters Kunstgalerie die Qualität der französischen Bilder, erwarb sich auf Reisen Kennerschaft und kaufte selbst – bereits 1893 – ein Gemälde von van Gogh, wohl das erste, das nach Berlin gelangt ist. Vor dem oben skizzierten Hintergrund wird erst deutlich, welche geistige Leistung es bedeutete, gegen die offizielle Kunstdoktrin – von deren Wirkung in das tägliche Leben des einzelnen hinein wir uns in unserer heutigen liberalen Gesellschaft keine Vorstellung machen können – im Jahre 1894 in einem Buch die Kunst Edvard Munchs zu propagieren. Der polnische Dichter Przybyszewski gab es heraus, und wieder finden wir, neben Franz Servaes und Willy Pastor, auch Julius Meier-Graefe unter den Autoren.[9]

Meier-Graefes Beitrag ist in zwei Teile gegliedert; der erste ist eine Erzählung, der zweite eine Abhandlung über den Künstler Munch. Die Erzählung schildert die Empfindungen und die seelischen Erschütterungen eines Mädchens, das zur Frau heranwächst. Die Geschichte handelt von Angst, und der Leser erfährt erst am Schluß, daß der Autor drei Gemälde Munchs beschreibt. Im zweiten Teil analysiert Meier-Graefe Munchs Persönlichkeit. Er schildert, wie sich seine Kunst gegen den Strom aus Unterdrückung durch Konventionen in einem Aufschrei formt. In seiner eigenen, frühexpressionistischen Sprache sucht Meier-Graefe seine Deutung Munchs zu veranschaulichen: „Aber das Auge, das sich an Naturkunststückchen und Farbspielereien übersättigt und dem ein enger Naturalismus noch nicht die Seele geblindet, der ruhelose Geist, der vor lauter Empfindelei noch nicht um's Denken gekommen, für den war Munch's Kunst der Wutschrei nach Freiheit, den er mühsam zurückgehalten, dem barst der taube Felsen, der ihm bisher die Aussicht versperrt, und an dem er mit winzigem Hammer gehämmert, mit einem Mal auseinander, der fand plötzlich die Kraft, um die ihn die Herde gebracht, zu schaffen wie es ihm passte und schaffend glücklich zu sein …“[10]

Es war die Verteidigung und Propagierung Munchs gegen die offizielle Kunstpolitik, die den Maler ermutigte, sich zu Berlin zu bekennen. Mit Unterbrechungen verlebte er viele Jahre in dieser Stadt in Armut, bis 1902 der Durchbruch und seine Anerkennung durch eine umfangreiche Ausstellung in der Secession gelang. Und diesmal fand er seinen Mäzen, den Facharzt Dr. Linde aus Lübeck. Linde unterstützte den Maler über Jahre hinweg, in denen Munch oft längere Zeit in Lübeck zu Gast war. Der Mäzen betätigte sich selbst als Interpret und Vermittler, als er noch im Jahre 1902 eine eindringliche Analyse von Munchs Werk veröffentlichte. Meier-Graefes Schriften standen bei dieser Deutung Pate.[11]

Lange bevor die Nationalgalerie ein Gemälde von Munch erwerben konnte, war durch Schriftsteller, Kritiker und Kunsthändler der Boden für eine Förderung der Moderne bereitet. Auch die Mäzene gingen den offiziellen Institutionen voraus. Sie waren in sich selbst eine Institution, indem ihre Sammlungen durch die Vermittler und Entdecker Zwischenstationen für die Avantgarde werden konnten. Allerdings ist es nur den herausragenden europäischen Köpfen wie Julius Meier-Graefe und manchen anderen zu danken, daß sich überhaupt eine die Moderne fördernde Kultur bilden konnte.

Meier-Graefes unermüdlicher Kampf gegen eine verordnete Programmkunst stellte die individuelle Seherfahrung als das entscheidende sinnliche und ästhetische Erlebnis von Kunst dar. Mit dieser Erkenntnis stand er nicht allein. Der Mäzen Linde zitierte in seiner Broschüre über Munch den Philosophen Georg Simmel, der in einem Aufsatz über Rodin die Aufgabe der Kunst als individuelle Erfahrung dem kollektiven Verhalten in einer Gesellschaft gegenübergestellt hatte. „Jede Form", schrieb Simmel über Rodins Kunst, „zeichnet das Anschauen und Empfinden eines individuellen Menschen unmittelbar nach."[12] Diese Aussage deckte sich mit Meier-Graefes Überzeugung. Die Gegenposition wurde von Wilhelm II. vertreten. Als im Jahre

1901 der Kaiser die Siegesallee offiziell eröffnete, hielt er eine Rede, die die Kompromißlosigkeit seiner und der offiziellen Kunstdoktrin allen modernen Richtungen gegenüber deutlich machte. Der Kaiser führte darin aus: „Wenn nun die Kunst (und hiermit wandte er sich gegen die Moderne), wie es jetzt vielfach geschieht, weiter nichts tut, als das Elend noch scheußlicher hinzustellen wie es schon ist, dann versündigt sie sich damit am deutschen Volke. Die Pflege der Ideale ist zugleich die größte Kulturarbeit, und wenn wir hierin den anderen Völkern ein Muster sein und bleiben wollen, so muß das ganze Volk daran mitarbeiten, und soll die Kultur ihre Aufgabe voll erfüllen, dann muß sie bis in die untersten Schichten des Volkes hindurchgedrungen sein. Das kann sie nur, wenn sie erhebt, statt daß sie in den Rinnstein niedersteigt! ...“[13] Nach dieser Rede entstand das böse Wort von der modernen Kunst als „Rinnsteinkunst“. In einem Plakat von Thomas Theodor Heine für die Secession wurde dieser Angriff auf die Moderne aufgegriffen und karikiert.

Die Kultur des Deutschen Kaiserreiches war in sich gespalten. Als politisches Gebilde „von oben“ zur Einheit gezwungen, zerfiel es im Inneren aus Mangel an Toleranz und Bereitschaft zu Reformen. Das Zusammenspiel von Kunsthandel, Kritiker und Mäzen ermöglichte die Propagierung der Moderne zunächst nur in einem Kreis von Eingeweihten. Die publizistische Wirksamkeit in Büchern, Katalogen und Zeitungen etwa von Meier-Graefe, aber auch von Hans Rosenhagen, Karl Scheffler, Harry Graf Kessler u. a. machte die Verteidiger der Moderne zunehmend zu einer gesellschaftlich wichtigen Gruppe. Sie war kulturpolitisch, aber nicht politisch oppositionell. Alle Versuche, sie in ein sozialdemokratisches oder gar anarchistisches Lager abzudrängen, scheiterten. Nicht zuletzt aus diesem Grunde wuchsen ihnen die Sympathien auch des Wirtschaftsbürgertums zu, das – insbesondere bei den jüdischen Vertretern – liberalen, von Weltoffenheit und Weltbürgertum geprägten Vorstellungen zuneigte. Nur auf dieser Grundlage sind die von Hugo von Tschudi bewirkten Stiftungen an die Nationalgalerie, auf die gleich noch einmal zurückzukommen ist, zu verstehen.

Nachdem die großen Vermittler und Entdecker wie Julius Meier-Graefe den Boden bereitet hatten, war der Weg für die Sammler und Mäzene frei. Das Mäzenatentum für die Moderne in Berlin um 1900 erwuchs aus einem Klima intellektueller Befreiung von staatlich gelenkter Kunstpolitik. Kritiker, Kunsthändler und Mäzene handelten im Bewußtsein dieses Umstandes. Ihre Tätigkeit war nicht grundsätzlich gegen den Staat, jedoch für eine Selbstverwirklichung der Bürger und gegen bestimmte Maßnahmen der Regierung gerichtet. Mäzenatentum für die Moderne war nicht nur von Leidenschaft, sondern auch von Zivilcourage getragen. Die Kunst auf diese Weise zu fördern, setzte die Überzeugung voraus, daß individuelle künstlerische Selbstverwirklichung ein Recht des Bürgers sei und die Gesellschaft der aus ihr erwachsenen Kritik sich gewachsen zeigen müsse.

Der Kunsthändler

Persönlichkeiten machen Geschichte! Die Geschichte der modernen Kunst in Deutschland kann nicht geschrieben werden, ohne des Anteils von Paul Cassirer zu gedenken. Es entsteht ein einseitiges Bild, wenn die Kunstgeschichte nur die künstlerischen Formen und die Entwicklung der Themen der Kunstwerke untersucht. Die Vermittlung des Kunstwerkes und seine Rezeption durch die Zeitgenossen gehören genauso selbstverständlich zu dem Kontext, der Kunstverständnis ausmacht. Wenn vom Berliner Kunst-

XIII

XIV

XV

Ausstellung
von
Lovis Corinth
im
Salon Paul Cassirer
victoria Str 35

CÉZANNE
AUSSTELLUNG
Orlik
VICTORIASTR·35

leben nach 1900 die Rede ist, dann muß der Name Cassirer fallen. Man kann gar nicht hoch genug ansetzen, wenn die Bedeutung dieses Mannes gekennzeichnet werden soll. Durch ihn vollzog sich ein Wandel im kulturellen Leben Berlins. Er war Berliner und eine europäische Gestalt.

Cassirer war Kunsthändler. Er gab diesem Beruf jedoch eine ganz neue Perspektive. Denn nicht nur der Verkauf von Kunst stand für ihn im Zentrum seines Interesses, sondern ihre Propagierung. Wenn Cassirer nur hätte Geld verdienen wollen, wäre es ihm ein Leichtes gewesen, in einen der zahlreichen, einträglichen Familienbetriebe einzutreten, den die weitverzweigten, wohlhabenden Cassirers noch vor der Jahrhundertwende aufgebaut hatten. Paul Cassirers Geschäftstüchtigkeit ist niemals in Zweifel gezogen worden. Aber dieser Erfolg charakterisiert nur eine Seite seiner Persönlichkeit und nicht diejenige, die ihn zu einer Figur machte, die Geschichte schrieb.

Wenn man versuchen möchte, Cassirers Rolle darzustellen und zu bewerten, muß man sich vergegenwärtigen, in welcher Situation er seine Karriere begann. Bis in die 1890er Jahre hinein war die Reichshauptstadt Berlin künstlerische Provinz. Am Anfang des Ersten Weltkrieges war Berlin eine Weltmetropole auch im kulturellen Leben. Cassirer hatte an diesem Wandel entscheidenden Anteil. Cassirers Leistung bestand darin, daß er dem Beruf des Kunsthändlers ein ganz neues Ethos zu geben vermochte. Er sah seine Aufgabe vor allem in der Förderung und Verbreitung der Kunst als einen wesentlichen Teil der Lebenskultur. Als Verleger, zunächst mit seinem Bruder Bruno, der 1901 seinen Verlag eigenständig betrieb und die wichtige Kunstzeitschrift „Kunst und Künstler“ herausgab, und als Händler war er ein unermüdlicher Propagator von Kunst. Oft nicht ohne Hektik, oft unbeherrscht, oft getrieben, war er immer erfüllt von seiner als Berufung empfundenen Verantwortung. Auf welchen Voraussetzungen baute sie auf?

Als Paul Cassirer im Jahre 1898 seinen Kunstsalon eröffnete, wurde in Berlin über moderne Kunst nur in kleinen Zirkeln diskutiert. Cassirer hatte an der Zeitschrift „Pan" mitgewirkt, allerdings noch mit der Ambition, Romane und Theaterstücke zu schreiben. Eine literarische Karriere brach er jedoch nach einigen schriftstellerischen Versuchen ab. Paris, das Zentrum einer mit Leidenschaft geführten Auseinandersetzung um die Kunst der Moderne, zog ihn in seinen Bann. Meier-Graefes Berichte regten ihn dazu zweifellos an.

Paul Durand-Ruel, der bedeutende Kunsthändler der Impressionisten, wurde sein Vorbild und eine Art Leitfigur. Denn bereits seit mehreren Jahrzehnten hatte dieser Kunsthändler, auf Einsicht und Wagnis setzend, der modernen Kunst, insbesondere dem Impressionismus, zum Durchbruch verholfen. Um die Leistung Durand-Ruels zu erkennen, muß man sich klarmachen, daß der Kunstbetrieb des 19. Jahrhunderts in Paris weitgehend durch den Salon geprägt war. Für den Künstler bedeutete die Zulassung zu dieser Ausstellung, auf der viele tausend Werke gezeigt wurden, Anerkennung und Verkauf. Eine Ablehnung durch die Jury führte nicht nur zu Selbstzweifel, sondern auch – wenn man nicht über ein Vermögen verfügte – zu wirtschaftlicher Unsicherheit. Die Jury des Salons rekrutierte sich jedoch, wie andernorts auch, aus den offiziellen Vertretern der Akademie und vertrat in der Regel eine bereits anerkannte, eher konservative Kunstauffassung. Künstlerische Neuerungen hatten kaum eine Chance des Zugangs zum Salon. Seit der Mitte des 19. Jahrhunderts wurden diejenigen Maler, die sich nicht den Regeln der Akademieausbildung unterwarfen, zunächst die Maler der Schule von Barbizon, dann Gustave Courbet und endlich die Impressionisten, regelmäßig refusiert. Die Einrichtung eines „Salon des Réfusés" setzte sich nicht durch. Die Abgelehnten mußten sich daher ein neues Forum schaffen, ihre Kunst zu zeigen.

An diese Stelle trat Durand-Ruel. Seit den 1870er Jahren unterstützte er die völlig mittellosen Impressionisten, zunächst Camille Pissarro, Alfred Sisley und Edgar Degas, später auch Claude Monet, Edouard Manet, Paul Cézanne und Auguste Renoir. Er formulierte seine Berufsauffassung folgendermaßen: „Ein echter Kunsthändler muß gleichzeitig auch ein aufgeklärter Kunstliebhaber sein, der, wenn nötig, bereit ist, sein unmittelbares geschäftliches Interesse seiner künstlerischen Überzeugung zu opfern, und lieber gegen Spekulanten kämpft, als daß er sich an ihren Machenschaften beteiligt.“[14]

Es ist kaum zu unterscheiden, ob Durand-Ruel als Händler, Sammler oder Mäzen betrachtet werden muß. Alle diese Eigenschaften und Tätigkeiten waren, wie bei Cassirer, in ihm vereint. Er kaufte die Werke der Impressionisten auf, sorgte dadurch für den Lebensunterhalt seiner Maler, geriet aber selbst oft an den Rand des Ruins. Häufig genug mußte er die Bilder auf den Auktionen zurücknehmen und die Preise künstlich unterstützen.

Durand-Ruel gab jedoch niemals auf. Er blieb den Impressionisten treu. Mit einigen der anderen Händler, wie etwa Ambroise Vollard, verwandelte er den Kunstbetrieb auf entscheidende Weise. Der private Kunsthandel wurde zu einer Institution der Kunstvermittlung. Neben die Großausstellungen, die Salons, trat die kennerschaftliche Überzeugung der Förderung des Originellen in der Verkaufsgalerie. Der Kunsthandel öffnete sich dem Neuen, die Galerien wurden das Experiementierfeld der Moderne.

Cassirers Verdienst war es, diesen Wandel des Kunstbetriebs erkannt und nach Berlin übertragen zu haben. Dabei handelte er (im wörtlichen Sinne) sehr geschickt auf zwei Ebenen. Auf der einen Seite übernahm er die Künstler von Durand-Ruel. Cassirers Kunstsalon wurde zum entscheidenden Umschlagplatz des Impressionismus. Wirtschaftlich gesehen war dies durchaus noch ein Risiko, es sei denn, es ließen sich genügend private Mäzene und Sammler finden, die von seiner künstlerischen Ansicht überzeugt werden konnten. Auf dieser Ebene war er erfolgreich. Auf der anderen Seite folgte er Durand-Ruel auch insofern, als er sich die Förderung der Moderne seiner eigenen Generation und Umgebung aufs Panier schrieb. Daher agierte er als Sekretär der Berliner Secession, als Geschäftsführer des Deutschen Werkbundes und als Mäzen vieler Künstler dieser Gemeinschaften. Insbesondere hat er die Bildhauer August Gaul und Ernst Barlach über Jahre hinweg finanziell unterstützt.

Mit der Einrichtung seines Kunstsalons, dem Kunsthandel und der Kunstförderung im Sinne Durand-Ruels ist jedoch nur die Grundlage von Cassirers Leistung genannt. Denn gegenüber seinem französischen Vorbild wußte er aufgrund seiner Bildung und seiner ehemals künstlerischen Ambitionen seine Galerie zu einem höchst lebendigen Zentrum der geistigen Auseinandersetzung zu machen. Sein ungewöhnliches Organisationstalent, seine gesellschaftliche Gewandtheit und seine anscheinend grenzenlose Offenheit für künstlerische Herausforderungen machten seine Galerie in der Victoriastraße – an der Stelle der heutigen Philharmonie – und seine darüberliegende Wohnung zu dem entscheidenden Treffpunkt von Künstlern, Wissenschaftlern, Wirtschaftsleuten und Politikern bis in die zwanziger Jahre hinein. Mit Tilla Durieux verheiratet, verbanden sich in seinem Hause zwei Traditionen, die der Kunstgalerie und des Salons, wie er um 1800 in Berlin durch Henriette Herz und Rahel Varnhagen einen geistigen Höhepunkt aufgewiesen hatte. Nicht zufällig nennt Cassirer seine Galerie „Kunstsalon“.[15]

Es ist hier unmöglich, die umfangreichen Tätigkeiten Cassirers, sein genialisches Organisationstalent und seine

Anregungskraft im einzelnen zu schildern. Dennoch sei hier vermerkt, daß eine Biographie Cassirers, die seiner Persönlichkeit und seiner Wirkung gerecht würde, nach wie vor aussteht.[16] In dieser noch zu schreibenden Monographie müßte Cassirer als eine zentrale Vermittlergestalt der modernen Kunst im Mittelpunkt stehen. Nicht nur seine Förderung der französischen Moderne von den Impressionisten bis zu Paul Cézanne und Henri Matisse, sein Engagement für Max Liebermann, Max Slevogt, Lovis Corinth, Walter Leistikow, Max Beckmann, Oskar Kokoschka und Käthe Kollwitz, um nur wenige zu nennen, gälte es zu schildern. Vielmehr muß seine Rolle als Initiator einer nicht nachlassenden, kontroversen Kunstdiskussion, in der bildende Kunst, Theater und Literatur ihren Platz hatten, gewürdigt werden. Die Lesungen und Diskussionen, die über Jahre hinweg nicht nur die neuen künstlerischen Ideen bekanntmachten, ließen eine Kunst- und Kulturgemeinschaft entstehen, in der die Klassenunterschiede und die Zugehörigkeit zu einer gesellschaftlichen Gruppe hinter der Faszination, am aktuellen Kunstgeschehen teilzunehmen, zurückstanden.

Cassirer machte Zeitgenossen zu Sammlern und Mäzenen, die die Moderne eher als Bohème und daher als nicht gesellschaftsfähig anzusehen gewohnt waren. Gegen die kaiserliche Kunstdoktrin setzte er Maßstäbe ästhetischer Einsicht über politische Anpassung. Dies mußte für ihn im täglichen Leben zu Konflikten führen. Kritik mußte er auch deshalb hinnehmen, weil manche in der Bindung von Kunstförderung und Kunsthandel einen Interessenkonflikt wahrnehmen wollten.

Als Paul Cassirer im Jahre 1926, am Tage seiner Scheidung von Tilla Durieux, Selbstmord beging, handelte er in einem Moment tiefster Depression. Er war ein Mensch, der verglühte, sich nicht zu disziplinieren verstand, voller Unrast. Liebermanns Nachruf enthält den entscheidenden Satz:

„Paul Cassirer war ein Genie, aber es fehlte ihm der Charakter, das heißt das Talent, sein Genie zur Entfaltung zu bringen."[17] Dem tiefen Zweifel an sich selbst, dem „individuell Tragischen im Charakter", das Kessler in seiner Gedächtnisrede hervorhob, entsprach die Ehrfurcht, wenn er die Qualität eines Künstlers erkannte.[18] Den inneren Widerspruch hat Kessler in folgende Worte gefaßt: „Denn wenn man das Wesen Paul Cassirers in einem Wort zusammenfassen will, so gibt es keines, das ihn treffender kennzeichnet als das Wort ‚Revolutionär'. Er war Revolutionär schlechthin, Revolutionär aus seinem Innersten heraus, das nicht blos von Zweifel zu Zweifel jagte, nicht blos mit unbeirrbarem Instinkt das Überlebte und daneben das kommende neue Leben witterte, sondern auch ihn zwang, rücksichtslos gegen sich selbst und gegen andere Hand anzulegen, um die Brandfackel in das Vermoderte zu werfen und Stein auf Stein zu einem neuen Bau heranzuschleppen."[19]

Der Museumsmann

Hugo von Tschudi, der Direktor der Nationalgalerie von 1896 bis 1908, war als Museumsmann neben dem Kritiker und Kunsthändler der Dritte im Bunde der großen Vermittler. Seine revolutionäre Ankaufspolitik ist jedoch mit der Feststellung, daß er gegen die kaiserliche Kunstdoktrin vor allem Werke der französischen Moderne ankaufte, noch nicht ausreichend gewürdigt. Es muß vielmehr nach den Voraussetzungen gefragt werden, die Tschudis Handeln bestimmten.[20]

Für Außenstehende ist manchmal schwer einzusehen, daß Museumsarbeit auf Forschung beruht. Der Aufbau der Berliner Museen ist nicht nur ein Teil der politischen und kulturellen Geschichte Deutschlands, sondern ganz wesentlich ein Teil der deutschen und internationalen Wissenschaftsgeschichte. Es ist übrigens kein Zufall, daß die Berliner Museen ihren größten Ausbau in einer Zeit erfuhren, in der auch die deutschen Natur- und Geisteswissenschaften ihre größte Förderung — auch durch Mäzene (Kaiser-Wilhelm-, später Max-Planck-Gesellschaft) — und ihre bedeutendste Anerkennung erhielten. Die Erforschung der Berliner Museumswissenschaft, natürlich in einem überregionalen und internationalen Rahmen, ist ein zu Unrecht vernachlässigter Untersuchungsgegenstand. Richard Schöne, Wilhelm von Bode und Max Friedländer, aber auch Robert Koldewey, Alexander Conze, Theodor Wiegand, Ernst Curtius u. a. haben die Sammlungen der Berliner Museen als Gelehrte aufgebaut.

Auch Hugo von Tschudi verfolgte in seiner Museumspolitik ein Konzept, das nicht spontanem Entschluß entsprang, sondern auf wissenschaftlicher Auseinandersetzung mit der Geschichte der Kunstentwicklung und der der Kunsttheorie des 19. Jahrhunderts beruhte. Als Mitarbeiter von Bode war er nicht nur mit der älteren Kunst vertraut, sondern vertrat auch den Grundsatz, daß Erfahrung, Kennerschaft und Forschung die einzige Legitimation des Museumsmannes darstellten. Gerade die Professionalisierung des Berufsstandes durch herausragende Gelehrte machte den Eingriff der in Kunst dilettierenden Obrigkeit zur Zeit Wilhelms II. erst zu einem wirklichen Konflikt. Um diesen Konflikt zu verstehen, muß man sich vergegenwärtigen, worin Tschudis Konzept bestand und inwiefern es zu Widerspruch herausforderte.

Die Auseinandersetzung ist für uns heute ganz unverständlich. Das liegt daran, daß wir uns in die Wahrnehmungsgewohnheiten der Epoche um 1900 kaum noch zurückzuversetzen vermögen. Unsere Museen vertreten ja von ihrer Konzeption her uneingeschränkt die Seite von Hugo von Tschudi. Die Nationalgalerie (in Ost und West) stellt heute nicht die Geschichte der Kunst des 19. und 20. Jahrhunderts aus, sondern präsentiert jeweils Tschudis, Carl Justis, Leopold Reidemeisters, Werner Haftmanns, Dieter Honischs Bild der Geschichte der frühen Moderne bis in die Gegenwart. Daß dieses Bild die künstlerisch qualitativen Höhepunkte der Vision einer Persönlichkeit repräsentiert, ist nicht zu bezweifeln. Dem Historiker, der der Kunsthistoriker auch ist, scheint die totale Verbannung der Kunst, die 90 Prozent des Publikums in der Vergangenheit – vielleicht fälschlicherweise – bevorzugt hat, bedauerlich. Erst vor der Folie der Malerei von Ludwig Knaus, Eduard Grützner oder Anton von Werner wird die künstlerische Leistung von Manet und Liebermann wirklich deutlich.

Um sich also in den Streit um 1900 zurückzuversetzen, muß man sich verdeutlichen, daß die allgemein verbreitete Kunstrezeption sehr viel stärker auf den Inhalt, das heißt das Bildthema, konzentriert war. Form und malerischer Ausdruck waren dem Inhalt untergeordnet bzw. hatten die inhaltliche Aussage zur Geltung zu bringen. Diese Kunstauffassung hat eine lange Vorgeschichte und wurde jedenfalls seit dem 17. Jahrhundert zu einer staatlich protegierten Kunstdoktrin erhoben, insofern sich der Staat der Förderung (auch zu seinem Nutzen) der Künste durch die Akademien annahm. Um 1900 war dieser Standpunkt keineswegs altmodisch oder überwunden. Anton von Werner festigte diese Doktrin vielmehr als Direktor der Akademie über mehrere Jahrzehnte. In seiner Kunst, seiner Lehre und seinen Schriften vertrat er diese Position.[21]

Werners Begriff von Schönheit ist dabei geprägt von einem Ideal handwerklicher Genauigkeit. Nur diese zu erlernende Fähigkeit ermöglicht die geforderte Naturnähe, die den Betrachter Anteil nehmen läßt. Werners Kunstproduktion bestand in dem Bemühen, Kunst und Natur auf einer Ebene anzusiedeln. Die Malerei habe sich möglichst wenig von dem Naturvorbild zu entfernen. Kunstrezeption besteht dann in der Möglichkeit des Betrachters, das dargestellte Bildereignis so zu erleben, als sei er selbst dabei. Die Belobigung des Künstlers war dann angebracht, wenn die Genauigkeit der Wiedergabe bewundert werden konnte.

Und noch einen weiteren Gesichtspunkt gilt es hervorzuheben. Das Primat des Bildgegenstandes bedeutete, daß als wichtig angesehenen historischen, staatspolitischen oder erzieherischen Themen ein höherer Rang zugemessen wurde als Genrebildern oder Stilleben. An dieser Stelle war auch seit Ludwig XIV. der staatliche Zugriff möglich und geradezu legitim. Wilhelm II. handelte als Auftraggeber nicht grundsätzlich anders als Ludwig XIV., nur die Zeiten hatten sich geändert.

Anton von Werners „Eröffnung des Reichstages" von 1888, 1893 gemalt, erscheint uns heute zwar als politisches Dokument aufschlußreich, aber künstlerisch von äußerster Langeweile. Die Zeitgenossen haben das durchaus nicht so gesehen. Sie bewunderten das scheinbar getreue Abbild des Vorgangs, an dem teilzuhaben das Werk ermöglichte. Wenn wir heute Werners Gemälde als ästhetisch uninspirierend empfinden, dann folgen wir einer Kunstauffassung, an die wir längst gewöhnt sind, die jedoch um 1900 zu dem bereits beschriebenen Konflikt führte.

Hugo von Tschudis durch den Ankauf impressionistischer Bilder, aber auch durch seine Reden und Schriften propagierte Kunstauffassung war der eben beschriebenen offiziellen akademischen entgegengesetzt. Durch seine Freundschaft mit Max Liebermann gefördert, setzte er sich intensiv mit den französischen Impressionisten und deren ersten Kritikern, Emile Zola, Théodore Duret und Edmond Duranty, in den 1870er Jahren auseinander. Deren ästhetische Vorstellungen begleiteten die frühe Phase des Impressionismus, insbesondere die Kunst von Claude Monet, Edouard Manet, Camille Pissarro und Alfred Sisley. Die von Theoretikern und Kritikern formulierte erste Impressionismustheorie beinhaltete, daß das Kunstwerk primär Ausdruck sei, und zwar Ausdruck einer Persönlichkeit, eines Individuums. Der Begriff Impressionismus, wie er sich aufgrund einer Bemerkung eines Kritikers vor einem Bild Monets durchsetzte, ist eigentlich falsch und sinnlos. Zola hat mit seiner Definition der Kunst Manets die richtige und verständliche Sehanweisung gegeben, wenn er schrieb, das Kunstwerk sei „un coin de la création vu par le tempérament".[22]

Diese Kunstauffassung, die sich bei den Impressionisten und ihren Verteidigern ebenso wiederfindet wie bei Liebermann, Meier-Graefe, Cassirer und Tschudi, ja sogar Bode und Heinrich Wölfflin, setzt auf eine völlig andere künstlerische Gestaltung und ästhetische Erfahrung. Nicht das Was-ist-dargestellt, sondern das Wie-ist-es-aufgefaßt-und-gemalt steht im Vordergrund. Damit war der Gegenstand des Bildes nicht bedeutungslos geworden, stand aber für Künstler und Betrachter hinter der individuellen malerischen Gestaltung zurück. In der Kunstdiskussion um 1900 in Deutschland bildete das Engagement für die Impressionisten jedoch nur einen Pfeiler des ästhetischen Lehrgebäudes. Einen zweiten boten Tschudi und seinen Freunden die Theorien des Florentiner Freundeskreises um den Philosophen Konrad Fiedler, zu dem der Maler Hans von Marées und der Bildhauer Adolf von Hildebrand gehörten. Im Jahre 1893 erschien Hildebrands berühmte Schrift mit dem charakteristischen Titel: „Das Problem der Form in der bildenden Kunst."[23] Tschudi plante im Jahre 1899 einen Aufsatz über Hildebrand, dem er mehrfach begegnete und mit dem er ausführlich korrespondierte. Tschudi folgte Hildebrand in der Überzeugung, daß die Naturnachahmung nicht Ziel des künstlerischen Bestrebens sein könne. Vielmehr sammle der Künstler Vorstellungsbilder, die er im Kunstwerk umsetze. Die Kunsterfahrung wiederum beruhte nach Hildebrand und Tschudi auf der sinnlichen, ästhetischen Wahrnehmung. Natur ist somit Anlaß, aber nicht Ziel der Kunst. Eine Kunstauffassung also, die der Anton von Werners völlig entgegengesetzt war. Aus diesem Gegensatz ist der öffentlich ausgetragene Konflikt zu verstehen. Es handelt sich nicht mehr um einen kulturpolitischen Interessenkonflikt und Machtkampf, sondern um ein Aufeinanderprallen von Anschauungen, Überzeugungen, Werten.

Es ist höchst aufschlußreich zu sehen, daß diese moderne, damals revolutionäre Kunstauffassung natürlich auch zu einseitigen Urteilen führte. Als im Jahre 1898 Tschudi Manets „Déjeuner sur l'Herbe" angeboten wurde – natürlich von keinem anderen als von Durand-Ruel –, schlug er den Ankauf aus. Der Grund war wohl nicht, daß er die Gegnerschaft von Kaiser und Hof fürchtete, sondern er selbst hat dieses Werk als inhaltlich provozierend empfunden, zu sehr als Inhaltskunst. Besonders bedauerlich erscheint uns heute, daß er sich auch für Manets „Bar aux Folies-Bergères" nicht einsetzte, das ihm ebenfalls von Durand-Ruel angeboten wurde. Da Tschudi den Ankauf nicht befürwortete, fand sich auch kein Mäzen. Welch ein Verlust für Berlin!

Seit den 1890er Jahren begann Berlin eine kulturelle Metropole zu werden. Kunstkritik, Kunsthandel und Museum, für die Meier-Graefe, Cassirer und Tschudi nur Beispiele – allerdings bedeutende – neben anderen waren, schufen ein geistiges Umfeld für die Förderung der Moderne. Der Widerspruch der offiziellen Kunstdoktrin forderte das individuelle, private Engagement heraus. Die von Meier-Graefe, Cassirer und Tschudi propagierten Werke wurden nicht nur deshalb abgelehnt, weil sie meist ausländischen, oft französischen Ursprungs waren, sondern auch, weil sie mit Sehgewohnheiten brachen. Die moderne Kunst benötigte daher das individuelle Verständnis, den Mäzen. Alle von Tschudi für die Nationalgalerie angekauften impressionistischen Gemälde waren Schenkungen. Der Staat hat keinen Groschen in sie investiert. Es handelte sich also gar nicht um die Frage, ob staatliche Gelder für einen kontroversen Gegenstand ausgegeben werden könnten, sondern darum, ob der Staat die oben beschriebene akademische Kunstdoktrin aufrechterhalten sollte oder nicht. Der Konflikt entstand, weil Wilhelm II. zu dieser Toleranz nicht bereit war.

Das Deutsche Kaiserreich war nicht mehr das Siècle de Louis XIV. Die Politisierung der Kunstdebatte war ein Zeichen dafür, wie sich Herrscher und Regierung unliebsamer Opponenten entledigen wollten. Moderne Kunst erschien auch politisch suspekt. Gerade in dieser Situation war es erstaunlich, daß sich Mäzene fanden. Sie konnten nur gefunden werden, weil Kritiker, Kunsthändler und Museumsbeamte zu überzeugen verstanden. Wie bekannt, waren die Mäzene fast ausnahmslos jüdische Bürger dieser Stadt. Daß sie seit über hundert Jahren zu dem aufgeschlossenen, international orientierten, dem geistigen Leben Berlins entscheidend Profil gebenden Bevölkerungsteil gehörten, ist eine Tatsache. Zum Mäzen wird man nicht geboren. Aber diejenigen werden leichter durch die Vermittler zu Mäzenen, die zu Offenheit und kultureller Sensibilität erzogen werden.

Mäzenatentum für die Moderne entstand in Berlin um 1900, weil Berlin nicht nur eine wirtschaftliche, sondern vor allem eine geistige Blütezeit erlebte. Hiermit ist ein Modell beschrieben, das auch für spätere Epochen als Maßstab gelten kann. Auch und gerade heute kann Mäzenatentum nur durch Aufklärung und das dargestellte Zusammenspiel gefördert werden. In Zeiten der alle künstlerischen Leistungen einebnenden Massen- und Medienkultur wird mäzenatische Unterstützung dringend benötigt. Auf Mäzene kann man nicht einfach warten. Wir sind alle gefordert, sie zu fördern.

Anmerkungen

1 Der Brief befindet sich im Zentralarchiv der Staatlichen Museen, SMPK, ZA, Nachlaß Bode, Bd. 11, o. D., 1885–1889. Den Hinweis auf die Briefe von James Simon an Bode verdanke ich Olaf Matthes.

2 Ebda.

3 Vgl. hierzu Teeuwisse, Vom Salon zur Secession, und Gaehtgens, Die Berliner Museumsinsel im Deutschen Kaiserreich, besonders S. 11–28 (mit weiteren Literaturangaben).

4 Zu Meier-Graefe vgl. Moffett, Meier-Graefe as Art Critic, Paret, Die Berliner Secession, und Gaehtgens, Les Rapports de l'Histoire de l'Art Contemporain en Allemagne à l'Epoque de Wölfflin et de Meier-Graefe.

5 Zit. n. Moffett, Meier-Graefe as Art Critic, S. 10.

6 Ebda.

7 Vgl. hierzu Bloch und Grzimek, Das Klassische Berlin.

8 Zu Pächter vgl. Teeuwisse, Vom Salon zur Secession, S. 231–234, ferner Julius Meier-Graefe, Handel und Händler, in: Kunst und Künstler, Bd. X, 1912.

9 Stanislaw Przybyszewski, Das Werk des Edvard Munch, Berlin 1894.

10 Meier-Graefe in: Ebda., S. 88 f.

11 Vgl. hierzu Max Linde, Edvard Munch und die Kunst der Zukunft, Berlin 1902. Den Hinweis verdanke ich Jeannine Klein.

12 Ebda., S. 9.

13 Zit. n. Wilhelm Schröder, Das Persönliche Regiment. Reden und sonstige öffentliche Äußerungen Wilhelms II., München 1907, S. 166; vgl. a. Bartmann, Anton von Werner, S. 177.

14 Zit. n. Cabanne, Die Geschichte großer Sammler, S. 89.

15 Ob Mäzenatentum und händlerisches Interesse für Cassirer einen Konflikt bedeuteten, kann nur eine Untersuchung seiner Geschäftsbeziehungen erweisen. In diesem Zusammenhang kann auf ein Beispiel verwiesen werden, in dem ein Mäzen den Künstler beriet und vor dem Händler schützte. Max Linde warnte Munch 1904 vor dem Abschluß eines Vertrags mit Cassirer: „Meiner Meinung nach dürfen Sie diesen Contract *nicht* unterschreiben. Sie geben sich dadurch Cassirer völlig in die Hände auf Gnade und Ungnade. Cassirer kann Sie, wenn er will, völlig tot machen." Vgl. Edvard Munchs brev tra Dr. med. Max Linde, Oslo Kommune Kunstsamlinger, Munchmuseets shrifter 3, Oslo 1954, S. 31.

16 Wichtiges Material bieten Brühl, Die Cassirers, und die noch ungedruckte Dissertation von Titia Hoffmeister, 1992.

17 Zit. n. Brühl, Die Cassirers, S. 101.
18 Ebda., S. 102.
19 Ebda., S. 104.
20 Zu Hugo von Tschudis Ankaufspolitik und Kunstauffassung vgl. Paul, Hugo von Tschudi.
21 Vgl. hierzu Bartmann, Anton von Werner, vor allem S. 163 ff.
22 Emile Zola, Mon Salon, Manet, Ecrits sur l'Art, Paris 1907, S. 19. Dieser berühmte Ausspruch wird auch von Hugo von Tschudi, Edouard Manet, Berlin 1913, S. 63, zitiert.
23 Vgl. Adolf von Hildebrand, Gesammelte Schriften zur Kunst, bearb. von Henning Bock, Köln und Opladen 1969.

Weiterführende Literatur

Dominik Bartmann, Anton von Werner. Zur Kunst und Kunstpolitik im Deutschen Kaiserreich, Berlin 1985.

Peter Bloch und Waldemar Grzimek, Das Klassische Berlin. Die Berliner Bildhauerschule im neunzehnten Jahrhundert, Frankfurt/M., Berlin, Wien 1978.

Henning Bock und Günter Busch (Hg.), Edvard Munch. Probleme — Forschungen — Thesen, München 1973.

Georg Brühl, Die Cassirers. Streiter für den Impressionismus, Leipzig 1991.

Pierre Cabanne, Die Geschichte großer Sammler, München 1966.

Thomas W. Gaehtgens, Les Rapports de l'Histoire de l'Art Contemporain en Allemagne à l'Epoque de Wölfflin et de Meier-Graefe, in: Revue de l'Art, 88, 1990, S. 31—38.

Thomas W. Gaehtgens, Die Berliner Museumsinsel im Deutschen Kaiserreich. Zur Kulturpolitik der Museen in der wilhelminischen Epoche, München 1992.

Kenworth Moffett, Meier-Graefe as Art Critic, München 1973.

Peter Paret, Die Berliner Secession. Moderne Kunst und ihre Feinde im Kaiserlichen Deutschland, Berlin 1981.

Barbara Paul, Hugo von Tschudi, Berlin 1993 (im Druck).

Nicolaas Teeuwisse, Vom Salon zur Secession. Berliner Kunstleben zwischen Tradition und Aufbruch zur Moderne 1871—1900, Berlin 1986.

Kunstpolitik, Sammler und Mäzene im 20. Jahrhundert

Mäzenatentum als Ziel der Kunstpolitik? Eine kritische Analyse

von

Wolf-Dieter Dube

Gedanken zu dem sehr allgemein gehaltenen Thema zu formulieren, bedeutet, sie in bezug auf Berlin vorzutragen. Das ist nicht nur der Sinn dieser Vorlesungsreihe; es ist auch deswegen richtig, weil Berlin auch hier – wie in so vielen anderen Bereichen – eine Sonderstellung einnimmt. In Berlin wurde die Form des groß angelegten privaten Förderns von Museen gewissermaßen erfunden und zugleich erfolgreich praktiziert. Hier war nach dem Zweiten Weltkrieg eine politische Situation entstanden, die private Förderung nahezu ausschloß. Wie sollten sich auch Sammler entschließen, ihren Kunstbesitz – insbesondere moderner Kunst – nach Berlin zu stiften, in eine Stadt, deren Vereinnahmung in das sozialistische System drohte, in den Bereich einer Ideologie, welche die moderne Kunst als systemfeindlich und zersetzend betrachtete, wie es zuvor bereits der Nationalsozialismus getan hatte. Bezeichnenderweise profitierte davon die „heimliche Hauptstadt". Man bedenke nur einen Augenblick, wo München stände oder wie die Nationalgalerie sich heute präsentierte, wenn die

Berliner Sammlungen hierher gestiftet worden wären. In diesem Zusammenhang ist zu denken an die Sammlungen Bernhard Koehler, Markus Kruss, Sofie und Emanuel Fohn und Theodor und Woty Werner, nicht um nostalgische Gedanken zu wecken, sondern um an ihrem Beispiel den Faden der Betrachtungen fortzuspinnen.

Anzuknüpfen ist bei den Bürgern, die im Berlin der Gründerzeit reich geworden waren, die ihr Bewußtsein als Unternehmer und Sammler gleichsam mit dem Schlachtruf der französischen Impressionisten „être de son temps" artikulierten und die als Bürger das Gemeinwesen an dem teilhaben lassen wollten, was im späten 19. Jahrhundert künstlerisch „in seiner Zeit sein", d. h. sich mit dem Fortschritt zu identifizieren, bedeutete. Dieser Impuls, zunächst nur widerwillig geduldet, dann aber zurückgewiesen, mußte notwendigerweise ins Private zurückschlagen. Wenn die Kunstpolitik nicht wollte und das Museum nicht durfte, so blieb nur die Möglichkeit, der Privatsammlung eine quasi öffentliche Funktion zuzuweisen, sie wenigstens zeitweise zugänglich zu machen und so durch Vorbild der modernen Kunst zur Wirkungsmöglichkeit zu verhelfen. Die Nationalgalerie verlor ihre Bedeutung, ihre gerade erst erworbene Stellung als ein zur Gegenwart sich öffnendes Institut. „Cassirer braucht die Nationalgalerie nicht mehr", so umschrieb Ludwig Justi, der Nachfolger Hugo von Tschudis, die Situation. In der Tat hatte die vergleichsweise breite Schicht der Sammler und Kunstkäufer – nicht jeder Kunstkäufer will ein Sammler sein – den Grund für einen sich schnell ausbreitenden Kunsthandel gelegt, an der Spitze der Kunstsalon Cassirer. Bereits 1899 erkannte Alfred Lichtwark, der Direktor der Hamburger Kunsthalle, Berlin als den bedeutendsten Markt nach Paris. 1898 hatten die Cassirers ihre Kunsthandlung begründet, und im selben Jahr trat die Berliner Secession ins Leben. Dies war wohl kein Zufall, wenn man bedenkt, daß der Präsident der Secession,

Max Liebermann, der wichtigste Künstler der Galerie wurde, und die Kunsthändler Cassirer als Sekretäre der Secession fungierten. Auf jeden Fall war es ein Zweckbündnis, das zu außerordentlichen Erfolgen führte.

Die Idee, die fortschrittliche Kunst von der Bevormundung durch die offizielle Kunstpolitik zu befreien, fand lebhaften Widerhall. Vermögende Sammler waren sofort bereit, der Secession ein eigenes Ausstellungsgebäude zu finanzieren, das, neben dem Theater des Westens errichtet, im Mai 1899 mit der ersten „Deutschen Kunstausstellung der Berliner Secession" eröffnet wurde. Liebermann machte das Ziel deutlich und erklärte: „Bei der Auswahl der Werke, welche unsere Ausstellung schmücken, war nur das Talent, in welcher Richtung es sich auch offenbarte, ausschlaggebend. Wir sind ebenso stolz darauf, die Werke eines Menzel als die des Böcklin dem Publikum zeigen zu dürfen. Für uns gibt es keine alleinseligmachende Richtung in der Kunst, sondern als Kunstwerk erscheint uns jedes Werk – welcher Richtung es angehören möge –, in dem sich eine aufrichtige Empfindung verkörpert ... Im Vertrauen auf die siegreiche Kraft der Jugend und das wachsende Verständnis der Beschauer haben wir ein Unternehmen ins Leben gerufen, das einzig und allein der Kunst dienen will."[1]

2000 geladene Gäste sollen an der Eröffnung teilgenommen haben, was zeigt, wie breit das Interesse der Bürger war für eine Kunst, deren Aufnahme in die Nationalgalerie im selben Jahr verhindert werden sollte, indem deren Erwerbungspolitik unter Kuratel gestellt wurde. Die Künstler hatten die Sache selbst in die Hand genommen, und Leistikow war die treibende Kraft. Er sammelte Förderer und überzeugte die Künstler, nach Berlin überzusiedeln, um den Anspruch Berlins als deutsche Kunstmetropole zu festigen. Und dank großzügiger, kunstliebender Bürger vermochte er seine Versprechungen zu halten. Lovis Corinth berichtet:

„Ich hielt mich zunächst einige Monate in Berlin auf, Leistikow wirkte mir einige Porträt-Bestellungen aus, die ersten, welche ich überhaupt für Geld erhielt. Endlich siedelte ich 1902 definitiv über. Sein früheres Atelier räumte mir Leistikow ebenfalls ein, und es gab fast nichts, worin er mich nicht auf das beste unterstützt hätte. Die Atelierräume waren herrlich gegen meine bescheidene Münchner Behausung. Hinreichend Platz auch für die Malschule, welche dank dem Neuen, das meinem Ruhme vorausging, tatsächlich mich bald zum ‚wohlhabenden' Manne machte. Demgemäß war der Verkauf von Bildern auch viel mehr, als ich mir in München auch nur träumen mochte. Wie konnte es auch anders sein, da der Handel und Wandel in Berlin glänzend war, die Kaufleute intelligent und nach neuer Kunst begierig waren, außerdem der junge Kaiser gegen alles Neue eine Aversion hatte, so daß uns auch noch der Glanz der Märtyrerkrone umstrahlte."[2]

Das Kunstleben prosperierte, die Theater florierten so, als ob gerade der Antagonismus zur offiziellen Kunstpolitik ein Stimulans bildete. Diese Kunstpolitik reichte im übrigen über die staatlichen Einrichtungen in Berlin kaum hinaus. Bezeichnenderweise bemerkte der Herzog von Weimar 1903 zu dem Leiter der Kunstabteilung des Preußischen Kultusministeriums, Schmidt-Ott: „Es ist nur gut, daß der Kaiser gegen die moderne Kunst ist, sonst würden wir kleinen Staaten nichts mehr für uns haben"[3], und er hatte dabei nicht nur den eigenen Staat im Auge, sondern zumindest auch Sachsen-Meiningen und Hessen-Darmstadt.

Wie es mit Künstlervereinigungen so geht, auch die Secession kam rasch ins Alter und hatte sich schon 1910 überlebt. Die Kunstäußerung, für die sie stritt, war durchgesetzt, jüngere Kräfte strebten anderen Zielen zu, setzten sich nicht nur in Gegensatz zu der älteren Künstlergeneration, sondern auch zur Gesellschaft, die sie trug. 1913 kam das Ende, als Paul Cassirer sich zum Präsidenten der

Secession wählen ließ und daraufhin viele Künstler die Vereinigung verließen, da sie sich nicht ins Schlepptau eines Kunsthändlers nehmen lassen wollten. Im selben Jahr stand auch die offizielle Kunstpolitik vor einem Scherbenhaufen. Innerhalb der Großen Berliner Kunstausstellung, die den 25jährigen Regierungsantritt des Kaisers jubilieren sollte, war beabsichtigt, zugleich den Maler Anton von Werner in einer Retrospektive anläßlich seines 70. Geburtstages zu feiern. Eine solche Versammlung von Reichspropagandabildern, von monumentalen Darstellungen deutschen Kriegs- und Siegeswillens erschien selbst dem Künstler bedenklich; für die Reichsregierung war sie aus außenpolitischen Rücksichten unakzeptabel, so daß die Ausstellung nicht stattfand. Die Bilder wurden erst nach Ausbruch des Weltkrieges wieder hervorgeholt, um erneut der Propaganda gegen den Erbfeind zu dienen.

Die Sammler-Generation des Expressionismus

Die wichtige Ausstellung des Jahres 1913 war der „Erste Deutsche Herbstsalon“, veranstaltet von Herwarth Walden, der seit 1910 die wichtigste Zeitschrift des Expressionismus, „Der Sturm“, herausgab und daneben seine Galerie betrieb. Ermöglicht wurde der Herbstsalon durch einen Berliner Mäzen, der diesen Ehrentitel verdient: Bernhard Koehler.

Bernhard Koehler, 1849 geboren wie Eduard Arnhold und 1927, zwei Jahre nach diesem, gestorben, war einer der für Berlin typischen Industriellen der Gründerzeit, der 1876 die „Mechanischen Werkstätten“ begründet hatte. Koehler, nach dem Urteil August Mackes ein Mann „reinen Geschmacks, der nur der Bildung bedarf“[4], begann seine erste Sammlung in den neunziger Jahren mit Gemälden des ihm verwandten Münchner Malers Heinrich Brühne, fügte Spitzweg, Leibl, Zügel und die Künstler der Vereinigung „Scholle“ hinzu. Später folgten Liebermann, Corinth, Leistikow, Uhde und Slevogt, die Hauptmeister der Secession. Verwandtschaftliche Beziehungen vermittelten Koehler 1907 die Verbindung zu August Macke. Seine Nichte, die spätere Frau Mackes, hatte einen Reisezuschuß nach Paris für den jungen Künstler erbeten, den Koehler gern gewährte. Macke bedankte sich bei dem ihm noch unbekannten Gönner, der ihm nicht nur seine erste, sondern auch seine letzte Reise, die nach Tunis, ermöglichen sollte: „Aber freuen kann ich mich, daß es solche Menschen gibt, die ohne Vorurteil der Jugend gegenüberstehen.“[5] Macke wurde schnell zum Gesprächspartner Koehlers. 1908 kauften sie gemeinsam in Paris Arbeiten von Monet, Manet, Renoir und Cézanne. Als Macke 1910 zusammen mit dem Sohn Koehlers Franz Marc entdeckte, der zum erstenmale in München ausstellte, schickte er sogleich zwei Bilder nach Berlin, die Koehler ohne Umstände kaufte. Noch im selben Jahr reiste Koehler zu Marc nach München, kaufte erneut und akzeptierte Marcs „Wunsch und Vorschlag, gegen ein bestimmtes Einkommen von monatlich 200 Mark in Ruhe zu arbeiten, ohne sich um den Verkauf der gefertigten Bilder bekümmern zu brauchen.“[6] Der Betrag wurde jährlich mit den erworbenen Bildern verrechnet. Auch nachdem Marc gefallen war, setzte Koehler die Zahlungen an die Witwe fort. Man schätze diese Tat und die ausgesetzte Summe nicht gering, denn es galt und gilt wohl immer noch das, was Lenbach über seinen Mäzen, den Grafen Schack, geschrieben hat: „Und doch hat der Graf sich um die Künstler seiner Zeit unvergeßliche Verdienste erworben, indem er eine ganze Anzahl buchstäblich vor dem Verhungern rettete. Er zahlte elende Preise, aber er war der einzige, der irgend etwas bezahlte, und obgleich kein Künstler, der mit ihm zu tun gehabt, nicht dann und wann Ursache hatte, ihm zu grollen, so darf doch nie vergessen werden, daß er einzig und allein den Beutel auftat zu einer Zeit, wo alle andern reichen Leute ihn fest zuhielten und ruhig zugesehen hätten, wenn Leute wie Arnold Böcklin, Anselm Feuerbach und andere sich dem Steineklopfen oder einer ähnlich gesunden, aber mäßig einträglichen Tätigkeit gewidmet hätten."[7]

Werke von Marc und Macke bildeten keineswegs die einzigen Zugänge der Sammlung Koehler. Er erweiterte gleichzeitig seinen Besitz impressionistischer Malerei und fügte mittelalterliche Kunst hinzu. Überdies teilte er die Überzeugung, daß Cézanne und El Greco „am Eingang einer neuen Epoche der Malerei" stehen und erwarb folgerichtig ein bedeutendes Werk von El Greco. Helfend einzugreifen blieb Koehlers Impuls. Als Ende 1911 die „1. Ausstellung der Redaktion des Blauen Reiters" in München organisiert wurde, reiste er rechtzeitig an, um selbst bei der Hängung mitzuwirken und stützte die Unternehmung durch Ankäufe. Von den acht auf der Ausstellung verkauften Bildern erwarb er allein fünf, darunter Kandinsky und Delaunay, aus dessen Besitz er später zwei Gemälde von Henri Rousseau kaufte. Daß der Almanach „Der Blaue Reiter" – der übrigens dem Andenken Hugo von Tschudis gewidmet ist – 1912 erscheinen konnte, ist wieder Koehler zu verdanken, der von der vom Piper Verlag geforderten Garantiesumme von 3 500 Mark 3 000 Mark selbst zeichnete. Es ging ihm nicht nur um die Erweiterung seiner Sammlung, sondern mindestens so wichtig wurde ihm, zur Durchsetzung der jungen Kunst beizutragen. Folgerichtig trat er dem Ehrenausschuß der Internationalen Ausstellung des Sonderbundes Köln 1912 bei, der bedeutendsten Ausstellung der europäischen Avantgarde vor dem Ersten Weltkrieg. Ganz selbstverständlich leistete er seinen Beitrag zur Finanzierung, beteiligte sich mit sechs Bildern als Leihgeber und war wiederum der wichtigste Käufer. Als 1913 der „Erste Deutsche Herbstsalon" geplant wurde, der die Sonderbund-Ausstellung an avantgardistischer Aktualität übertreffen sollte, war es abermals Koehler, der das von Herwarth Walden kalkulierte Defizit von 4 000 Mark zu tragen bereit war. Breiten Raum in der Ausstellung nahmen Futurismus und Orphismus ein, die weder von der Kritik noch von den Sammlern akzeptiert wurden. Auch Koehler selbst folgte nicht mehr, er beschränkte sich in dieser Ausstellung auf Erwerbungen von Kandinsky, Feininger und Seehaus. Dennoch übernahm er das gesamte Defizit des Unternehmens, das 20 000 Mark betrug.

Daß das liberale Bürgertum der Avantgarde nicht mehr folgte, hatte wohl zwei Hauptgründe: Erstens das Eingebundensein in eine Generation, die in der Regel immer die eigene ist. Das heißt, man konnte naturgemäß nicht eine noch größere Spannweite in den Sammlungen erwarten, die in sich schon erstaunlich groß war. Zweitens kam hinzu, daß die junge Kunst der Jahre unmittelbar vor dem Ersten Weltkrieg auf einen radikalen gesellschaftlichen Wandel zielte, auf einen „neuen Menschen" abhob, der Freiheit, Gleichheit, Brüderlichkeit verwirklichen konnte. Der schamlose Egoismus, der Materialismus sollten durch eine Revolution hinweggefegt werden. Damit zielte man aber gleichzeitig auch direkt auf das liberale Großbürgertum, das in den vergangenen zwanzig Jahren die neue Kunst gefördert hatte. Auch diese Kunst galt nichts mehr. Hermann Bahr schrieb 1916: „Impressionismus, das ist der Abfall des Menschen vom Geist, Impressionist ist die Erniedrigung des Menschen zum Grammophon der äußeren Welt."[8] Impressionist wurde zum Schimpfwort für Reaktionäre, Expressionist zum Ehrentitel der Radikalsozialisten. Die Überwindung des Systems konnte nur durch den großen Krieg geschehen, so dachten die Künstler, denen die Futuristen 1909 in ihrem ersten Manifest vorangegangen waren: „Wir wollen den Krieg verherrlichen, diese einzige Hygiene der Welt."[9] Man erinnere sich, was Thomas Mann – der in heutiger Vorstellung gewiß nicht als Revolutionär oder Kriegstreiber lebt – 1914 schrieb: „Wie die Herzen der Dichter sogleich in Flammen standen, als jetzt Krieg wurde! ... Wir hatten an den Krieg nicht geglaubt, unsere politische Einsicht hatte nicht ausgereicht, die Notwendigkeit der europäischen Katastrophe zu erkennen. Als sittliche Wesen aber – ja, als solche hatten wir die Heimsuchung kommen sehen, mehr noch: auf irgendeine Weise ersehnt; hatten im tiefsten Herzen gefühlt, daß es so mit der Welt, mit unserer Welt nicht mehr weitergehe. Wir kannten sie ja, diese Welt des Friedens ... Wimmelte sie nicht von den Ungeziefern des Geistes wie von Maden? Gor und stank sie nicht von den Zersetzungsstoffen der Zivilisation? ... Wie hätte der Künstler, der Soldat im Künstler nicht Gott loben sollen für den Zusammenbruch einer Friedenswelt, die er so satt, so überaus satt hatte? Krieg! Es war Reinigung, Befreiung, was wir empfanden und eine ungeheure Hoffnung. Hiervon sagten die Dichter, nur hiervon."[10]

Daß alles ganz anders kam, kann hier nicht ausgeführt werden. Nur soviel: Aus den Stahlgewittern stieg nicht der neue Mensch hervor, sondern der Mensch entpuppte sich als Vieh, wie George Grosz konstatierte. Die Welt veränderte sich, in Europa gingen die Lichter aus. Was konnten da die lichterfüllten, lichtsprühenden Bilder der Impressionisten noch bedeuten? Was zählte da noch die schöne Oberfläche, die Peinture, die Max Beckmann in seiner Kontroverse mit Franz Marc 1912 noch so vehement verteidigt hatte? Eine Generation anders empfindender Sammler war nun gefragt, Sammler, die sich emotional engagierten. „Jetzt schreit es in mir nach Ihren Blumen, den Blumen der Ewigkeit, jenen tiefdunkelblauen, geheimnisvollen, die die Menschenseele in sich einsaugen und das Weltgetriebe vergessen machen ...", so schrieb Markus Kruss an Emil Nolde.[11] Es kann kein Zufall sein, daß die meisten der wichtigen und bekannten Sammler der Kunst des Expressionismus 1916/17 begannen: Carl Hagemann und Ludwig und Rosy Fischer in Frankfurt, Hermann Lange in Krefeld, Josef Haubrich in Köln und eben Markus Kruss in Berlin.[12] Für diese neue Generation der Sammler existierte nicht mehr das Problem der Legitimation. Kunst hatte für sie kaum noch den Charakter der Dekoration, sie war vielmehr Teil eines Ambientes als Ausdruck einer existentiellen Befindlichkeit. Daher waren es Privatsammlungen im eigentlichen Sinne des Wortes, sie blieben privat und standen für die Öffentlichkeit auch als Leihgaben auf Ausstellungen kaum zur Verfügung. Diese Sammler hatten natürlich nicht mit Werken des Expressionismus begonnen. Aber während die Generation vor ihnen zu Vorhandenem weiteres hinzufügte, trennten sich die neuen Sammler von früheren Bildern, ihre Entscheidung war radikal. Sie folgten Rilkes Mahnruf: „Du mußt dein Leben ändern."

In Noldes Lebenserinnerungen liest sich das in bezug auf Markus Kruss so: „Er erwarb die Bilder einiger Sezessionisten. Als aber er sich ein kleines Bild von mir hinhängte und noch eines, verging ihm die Lust an seinen bisherigen, und wohl im gleichen Tempo, wie er von mir und uns jungen freiheitlichen Künstlern Bilder erwarb, verkaufte er seine früheren, bis er dann allmählich eine selten gewählte Sammlung nur deutscher Kunst besaß."[13] Kruss, der als Kaufmann in Berlin lebte, leistete während des Weltkrieges Zivildienst in Essen – der Kriegsdienst war ihm als brasilianischem Staatsbürger nicht erlaubt – und lernte dort Ernst Gosebruch, den Direktor des Kunstmuseums, kennen. Gosebruch verwies ihn auf die Kunst der ehemaligen „Brücke" und vermittelte auch persönliche Kontakte, von denen sich der zu Emil Nolde zur lebenslangen Freundschaft entwickelte. Diese Sammlung war Ende der zwanziger Jahre abgeschlossen. Sie konzentrierte sich auf vier Künstler: Nolde, Kirchner, Heckel und Schmidt-Rottluff, wobei Nolde den ersten Platz einnahm. Kruss hörte auf zu sammeln, als alle Wände seines Hauses gefüllt waren. Ihn verband ein so starkes emotionales Verhältnis zu jedem einzelnen Werk, daß er jedes sichtbar um sich haben mußte. Durch glückliche Umstände wurde die Sammlung über die Kriegswirren gerettet und befindet sich heute als Vermächtnis in der Staatsgalerie moderner Kunst in München.

Man wird fragen dürfen, warum diese Sammlungen überwiegend privat blieben. Eine Ausnahme bildete da wohl nur Josef Haubrich, der Bilder gezielt kaufte, um Lücken in der Sammlung des Wallraf-Richartz-Museums zu füllen, eine Konzeption, die die Aktion „Entartete Kunst" später zerstörte. Die Privatheit war einerseits darin begründet, wie am Beispiel Kruss angedeutet, daß man bemüht war, Kunst und Künstler zu fördern und damit das eigene Genießen und den persönlichen geistig-seelischen Gewinn zu verbinden. Andererseits bedurfte die Öffentlichkeit dieser Sammlungen nicht, jedenfalls nicht in dem Sinne, wie Schenkungen an die Nationalgalerie zwanzig Jahre zuvor als Korrektiv der offiziellen Kunstpolitik erforderlich waren.

Der Krieg war verloren, Revolution und Bürgerkrieg erschütterten das Land, es erschien eine Situation möglich, in der die alten, überlebten Gesellschaftsstrukturen im Sinne der künstlerischen Utopie überwunden werden konnten. Die Künstler lieferten das revolutionäre Pathos, das Bauhaus entstand als „Kathedrale des Sozialismus", die Novembergruppe proklamierte: „Die Zukunft der Kunst und der Ernst der jetzigen Stunde zwingt uns Revolutionäre des Geistes (Expressionisten, Kubisten, Futuristen) zur Einigung und engem Zusammenschluß."[14] Der Expressionismus wurde zum künstlerischen Ausdruck des politischen Strebens der jungen deutschen Republik, wie in Italien der Futurismus sich zur offiziellen Kunst des Faschismus entwickelte. Wegen der traditionellen kulturellen Autonomie in Deutschland wirkte sich das zwar von Land zu Land und Stadt zu Stadt sehr unterschiedlich aus. Für Berlin und Preußen jedenfalls gilt das Gesagte.

Die Kunstpolitik der Nationalgalerie in der Weimarer Republik

Für Ludwig Justi und die Nationalgalerie bedeutete diese Entwicklung, endlich das tun zu können, was man seit längerer Zeit als notwendig erachtet hatte. Das Kronprinzen-Palais konnte 1919 als Ort für die Präsentation der jungen Kunst gewonnen werden. Zugleich bedeutete dies aber den endgültigen Bruch mit den alten großzügigen Förderern: Eduard Arnhold setzte das Zeichen und trat unter Protest aus der Ankaufskommission der Nationalgalerie aus. Es ist natürlich schwer zu entscheiden, ob ein privates Engagement unter günstigeren wirtschaftlichen Bedingungen anders ausgesehen hätte. Sicher scheint aber zu sein, daß die Rolle des Förderers eine veränderte war. Er wurde fortan gebraucht, um mangelnde staatliche Finanzierungsmöglichkeiten zu verstärken, das Geld wurde mehr gebraucht als die besondere Kompetenz des Sammlers in künstlerischen Fragen. Es scheint bezeichnend zu sein, daß der überwiegende Teil jener Kunstwerke, die später als „entartet“ aus der Nationalgalerie entfernt wurden, Erwerbungen des Preußischen Kultusministeriums bildeten, die an die Nationalgalerie überwiesen worden waren. Das heißt, die Politik der Nationalgalerie stand in vollem Einklang mit der offiziellen Kunstpolitik. Alles, so könnte man überspitzt sagen, sollte expressionistisch sein, selbst der Reichsadler, den der Reichskunstwart Edwin Redslob von Schmidt-Rottluff entwerfen ließ. Justis großer Erfolg bestand darin, sich nicht auf den schmalen Eigenbesitz zu beschränken, sondern in großem Umfang Leihgaben aufzunehmen und auf diese Weise starken Eindruck zu machen, der deshalb so mächtig war, weil es auf der Welt nichts Vergleichbares zu sehen gab. Ein auf lange Sicht allerdings problematisches Instrument; darüber wird noch zu handeln sein. Paul Cassirer jedenfalls bemerkte 1924 über die Nationalgalerie sarkastisch: „Ich habe gar nicht gemerkt, daß das eine Galerie ist, sondern habe immer geglaubt, daß es eine rührige Kunsthandlung ist, die sich einige Bilder aus der National-Galerie geliehen hat."[15] Natürlich gab es eine große Zahl von Einzelstiftungen an die Sammlung, die in ihrer Bedeutung nicht zu unterschätzen sind, doch einen Haubrich hat es in Berlin nicht gegeben. Paul Westheim hatte, eine Ausnahme, 1927 seine Sammlung als Vermächtnis für die Nationalgalerie bestimmt; die politischen Verhältnisse ließen die Realisierung später jedoch nicht zu. Aber auch dieser bedeutende Kunstschriftsteller, Kritiker und Herausgeber des „Kunstblatt" verhielt sich im Grunde wie der Kaufmann Kruss. Westheim meinte: „Was ich ‚sammelte', waren nicht eigentlich Bilder und Plastiken, sondern Menschen, geistige, schöpferische Menschen, für die ich mich einsetzte, deren Gestalten mir Erlebnis war. Zu gegebener Stunde Umgang mit ihnen haben zu können, mich in ein Werk vertiefen zu können, in dem ein Künstler seiner Persönlichkeit Ausdruck gegeben hatte — was ich an Geld übrig hatte, gab ich dafür aus."

Das Übrighaben muß man richtig verstehen im Sinne von erübrigen können. Mit dem Sammeln expressionistischer Kunst beginnt ein neues Verhalten von Bürgern zur Kunst, das bis heute bestimmend geblieben ist: Teilhabe an der Kunst wird zur existentiellen Notwendigkeit, deren Befriedigung gleich nach den sogenannten Lebensnotwendigkeiten rangiert, vor dem Auto und vor der Urlaubsreise. Die individuelle Zwiesprache bedarf nicht der umfangreichen Sammlung, sie bedingt aber, daß an eine Übertragung an das Gemeinwesen eigentlich erst als letztwillige Verfügung gedacht werden kann. Leichter war es, an eine zeitweilige Trennung zu denken, also einer Leihgabe zuzustimmen. Große Zuwendungen waren also nicht zu erwarten. Da die Nationalgalerie aber – etwa ab 1927 – verstärkt wieder der Unterstützung durch Bürger bedurfte und nicht nur allein der finanziellen Mittel wegen, sondern weil sich die Stimmung im Lande gegen die zeitgenössische Kunst mehr und mehr verstärkte, wurde 1929 der Verein „Freunde der Nationalgalerie" ins Leben gerufen, der es, obgleich als deutscher Verein konzipiert, nur auf 72 Mitglieder brachte.

Es ist hier nicht der Ort, über die Erwerbungen des Vereins zu sprechen, die mit van Gogh und Hodler bei Tschudi anknüpften und bis in die unmittelbare Gegenwart reichten. Vielmehr soll auf die Schwierigkeit hingewiesen werden, die sich aus der Position und dem Selbstverständnis der Nationalgalerie als nationaler Institution ergab. Viele der Mitglieder, darunter die prominentesten Sammler in Deutschland, waren keine Berliner. Sie hatten als Bürger ihren eigentlichen Bezugspunkt in einem anderen Gemeinwesen. Sie gaben auch nach Berlin, aber eben nur „auch". Eduard von der Heydt, eigentlich Elberfeld, Stifter des Museums Rietberg in Zürich, hatte dem Verein von 1929 bis zu seiner Emigration in die Schweiz 1937 vorgesessen. Er schrieb an Paul Ortwin Rave, der sich um eine Wiederbelebung des 1938 stillgelegten Vereins bemühte, 1953: „Nun ist es ja leider so, und das war ja auch früher schon eine Schwierigkeit, daß die Sammler, welche nicht in Berlin leben, kein so großes Interesse für die Nationalgalerie zeigen und sich mehr um das Museum ihrer jeweiligen Vaterstadt, sei es nun Köln, Elberfeld, Frankfurt usw. kümmern." Hannover, Mannheim, Lübeck, Hamburg, Hagen, Essen, Halle, Erfurt wären wenigstens hinzuzufügen. Alfred Barr veranstaltete 1933 in seinem noch ganz jungen Museum of Modern Art in New York eine Ausstellung „Deutsche Malerei und Bildhauerei" und schrieb im Katalog: „Wie sehr immer die moderne deutsche Kunst im Ausland bewundert oder mißverstanden wird, so wird sie doch bestimmt öffentlich und privat in Deutschland außerordentlich großzügig unterstützt. Die Museumsdirektoren haben den Mut, die Voraussicht und das Wissen, Werke der fortschrittlichsten Künstler zu kaufen, lange bevor die öffentliche Meinung sie zu solchen Ankäufen zwingt. Wie aus der Liste hervorgeht, unterstützen rund 50 deutsche Museen die Künstler in sehr positiver Weise und tragen wesentlich zur Erziehung des Publikums bei, die Werke dieser Künstler zu verstehen.“[16]

Die enge Beziehung der modernen Kunst zu sozialistischen Überzeugungen führte nun dazu, daß die Reaktion ausschließlich politisch gegen künstlerische Ausdrucksformen argumentierte. So hieß eine der ersten Ausstellungen, in der die moderne Kunst diffamiert und die 1933 in Karlsruhe gezeigt wurde, bezeichnenderweise „Regierungskunst 1918–1933“. Die offizielle Kunstpolitik sprang in die Geschichte zurück und wurde dabei gewiß von der Mehrheit der Bevölkerung unterstützt. Die alten Schlagworte „krankhaft“, „entartet“, „Rinnsteinkunst“, die gegen Impressionismus und Secession gebraucht worden und die in den politischen Auseinandersetzungen der Weimarer Republik virulent geblieben waren, bezeichneten nun eine Kunstpolitik, die systematisch und mit Brachialgewalt exekutiert wurde. „Man möge leiser reden“, kommentierte Ernst Bloch, „es ist ein Sterbender im Zimmer. Die sterbende deutsche Kultur, sie hat im Inneren Deutschlands nicht einmal mehr Katakomben zur Verfügung. Nur noch Schrekkenskammern, worin sie dem Gespött des Pöbels preisgegeben werden soll; ein Konzentrationslager mit Publikumsbesuch. Das wird toll und immer toller.“[17] Zum Glück war das nicht ganz richtig.

Wolf-Dieter Dube

Der geistige Widerstand. Sammler als Retter moderner Kunst vor dem Zugriff der Nazis

Es gab da Katakomben der Sammler, und es gab Kunsthändler, die vom Untergang bedrohte Werke in diese Katakomben schleusten oder ihnen selbst solche gruben. Gemeint sind damit nicht nur die Kunsthändler Buchholz, Gurlitt, Böhmer und Möller, die als Kommissionäre in den Verkauf von beschlagnahmter Kunst eingeschaltet waren. Sie fanden Käufer nicht nur bei den bekannten Sammlern, sondern auch bei jungen Menschen, die ironischerweise durch die Ausstellung „Entartete Kunst" das entscheidende Erlebnis erfahren hatten. Ein Beispiel dafür ist Bernhard Sprengel in Hannover. Jetzt war Antrieb aber nicht mehr nur das individuelle Kunsterlebnis, sondern zugleich das Retten, das Retten auch für das Gemeinwesen. So war es folgerichtig, daß Sprengel seine Sammlung schenkte und zur Errichtung des Museums beitrug, das zu Recht seinen Namen trägt. Solches Handeln gab es auch in Berlin.

Hier und in Potsdam lebten Theodor und Woty Werner, die sowohl zur Pariser wie zur deutschen Avantgarde gehörten. Dank ihres Erbes waren sie auf Verkäufe nicht angewiesen, lebten und arbeiteten zurückgezogen in der inneren Emigration. Sie waren selbst Opfer der Kunstpolitik des Dritten Reiches. Sie besaßen keine sehr umfangreiche, aber eine überaus qualitätvolle Sammlung, die von Delacroix und Corot über van Gogh und Cézanne bis zu Picasso und Gris reichte. Ferdinand Möller vermittelte ihnen die Werke von van Gogh und Klee aus dem Komplex „Entartete Kunst"; von den in der Nationalgalerie konfiszierten Bildern besaßen sie das wunderbare Stilleben „Buch, Obstschale und Mandoline" von Picasso und drei bedeutende Werke von Juan Gris. 1964 fiel die Entscheidung, die Sammlung testamentarisch nach München zu vermachen, wo die Werners die letzten Jahrzehnte gelebt hatten.

Treuhänder zu sein, für die Deutschen einen Teil ihrer Kunst zu retten und ein Denkmal gegen Kunstbarbarei zu setzen, das war der selbstgestellte Auftrag von Sofie und Emanuel Fohn. Das Ehepaar Fohn, sie in München geboren, er Österreicher, waren Maler konservativen Zuschnitts, die mit der aktuellen Kunst keine Verbindung pflegten. Sie lebten seit 1932 in Rom und sammelten Arbeiten deutscher Künstler des 19. Jahrhunderts. Das barbarische Unrecht, das der Kunst in Deutschland angetan wurde, bewegte sie tief, obgleich in Italien sonst davon kaum Notiz genommen wurde. Als sie 1938 zufällig erfuhren, daß es möglich sei, beschlagnahmte Werke zu kaufen oder durch Tausch zu erwerben, entschlossen sie sich, sofort nach Berlin zu reisen, um ihre Sammlung deutscher Kunst des 19. Jahrhunderts als Tauschobjekt anzubieten. In drei Tauschaktionen im Februar, Juni und Dezember 1939 gelang es, das Vorhaben zu realisieren. Die Fohns hatten zwar die Wahl in den Depots im Schloß Niederschönhausen und der Großgarage in der Köpenicker Straße, doch die ministerielle Kommission gab nicht zu allem die Zustimmung, so daß sich die Auswahl zu einem mühsamen Prozeß entwickelte. Mitglied dieser Kommission war Rolf Hetsch, der auch für die Festsetzung der Preise verantwortlich war. Hetsch hatte 1932 ein Buch über Paula Modersohn-Becker veröffentlicht und arbeitete über Barlach. Ihm ist es ganz wesentlich zu verdanken, daß – durch Überbewertung des einen und Unterbewertung des anderen – gegen 25 Werke des 19. Jahrhunderts, überwiegend Zeichnungen, etwa 30 Gemälde, 220 Zeichnungen, Aquarelle und Gouachen, 120 druckgraphische Werke und 10 Mappenwerke getauscht werden konnten. Zum Dank für ihren Einsatz – das darf hier hinzugefügt werden – erhielten Hetsch, der Expedient Ranft und die Mitarbeiter der Nationalgalerie Isermeyer und Schöne einige der eingetauschten Blätter von den Fohns als Geschenk. Die Sammlung wurde nach Italien gebracht und weitgehend geheimgehalten. Nicht eines der Werke wurde aufgehängt. Noch während des Krieges, als Sofie und Emanuel Fohn die in Berlin eingetauschten Kunstwerke an sicheren Orten verwahrt hielten, befaßten sie sich mit dem Plan, die Sammlung nach ihrem Ableben als Schenkung der Öffentlichkeit zurückzugeben. Ganz selbstverständlich war an Berlin gedacht, an die Nationalgalerie, weil diese nicht nur die größten Verluste erlitten hatte, sondern auch ein bedeutender Teil der Sammlung Fohn von dort stammte. Hinzu kam der enge Kontakt, der seit 1939 zu Paul Ortwin Rave bestand. 1943 wurde ein Testament errichtet, in dem die Fohns ihren gesamten Nachlaß für die Nationalgalerie bestimmten. Die politische Lage ließ sie jedoch später davon Abstand nehmen und bestimmte sie, sich 1958 für München zu entscheiden.

Daß mutiger Widerstand etwas bewirken konnte, beschreibt Paul Ortwin Rave in „Kunstdiktatur im Dritten Reich“: „Ein Beispiel für die Kunstüberwachung liefert ein Briefwechsel zwischen Heydrich, dem Chef der Sicherheitspolizei und des SD, und dem SS-Brigadeführer Gutterer, Ministerialdirektor im Propagandaministerium. Heydrich berichtete in einem langen Schreiben vom 25. April 1941, der SS-Standartenführer Schweitzer (Mjölnir) habe kürzlich bei einem Besuche in der Galerie Alexander Vömel in Düsseldorf festgestellt, daß dort entartete Kunst gezeigt und feilgeboten werde. Diese Galerie sei nichts als ein Ableger der Galerie Alfred Flechtheim und ihre Tätigkeit sabotiere die Kunstpolitik des Führers. Überhaupt werde noch allenthalben in Deutschland verbotene Kunst verkauft und gesammelt. So habe ‚der berüchtigte Kunstbolschewist und Führer der entarteten Kunst Emil Nolde in seiner Steuererklärung für 1940 eine Summe von 80 000 Mark angegeben‘. Er bäte um Vorschläge für geeignete Gegenmaßnahmen. In Gutterers Antwort vom 6. Mai 1941 spürt man das Bestreben, sachlich zu beschwichtigen. Zwar mußte

XVII

XVIII

XIX

Futuristen, Dadaisten usw. ist weder rassisch begrün-
det noch volklich erträglich. Es ist höchstens als Ausdruck

er zugeben, daß ‚sogenannte Sammlerkreise in Deutschland zu sabotieren versuchen'. Aber nach der allgemeinen Auffassung gälten nicht die Künstler, sondern nur gewisse Kunstwerke als entartet. Zeige ein Künstler nun gar keine Besserung, müßte er freilich aus der Kammer ausgeschlossen werden, was soviel wie Berufsverbot bedeute. Dies sei bisher bei Schmidt-Rottluff, Edwin Scharff und Emil Nolde geschehen."[18]

Diese Beispiele – es sind wirklich nur Beispiele – sind wichtig, weil in ihnen deutlich wird, daß es die Sammler waren, die die Kunst ein zweites Mal am Leben erhielten. Ohne ihr entschiedenes Handeln wäre manches Kunstwerk nicht entstanden, nicht in die öffentlichen Sammlungen gelangt und hätte nicht überdauern können. Setzt man in Relation, wie wenig die Nazis dauerhaft haben zerstören können, zu dem Vielen, was nicht durch Zufall, sondern durch aktiven Schutz bei Sammlern und Kunstfreunden erhalten wurde, so wird man von vielen Akten des geistigen Widerstandes sprechen dürfen.

Carl Zuckmayer schrieb: „Dort (im deutsch-jüdischen Bürgertum) war durchweg eine schöne und kultivierte Kunstpflege angesiedelt, diese Kreise bildeten das gesicherte Stammpublikum der deutschen Theater, und sie unterstützten häufig auf generöse Art Künstler und Kunstinstitute. Was Deutschland, auch die deutsche Literatur durch ihre Ausrottung und Vertreibung verloren hat, können wir erst heute ermessen. Wenigstens wir, die wir uns erinnern. Den Jüngeren mag es überhaupt wie ein Märchen klingen, daß es – nicht nur in den ‚zwanziger Jahren', sondern auch unter der strammen Herrschaft des wilhelminischen Kaiserreichs – ein ebenso vorurteilsloses wie urteilsfähiges Bürgertum gab, für das ‚Kultur' mehr war als eine Sonntagsbeilage, aber so ist es gewesen."[19] Diese Tradition ist auch im Dritten Reich nicht verlorengegangen.

Wolf-Dieter Dube

Die kunstpolitische Problemlage nach dem Zweiten Weltkrieg

Betrachtet man die Kunstpolitik der Nachkriegszeit und der jungen Bundesrepublik unter dem Aspekt Berlin, so ist dazu nur wenig zu sagen. Die politischen Gründe sind bekannt und müssen daher hier nicht ausgeführt werden. Auf welchem Tiefpunkt sich Berlin noch in der zweiten Hälfte der fünfziger Jahre befand, beschreibt am einfachsten die Tatsache, daß die Bundesregierung Eigentum an den Berliner Museen reklamierte und sich weigerte, die Sammlungen zurückzuführen. Ernst Reuter mußte unter Protest Verträge unterschreiben, damit wenigstens ein Teil als zeitlich befristete Leihgabe in Dahlem ausgestellt werden konnte. Es war verständlich, daß unter solchen Umständen Bürger abwanderten und die wenigen erhaltenen Sammlungen die Stadt verließen. Der Weg führte in das vergleichsweise großstädtische München, das zur „heimlichen Hauptstadt" avancierte. München bot als einzige Stadt Deutschlands mit seiner Struktur der städtischen und staatlichen Theater, zweier Opernhäuser, dreier Sinfonie-Orchester und natürlich mit seinen großen bayerischen Staatsmuseen die Voraussetzung für eine Kulturmetropole. Es gehört zu den Merkwürdigkeiten, daß München sich zwar gern mit dem Epitheton „heimliche Hauptstadt" schmückte – dem aber kaum mehr Bedeutung beimaß als der „Weltstadt mit Herz" oder „München leuchtet" – und sich diese Rollenzuweisung eher geschmeichelt gefallen ließ, jedenfalls nichts unternahm, um die Rolle als „heimliche Hauptstadt" aktiv zu spielen.

Alle Anstrengungen der Kulturpolitik mußten im Nachkriegsdeutschland darauf gerichtet sein, zunächst Provisorien zu errichten, um Kultur überhaupt wieder stattfinden zu lassen. Rückgewinnung, Wiederherstellung und Konsolidierung standen für die Arbeit der Museen im Vordergrund, und das bei sehr geringen Mitteln. Dem Bürger ging es nicht anders. Erst mußte aus der „Kopfquote" etwas gemacht werden, bevor für das Sammeln etwas erübrigt werden konnte. Je mehr sich die ökonomische Situation jedoch stabilisierte, je mehr die Länder und Kommunen in die Kunstpolitik investierten, um so deutlicher wurde aber auch, daß ein kultureller Bezugspunkt fehlte. Zwar war die „entartete" Kunst rehabilitiert, und es standen der Avantgarde offiziell alle Türen offen, doch die Wirklichkeit sah nur zu häufig anders aus. In den politischen Entscheidungsgremien, insbesondere in den Kommunen, saßen und sitzen heute noch zu viele Menschen, die sich der modernen Kunst verweigern und daher die Naturnachahmung immer noch für den höchsten Zweck der Malerei halten. Diese Menschen sind nicht zu tadeln, es ist nur unerträglich, wenn sie sich anmaßen, über Kunst entscheiden zu wollen. Man vergesse nicht, von welchem kurzen Zeitraum die Rede ist. Die Kunstpropaganda des kaiserlichen und des Dritten Reiches hatte dem unbewußten Fühlen vieler sonst wohlgesonnener Bürger entsprochen, auch wenn sie Gewalt, Zerstörung und Vertreibung verabscheuten. Das wirkte und wirkt nach. Man bedenke das nur einen Augenblick am Beispiel Picasso. Keiner wird widersprechen, wenn in ihm heute der größte Künstler des 20. Jahrhunderts erkannt wird. Doch wie war das noch in den fünfziger und sechziger Jahren? „Scharlatan", „will uns auf den Arm nehmen" und ähnlich lauteten die Urteile der wohlmeinenden Bürger. Die Diskussionen bei bürgerlichen Einladungen damals waren identisch mit jenen um Joseph Beuys in den siebziger und achtziger Jahren. Daß viele Kulturpolitiker – wohl auch Museumsleute – nicht anders dachten, belegt die verhältnismäßig geringe Zahl von Werken Picassos in deutschen Museen. Es gab nicht nur den legendär reaktionären bayerischen Kultusminister Alois Hundhammer, der das Ballett

„Abraxas“ von Werner Egk verbot. Sein Nachfolger Theodor Maunz, ein im Dritten Reich nicht unbekannter Jurist, verbot 1966 der Staatsgalerie moderner Kunst in München, ein Meisterwerk von Picasso, „Mädchen mit Hahn“, von 1937 zu kaufen. Ich selbst wurde vom Kultusministerium gerügt, weil ich anläßlich der Olympischen Spiele 1972 eine Beuys-Ausstellung organisierte. Das ist nur zu verständlich, weil Kunst ganz besonders gesellschaftliche Strukturen in Frage stellt. Der Antagonismus zwischen dem Staat, dessen Institutionen zur Beharrung neigen, und gegenwärtiger Kunst ist naturgegeben. Er wird nur dort kurzfristig aufgehoben, wo Politiker die Kunst tagespolitisch zu instrumentalisieren versuchen. Die wenigen Beispiele aus der „heimlichen Hauptstadt“ sollen nur belegen, wie wichtig auch heute noch in der Bundesrepublik das Korrektiv der Sammler für das Museum ist, womit zugleich angedeutet werden soll, was alles unterbleiben mußte, solange deren wirtschaftliche Kraft nicht hinreichte, diese Funktion wahrzunehmen.

Es wurde bereits angedeutet, daß München die Rolle als Metropole nicht übernehmen wollte. In den späten fünfziger Jahren wurde immer offensichtlicher, daß die schmerzlichste kulturelle Folge der Teilung Deutschlands das Fehlen einer Hauptstadt bedeutete, die jene kulturprägenden Funktionen hätte übernehmen können, die West-Berlin damals naturgemäß nicht ausüben konnte. Die daraus resultierende Provinzialisierung bestimmte mehr und mehr die an sich unvergleichlich dichte Struktur kultureller Einrichtungen. Oscar Fritz Schuh konstatierte 1959: „Wir sind Provinz geworden ... Man lebt angenehm und sorglos in der Deutschen Bundesrepublik, aber dieses Behagen gleicht etwa dem, das Kotzebue in seinen ‚Die deutschen Kleinstädter‘ geschildert hat ... Statt einer Hauptstadt, in der Maßstäbe geschaffen werden, gibt es Provinzen mit regionalen Kulturmaßstäben.“[20] Da die Deutschen überdies – damals stärker als heute – dem Europa-Gedanken anhingen, suchten sie den kunstprägenden Bezugspunkt erst in Paris und dann in New York, mit entsprechendem Niederschlag in den Privatsammlungen.

Es wäre reizvoll, hier nun zu untersuchen, welche Folgen das für Bedeutung und internationale Wirkung der in der Bundesrepublik entstandenen Kunst gehabt hat. Doch das ist ein eigenes Thema. Hier nur soviel: Die Wirkung war zunächst gering, von einzelnen Künstlern wie Joseph Beuys abgesehen. Eine breitere Resonanz, die von den Franzosen gar als bedrohlich empfunden wurde, ergab sich erst, als West-Berlin in Konsequenz der Politik des Kalten Krieges so auf- und ausgebaut war, daß es kulturprägende Funktionen in einem gewissen Umfang wieder übernehmen konnte. Zum Aufbau West-Berlins gehörte, ja bedingte ihn, daß aktive, unternehmende und kulturell ambitionierte Menschen in die Stadt zogen und zu Bürgern wurden, die sich mit dem Gemeinwesen identifizierten. Eine neue Generation von Sammlern entstand, die durch ihre Käufe künstlerische Existenz in Berlin ermöglichten. Erst jetzt, getragen von diesen Sammlern, konnte 1977 der Verein „Freunde der Nationalgalerie" wieder erstehen, dem die kunstliebenden Bürger der Stadt so viel verdanken.

Es wurde schon darauf hingewiesen, daß mit den Sammlern des Expressionismus und der jüngeren Avantgarde eine andere, eine mehr auf das individuelle Bedürfnis ausgerichtete Form des Sammelns entstand und daß die neue Form der Teilnahme an den öffentlichen Sammlungen immer mehr die Leihgabe wurde. Natürlich haben viele Museen im Laufe der zurückliegenden Jahrzehnte Sammlungen auf dem Wege von Nachlaßverfügungen bekommen. Das bedeutete aber, daß es sich in der Regel um Sammlungen von Kunstwerken mit schon historischem Charakter handeln mußte. Die jüngeren Generationen von Kunstliebhabern wandten sich dagegen kaufend und sammelnd überwiegend der aktuellen Kunst zu, so wie es die Museen, insbesondere die zahlreichen Neugründungen, auch taten: einmal, weil sie gar nicht anders konnten, denn eine Sammlung historischer Kunst aufzubauen, gelingt inzwischen ja kaum dem Getty Museum; zum zweiten, weil die kunstkaufenden Bürger es erwarteten, die sich auf diese Weise eine öffentliche Bestätigung ihres Tuns erhofften; und drittens, weil insbesondere die Kommunen dies brauchten, um nach außen ihre Aufgeschlossenheit und ihre zukunftsorientierte frische Fortschrittlichkeit zu demonstrieren. Das Museum bekam die Funktion von Leuchttürmen, etwa in der rheinischen Megalopolis, es wurde zum identitätsstiftenden Zeichen der sonst nur noch schwer abgrenzbaren Städte. Diese Aufgabe zu erfüllen, war weithin nur mit Unterstützung der Privatsammler möglich, von denen es über die Jahre mehr und mehr gab. Wie anders hätten sonst auch so viele Galerien existieren können. Leihgaben in großer Zahl mußten her; die Sammler sahen sich umworben, nicht einmal als potentielle Stifter – dazu waren und sind sie zu jung –, sondern nur als Leihgeber. Den Sammlern wurde immer mehr Einfluß, ja Macht zugeschoben – ob sie wollten oder nicht, je stärker der Konkurrenzkampf der Städte mit Hilfe der Museen ausgetragen wurde. Manche Städte übernahmen sich, konnten zwar noch Häuser bauen, kaum aber die Folgekosten finanzieren und schon gar nicht Mittel für Investitionen in die Sammlungen erübrigen.

So wurde die Idee des „Sammlermuseums“ geboren, das ausschließlich aus Leihgaben besteht und wohl immer bestehen wird, weil es keinen permanenten Kontext gibt, dem man hinzustiften kann, und weil die Leihgeber oft einer anderen Heimatgemeinde zugehörig sind. Das sogenannte „Sammlermuseum“ ist ja genaugenommen auch gar kein Museum, sondern schlicht eine Wechselausstellung mit verlängerter Laufzeit. Immerhin sieht man an dem Beispiel, daß es inzwischen – auch in Berlin – Privatsammlungen von solchem Umfang gibt, daß sie in die Öffentlichkeit drängen, weil ihr Verbergen in Lagerräumen sinnwidrig ist. Eine ausgedehnte Leihgabenpolitik kann aber für das Museum bedrohlich werden, wie es gerade im kürzlich eröffneten Kunstmuseum Bonn zu beobachten ist, wo der Abzug einer wichtigen Sammlung das Museumskonzept zum Einsturz bringt. Sie kann gefährlich werden im Sinne der Erpressung. Dazu nur ein Berliner Beispiel: Ein rheinischer Großsammler hatte Leihgaben an die Nationalgalerie in Ost-Berlin gegeben. Im Sommer 1990 versprach er, seine Leihgaben in Anerkennung der DDR in eine Schenkung umzuwandeln, wenn man eine kleine, leicht zu erfüllende Bedingung akzeptierte, nämlich die Zusicherung gab, seine Schenkung auf Dauer mit den Beständen der Nationalgalerie im Alten Museum zu vereinigen und selbstverständlich „Sammlung Ludwig" an das Alte Museum zu schreiben. Der Kulturminister war bereit, das Angebot anzunehmen. Politiker in den alten Bundesländern hätten sich kaum anders verhalten, weil Stiftungen oder Schenkungen längst eingeplant sind, gewissermaßen eine Haushaltsposition bedeuten. Das heißt, Stiftungen sollen die Museumsträger von normalerweise aus dem Haushalt zu finanzierenden Lasten befreien und nicht dazu dienen, das künstlerische Angebot und das Bildungspotential für den Bürger zu vergrößern. Auch die Staatlichen Museen zu Berlin haben Vorstellungen abzuwehren, die dahin gehen, gegebene Spenden in den Haushalt einzustellen, um den Zuschuß des Bundes zu senken. Dem Ziel, die zusätzlichen Mittel zu mobilisieren, dienen neuerdings auch steuerliche Änderungen, etwa in bezug auf die Erbschaftssteuer. Das ist natürlich zu begrüßen, aber nur unter der Voraussetzung, daß die Kunstpolitik die Förderung von Künstlern und Kunstinstituten durch die Bürger mit dem Ziel stimuliert, daß mehr geschieht, als es den öffentlichen Händen allein möglich ist. Abzulehnen ist dagegen, wenn der Einsatz privater Mittel nur dazu dienen soll, den Rückzug der öffentlichen Träger zu kaschieren. „Als Luxus darf die Kunst nicht betrachtet werden, sie gehe über in's Leben, nur dann ist sie, was sie sein soll", proklamierte schon König Ludwig I. von Bayern.[21] Heute, 150 Jahre später, ist diese Einsicht keineswegs zum Allgemeingut geworden. Deswegen bedarf es weiterhin der breiten Unterstützung der Museen durch die Bürger – und nicht nur in finanzieller Hinsicht.

Die Situation in Berlin

Wie stellt sich die Situation in Berlin heute dar? Das Fehlen eines hauptstädtischen kulturellen Bezugspunktes, das so lange als ein großer Mangel empfunden worden ist, erklärt die weithin in Deutschland und Europa zu beobachtende Bereitwilligkeit, Berlin diese Funktion wieder zuzuweisen. Das ist die entscheidende Realität! Es war und ist daher die einzig richtige Entscheidung des Senats von Berlin gewesen, unter Aufbietung aller Mittel die hauptstädtisch angelegten Kulturinstitute zu erhalten und auszubauen. Natürlich gibt es auf allen politischen Ebenen in der Bundesrepublik Kräfte, die die neue alte Rolle Berlins noch nicht akzeptieren wollen. Das wird aber nichts fruchten; Berlin wird seinen historisch und aktuell begründeten Part spielen, nicht nur, weil Berlin es will, sondern weil Berlin dies auch muß. Das braucht seine Zeit, gewiß, doch Voraussetzung dafür, daß es gelingt, ist, daß Menschen kommen und bleiben, um den Kreis der Einsichtigen zu vergrößern.

Auch die Nationalgalerie muß angesichts der vollzogenen Wiedervereinigung ihr Selbstverständnis ändern, oder sie bleibt, was sie ist, ein Museum unter mehreren. Sie muß sich einem wirklichen Dialog öffnen, muß die Kompetenz und Erfahrung der Sammler an sich binden und intensiv nutzen. Nur wer die Kräfte bündelt, wird der Aufgabe an diesem Ort gerecht. Nur wer sich öffnet, kann Hilfe erwarten. Gerade weil Privatsammlungen der Intention nach Ausdruck eines Individuums sind – was das Museum nicht sein kann und nicht sein soll –, ist die Dauer, als Möglichkeit des ständigen Gedächtnisses, in ihnen angelegt. Das Überdauern kann aber nur das Museum garantieren. Das gelingt um so leichter, wenn Sammler und Museum eine geistige Symbiose bilden.

Es gibt Grund, optimistisch zu sein, wenn beide sich ihrer Verantwortung für das Gemeinwesen bewußt sind. Dann erweisen sie sich jener Vorfahren als würdig, die vor hundert Jahren Zeichen gesetzt haben. Sammler weisen den Weg! Um nur zwei zu nennen: Otto van de Loo mit der Schenkung seiner Sammlung und Erich Marx mit der Zusicherung, seine Sammlung auf Dauer in öffentlicher Verwaltung dem Gemeinwesen zur Verfügung zu stellen. Ihrem Beispiel ist zu folgen!

Anmerkungen

1 Katalog der Deutschen Kunstausstellung der Berliner Secession, Berlin 1899, S. 14 f., zit. n. Teeuwisse, Vom Salon zur Secession, S. 246 f.
2 Lovis Corinth, Selbstbiographie, Leipzig 1926, S. 148 f.
3 Friedrich Schmidt-Ott, Erlebtes und Erstrebtes. 1860–1950, Wiesbaden 1952, S. 59.
4 Zit. n. Schmidt, Bernhard Koehler, S. 77.
5 Ebda.
6 Ebda., S. 78.
7 Franz von Lenbach, Gespräche und Erinnerungen, mitgeteilt von W. Wyl, Stuttgart und Leipzig 1904, S. 47 f.
8 Hermann Bahr, Expressionismus, München 1916, S. 124.
9 Zit. n. Christa Baumgarth, Geschichte des Futurismus, Reinbek bei Hamburg 1966, S. 26.
10 Thomas Mann, Gedanken im Kriege (1914), in: Ders., Nachträge. Gesammelte Werke Bd. XIII, Frankfurt/M., o. J., S. 554–558 .

11 Zit. n. Söntgen, Markus Kruss, S. 100.
12 Vgl. Wolf-Dieter Dube, Sammler des Expressionismus, in: Kat. Expressionismus und Exil – Die Sammlung Rosy und Ludwig Fischer, Frankfurt/M. 1990, S. 17–23.
13 Emil Nolde, Reisen – Ächtung – Befreiung. 1919–1946, Köln 1967, S. 72.
14 Zit. n. Helga Kliemann, Die Novembergruppe, Berlin 1969, S. 55.
15 Zit. n. Kunst in Deutschland 1905–1937, S. 14.
16 Zit. n. Museum der Gegenwart. Zeitschrift der Deutschen Museen für neuere Kunst, H. 2, 1931/32, S. 74.
17 Ernst Bloch, Gauklerfest unterm Galgen (1937), in: Ders., Erbschaft dieser Zeit. Gesamtausgabe Bd. 4, Frankfurt/M. 1962, S. 80.
18 Rave, Kunstdiktatur im Dritten Reich, S. 73 f.
19 Carl Zuckmayer, Als wär's ein Stück von mir. Horen der Freundschaft, Wien 1966, S. 165.
20 Oscar Fritz Schuh, Den Provinzialismus überwinden, in: Deutsche Zeitung und Wirtschaftszeitung, 23. Mai 1959; vgl. a. Ders., Ist Deutschland provinziell geworden?, in: Magnum, Oktober 1959.
21 Zit. n. Andreas Kraus, Geschichte Bayerns. Von den Anfängen bis zur Gegenwart, München 1983, S. 454.

Weiterführende Literatur

Gerhard Bott (Hg.), Das Museum der Zukunft, Köln 1970.

Walter Grasskamp, Museumsgründer und Museumsstürmer. Zur Sozialgeschichte des Kunstmuseums, München 1981.

Kunst in Deutschland 1905–1937. Die verlorene Sammlung der Nationalgalerie im ehemaligen Kronprinzen-Palais, ausgewählt und zusammengestellt von Annegret Janda und Jörn Grabowski. Bilderhefte der Staatlichen Museen zu Berlin, H. 70/72, 1992.

Achim Preiß, Karl Stamm, Frank Günter Zehnder (Hg.), Das Museum. Die Entwicklung in den 80er Jahren. Festschrift für Hugo Borger zum 65. Geburtstag, München 1990.

Paul Ortwin Rave, Kunstdiktatur im Dritten Reich, Hamburg 1949.

Silvia Schmidt, Bernhard Koehler – ein Mäzen und Sammler August Mackes und der Künstler des „Blauen Reiter", in: Zeitschrift des Deutschen Vereins für Kunstwissenschaft, Bd. 42, H. 3: Sammler der frühen Moderne, 1988.

Carla Schulz-Hoffmann (Hg.), Die Sammlung Sofie und Emanuel Fohn. Eine Dokumentation. Bayerische Staatsgemäldesammlungen – Künstler und Werke 11, München 1990.

Carla Schulz-Hoffmann (Hg.), Die Sammlung Woty und Theodor Werner. Bayerische Staatsgemäldesammlungen – Künstler und Werke 12, München 1990.

Beate Söntgen, Markus Kruss – ein Sammler von „Brücke"-Künstlern, in: Zeitschrift des Deutschen Vereins für Kunstwissenschaft, Bd. 42, H. 3: Sammler der frühen Moderne, 1988.

Nicolaas Teeuwisse, Vom Salon zur Secession. Berliner Kunstleben zwischen Tradition und Aufbruch zur Moderne 1871–1900, Berlin 1986.

Kurt Winkler, Ludwig Justi – Der konservative Revolutionär, in: Henrike Junge (Hg.), Avantgarde und Publikum. Zur Rezeption avantgardistischer Kunst in Deutschland 1905–1933, Köln, Weimar, Wien 1992, S. 173–185.

Kunstförderung – eine Aufgabe des Unternehmers?*

Gedanken zu einer Selbstverpflichtung

von

Edzard Reuter

Wenn ich es richtig erfaßt habe, soll ich heute in dieser herrlich wiedererstandenen Villa, die einmal von mißtrauisch beäugten Mäzenen chinesischer Abkunft bewohnt wurde, einen nicht ganz leichten Part übernehmen.

Meine Vorredner durften, getragen von intimer Sachkenntnis, das Mäzenatentum aus der angenehmen Distanz wissenschaftlicher und fachlicher Betrachtung heraus klug interpretieren. Ich dagegen soll nun als unmittelbar Betroffener aus einer sehr persönlichen Verbundenheit mit Kunst eigene Vorstellungen des Handelns, und das heißt ja wohl tatsächlich: des Veränderns, entwickeln.

Würden Sie doch lieber an meiner Statt einen schaffenden Künstler zu Worte kommen lassen. Für ihn wäre die Sache bedeutend einfacher, denn wer sein Leben einzig und allein der Kunst verschrieben hat, der pflegt sich bekanntlich ganz und gar selbstlos aufzuopfern, zumindest kann er sich jederzeit auf den Stand der Unschuld berufen. Sie

---

* Originaltext der am 1. März 1993 in der Villa von der Heydt gehaltenen Vorlesung.

hingegen haben eine von jenen Gestalten hergebeten, die in so paradoxe Zusammenhänge verstrickt sind, wie es mäzenatisch engagierte Unternehmer nur sein können. Walter Grasskamp hat es lakonisch genug, oder ganz einfach mitleidvoll umschrieben: „Einerseits verkörpert sich in ihm die Ambition bürgerlicher Moral, andererseits aber auch die moralische Ambition einer widersprüchlichen Gesellschaft."

Es wird mir also nicht unbedingt leichtfallen, das Verlangte einzulösen: Abstand von meinen unterschiedlichen Rollen zu nehmen und sozusagen über mich selbst als Beteiligter zu räsonnieren.

Ein Refugium zäher Klischees

Dabei sollte von vornherein nicht übersehen werden, daß der Mäzen oft genug gerade bei jenen auf Ablehnung zu stoßen pflegt, denen sein ganzes Interesse gilt: bei den Künstlern. Das Verhältnis zwischen Mäzen und Künstler ist nun einmal kein Refugium, das von den ideologischen Grabenkämpfen der Gesellschaft verschont bleibt. Vielmehr wird der Mäzen unverändert als Pappkamerad aus alten Zeiten hervorgekramt. Walter Dahn, ein Künstler, hat es so beschrieben: „Ich weiß, daß in den Türmen der Macht kein weiteres neues Bild, keine weitere auch nur winzige Zeichnung von mir hängen wird, mit all meiner Macht werde ich das zu verhindern wissen. Diesem Konzern ... werde ich mit meiner Arbeit nicht weiter das Deckmäntelchen einer liberalen Kunstauffassung umhängen!"

Seltsam, wie zäh sich solche Feindbilder halten, wie beständig sie unsere Gehirne vernebeln. Unternehmer, das sind jene eiskalten, gefühllosen, eitlen, überheblichen, selbstsüchtigen Gestalten, die ausschließlich in Kategorien des Profits und der Vermarktung zu denken vermögen;

Kunst, das ist jene Einstellung, die mit hohlen Wangen und bleichen Augen, doch selbstlos den Geknechteten dieser Erde zugetan, mutig und jederzeit nein sagt zum Bestehenden, was immer dies auch sein mag.

Zähe Klischees gewiß, die selbst in Kreisen kritisch Eingeweihter schon manches Mal müde belächelt wurden. Doch bei den Rechtgläubigen werden sie eben unverändert als Ikonen herumgereicht, und gerade hierzulande begegnen wir jener Attitüde noch allzu häufig, die hinter jeder Berührung von Kunst und Kapital sogleich die Vereinnahmung des Guten, Wahren und Schönen durch das unrettbar Böse zu wittern pflegt.

Sicherlich war es ein faszinierender intellektueller Schachzug von Theodor W. Adorno, der Kunst die gesellschaftliche Avantgarderolle zuzuweisen, indem sie grundsätzlich der Wirklichkeit ihre Ablehnung und ihren Protest gegenüberstellt. Sie habe, meint der Autor, der Welt des Ökonomischen immer und überall Widerstand zu leisten, zumal die Industrie die blinden Massen zu täuschen versuche, indem sie Kunst, die sich ihrem Wesen und ihrem Geiste nach gegen sie richte, zur Ware umfunktioniere.

Nun, ich denke, daß dies nicht die einzige Verirrung des Frankfurter Philosophen war. Und doch ertappe ich mich manches Mal dabei, Adorno und seiner Kritik an den dummen oder üblen – je nachdem – Kapitalisten, die Schindluder mit der Kunst betreiben, insgeheim ein wenig recht zu geben, dann nämlich, wenn diese sich zwar als Mäzene fühlen, sich aber nicht wie solche benehmen. Denn für mich bleibt der wahre Mäzen jener, der sich selbst oder sein Unternehmen in allererster Linie und immer, wo er nur kann, zurücknimmt, sich also ganz zuletzt erst der Selbstdarstellung in der Öffentlichkeit verpflichtet fühlt.

Haben wir nicht vielleicht gerade deswegen einen Mangel zu verzeichnen, weil das Bild des im Stillen wirkenden mäzenatischen Unternehmers zunehmend abgelöst wird durch einen neuen Typus, der nicht daran denkt, sein Licht unter den Scheffel zu stellen? Zu den letzteren gehörte jedenfalls der alte Paul Getty, der postulierte: „Ich bewundere Picasso, weil er einen viel höheren Preis für sein Öl erzielt als ich."

Zumindest scheint es uns hier in unserem alten, kulturmelancholischen Europa ehrlichen Herzens schwerzufallen, solchen unbekümmerten Attitüden aus der Neuen Welt positive Seiten abzugewinnen. Müssen wir nicht andererseits eingestehen, daß uns ein solcher Mann, mag man ihn qualifizieren, wie man will, durch seinen ausgeprägt kommerziell-pragmatischen Zugang zur Kunst wunderbare Museen geschenkt und einem Millionenpublikum die Tür zu unvergleichlichen Kunstschätzen und Kunsterlebnissen geöffnet hat, Taten, für die staatliche Institutionen regelmäßig Zeiträume von Jahrhunderten brauchen?

Kunstmäzene wie Getty, Oppenheimer oder Hammer – von Thyssen-Bornemisza und Ludwig rede ich wahrscheinlich in einem solchen Zusammenhang besser nicht – haben sich mit ihren Stiftungen zugleich eigene Denkmäler geschaffen, gewiß. Und das Zurschaustellen ihrer Eitelkeit erleichtert es uns eben nicht in jedem Fall, die großartigen Lebensleistungen anzuerkennen, die sich dahinter verbergen. So mag es sich denn erklären, daß der Stoff, aus dem alte Vorurteile immer neu gestrickt werden, nicht ausgeht, daß es möglich bleibt, solchen Mäzenen in der guten Tradition deutscher intellektueller Vorurteile zu unterstellen, daß sie die Kunst in profitgieriger und damit unzulässiger Manier vereinnahmen.

Freilich frage ich mich manches Mal, ob sich hinter solchen Vorwürfen nicht in Wirklichkeit etwas versteckt, was ihre Urheber sogleich entrüstet von sich weisen würden, nämlich letztlich ein zutiefst aristokratisches Ressentiment. Denn ist es nicht eines der Kennzeichen einer demokratischen Gesellschaft, daß sie selbst bestimmen will, was Kunst

XXI

XXII

XXIII

XXIV

ist, ja, daß sie sogar versucht, selbst zu definieren, was gute und was schlechte Kunst ist?

Wir betreten ein heikles Feld der Argumentation. Kunst und ihre Qualifizierung können in der Tat nie dem Urteil schwankender Zufallsmehrheiten unterworfen sein, elitärer Anspruch und Kunstbeurteilung sind nun einmal zwei Seiten derselben Medaille. Und doch bleibe ich bei dem Verdacht, daß diejenigen, die solches Mäzenatentum zu denunzieren pflegen, im Kern durch nichts anderes motiviert sind als durch den Unmut, ihren eigenen Richterstuhl zugunsten von Personen räumen zu müssen, die sie der Einfachheit oder ihrer eigenen Komplexe halber dem ungebildeten Plebs zuordnen.

Sei dem, wie es sei, ich halte die gegenseitige Distanzierung zwischen Kunstschaffenden und Wirtschaft, die aus einer stupiden Ideologisierung entstanden ist, für mehr als schlimm. Sie konnte und kann erst allmählich wieder aufgebrochen werden, übrigens durch nichts anderes als durch die mutige und vorausschauende Aktivität bedeutender Mäzene. Ein Blick auf die Vereinigten Staaten von Amerika macht deutlich, was ich meine. Kultur jeglicher Art war in den USA von Anfang an viel freier von staatlichen Bevormundungen und Eingriffen, als das in Europa traditionell bis heute der Fall ist. Dies zeigt sich nicht zuletzt darin deutlich, daß die private Kulturförderung in Deutschland ganz anders als dort nur einen Bruchteil der staatlichen erreicht – und selbst dieser bescheidene Anteil hat zu jener wilden Diskussion geführt, ob die Freiheit der Kunst nicht dem Einfluß der Geldgeber geopfert wird!

Dabei hat es die Skeptiker der amerikanischen Art der Kulturförderung hierzulande weder gestört noch gar aufgerüttelt, wie unübersehbar der Einfluß amerikanischer Kunst in der Nachkriegszeit zugenommen hat. Diese Entwicklung kulminierte in jenem Satz, mit dem Andy Warhol die Kunstwelt provozierte: „Being good in business is the most fascinating kind of art." War das nicht gleichsam der Startschuß für den Kunstbetrieb, die traditionellen Methoden des Marketing von Waren bis ins Detail zu kopieren?

Gleichzeitig konnten wir beobachten, wie große amerikanische Konzerne ausgezeichnete Sammlungen zeitgenössischer Kunst begründeten. Der Anspruch, der dahinterstand, war regelmäßig der eines eigenständigen, dem Gemeinsinn verpflichteten Museums. So blieb es nur eine Frage der Zeit, bis das Corporate Collecting in den USA als neue Form der Demokratisierung der Kunst organisiert und professionalisiert wurde.

Spätestens hier wäre es natürlich angebracht, die ach so beliebte Frage nach dem Unterschied zwischen Mäzenatentum und Sponsoring anzusprechen, sie, wie es so schön heißt, zu „thematisieren". Ich werde das nicht tun, denn ich halte nicht das Geringste davon, beide Begriffe ebenso krampfhaft wie definitorisch exakt auseinanderzuhalten. Dem Geldgeber, den Interesse, Kennerschaft und Mut zur Gestaltung auszeichnen, und der deshalb – nicht nur aus Eigennutz – Kunst fördert, werden nämlich klischeehafte Frontstellungen jeglicher Art ebensowenig gerecht wie die viel fatalere Inanspruchnahme des Künstlers als einer in erster Linie moralischen Instanz.

Vielleicht sollten wir die Dinge überhaupt ein wenig niedriger hängen. Vielleicht sollten wir ein wenig realistischer sein, und vielleicht sollten wir etwas behutsamer dabei vorgehen, allzu hehre Idealtypen der Unternehmergestalt einer neu hereinbrechenden Zeit zu entwerfen.

In diesem Sinne könnte ich es mir leicht machen und Sie mit einer Fülle von Beispielen gelungener Kunstförderung – aus meinem und von anderen Unternehmen – langweilen, die neben dem erstrebten Vorteil für den Konzern zugleich Nutzen für die Gesellschaft erbracht haben. Ich könnte Ihnen konkret berichten, wie gering der Anteil der Wirtschaft an der Gesamtheit der Kultur- und Kunstförderung ist, könnte im einzelnen belegen, daß die Angst, die Kultur geriete in Abhängigkeit mächtiger Geldgeber, allein schon von den Zahlen her völlig unbegründet ist. Ich könnte die gegenseitige Annäherung von Kunst und Geld, die im Rahmen des allgemeinen Booms im Laufe der achtziger Jahre stattgefunden hat, loben und preisen, könnte über die Notwendigkeit des Dialogs zwischen den einstigen Antipoden philosophieren.

Ich will das alles nicht tun. Einmal, weil Sie es bereits kennen, nicht zuletzt durch die äußerst sachkundigen Referate meiner Vorredner, zum anderen, weil ich die aktuellen Entwicklungstendenzen des Kunstgeschehens zum Anlaß nehmen möchte aufzuzeigen, wie schwierig es geworden ist, dem Leitbild eines Mäzens nachzueifern und wie dringend wir gerade deshalb kunstverständige und risikobereite Förderung benötigen.

Demokratisierung der ästhetischen Lebenswelt

Wenn wir nämlich neu bestimmen wollen, was eigentlich Mäzenatentum – oder eben meinetwegen auch Kunstsponsoring – in unserer Zeit bedeuten könnte, dann müssen wir uns die Mühe machen, genauer danach zu fragen, wo Kunst heute steht, vor allem: in welcher Weise sie durch die Kommerzialisierung in Frage gestellt sein könnte.

Hält nicht die Zeit, die wir jetzt erleben, manche halten sie ja für einen Epochenwechsel, in der Tat einige Lektionen für uns bereit, die das Verhältnis von Kunst und Wirtschaft völlig neu bewerten? Konkret: Wird uns nicht erst jetzt bewußt, daß die Ästhetisierung unserer Umwelt, die manchen von uns bedrohlich erscheint, weil sie – über die Werbung, über das Design, über die Medien – in alle Bereiche des täglichen Lebens vordringt, weil sie uns also immer mehr vereinnahmt und umgarnt, in Wirklichkeit ganz in der Logik der von der Avantgarde propagierten Verschmelzung von Kunst und Leben liegt?

Wir beginnen zu ahnen, welche Geister wir gerufen haben, welche Risiken wir laufen. Die Kunst gerät in Verdacht, den vielfältigsten Versuchungen zu erliegen. So ist die Diskussion von der „Krise der Kunst" im Zuge der letzten „documenta" vehement losgebrochen. Wir sollten sie nicht lediglich als das Angstgeschrei der Feuilletonisten vor dem Verlust ihrer Richterrolle abtun.

Ein Kunstkritiker wie Eduard Beaucamp hat darauf hingewiesen, daß sich Ausstellungen und Museumsprogramme zeitgenössischer Kunst heute allzu schnell als gelungenes Regietheater entpuppen. Nicht immer könne Realitätstreue, gar eine Spiegelung der ästhetischen Welt, wie sie wirklich ist, erwartet werden; so werde – er spricht von der „documenta" – diese als „geschützter Spielplatz turbulenter Kreativität in einen Tummelplatz für Zeitgeist- und Freizeit-Animateure verwandelt."

Ist es etwa – so frage ich mich – schon soweit, daß das, was sich am Beginn der neunziger Jahre über Kunst sagen läßt, mittlerweile interessanter zu sein scheint als die Kunst selbst?

Wer Kunst so fördert wie das Haus, für das ich arbeite, der kann sich jedenfalls solchen Fragen kaum verschließen. Wer eben nicht nur verbürgte, prestigeträchtige und spektakuläre Kunst sammelt, sondern auch kreative und ungesicherte, der trägt neben dem Reiz neuer ästhetischer Erfahrungen auch das erhöhte Risiko von Fehlurteilen. Gewiß, das war noch nie anders. Doch genau so richtig war es seit jeher, daß derjenige, der Kunst fördert, wissen sollte, wovon er spricht.

An dieser Stelle müssen wir wohl innehalten und danach forschen, ob die Bedeutungssteigerung der ästhetischen Erfahrung nicht nur für die Kunst selbst, sondern auch für die Ökonomie wie für die Technik bereits in der Logik der Moderne angelegt ist.

Walter Gropius hat, wir alle wissen es, in seinem Programm für die Weimarer Hochschule für Gestaltung, dem späteren Bauhaus, erstmals explizit versucht, Design und Funktion ästhetisch miteinander zu verbinden. Noch heute nötigen uns die Künstler, die sich dieser epocheprägenden Idee verpflichtet fühlten, Bewunderung ab, wollten sie doch die Kluft zwischen praktischer Nützlichkeit und einer ästhetischen Vision von Schönheit überwinden und das Ergebnis in die standardisierte Fertigung alltäglicher Gebrauchsgegenstände überführen. Dabei zielten sie auf nichts Geringeres als darauf, den materiell gesättigten Menschen zu individueller Kreativität zu bilden, um auf diesem Wege dem Leitbild der politisch und sozial selbständigen, aber zugleich verantwortlichen menschlichen Persönlichkeit nahezukommen.

Die doch jedenfalls nicht ausnahmslos ungerechte Postmoderne pflegt am Bauhaus die Kälte und Emotionslosigkeit eines funktionalistischen Reduktionismus zu beanstanden. Vor dem Hintergrund eines wohlstandsgesättigten Individualismus erscheint ihr die damalige Architektur als Prototyp zweckrationaler Askese, der sie ästhetische Vielfalt und zitatenreiche, ironisierende Sinnenlust entgegensetzt. Dennoch ist unschwer zu sehen, daß es im Grunde genommen um nichts anderes geht als darum, die mit dem Bauhaus begonnene Ästhetisierung der Lebenswelt radikal, nur eben pluralistisch fortzusetzen. Kunst erscheint heute nicht mehr als das letzte Refugium der Wahrheit und der Kritik, wie noch Adorno glaubte; die Erkenntnis, daß es nicht nur je eine einzige Lösung ästhetischer Probleme gibt, gilt als der Weisheit letzter Schluß.

Manches Mal schmunzeln wir über entsetzlich geschmacklose Auswüchse dieser Mode, gewiß. Und doch sollten wir uns über den fundamentalen Charakter dieses

Prozesses nicht täuschen. Natürlich kann man über die Beurteilung so mancher, einer postmodernen „Gestaltung" unterzogenen Einkaufspassage geteilter Meinung sein. Auch die „Verhübschung" ganzer Städte und deren Umgestaltung in Erlebnisräume muß nicht jedermanns Geschmack sein. An der Tatsache der umfassenden Ästhetisierung ändert das nichts.

Doch genau hiergegen wendet sich jene ernstzunehmende kulturkritische Anklage, die in dem Satz kulminiert, die Verpackung einer Sache sei wichtiger geworden als ihr Inhalt. Es ist derselbe Vorwurf, der sowohl gegenüber der Warenindustrie und der Werbung als auch gegenüber dem Kunstbetrieb erhoben wird: Je spektakulärer und plakativer sich das Angebot entwickle, desto bedeutungs-, ja wertloser werde es für die Gesellschaft.

Handelt sich die Kunst mit ihrer erfolgreichen Vermarktung also zugleich jene Krise ein, von der manche Kritiker heute sprechen – eine Krise, die im Gegensatz zu früher kaum mehr in der fehlenden Akzeptanz beim Publikum begründet liegt, sondern eher eine Krise der Unverbindlichkeit wäre? Dann allerdings wäre die Versöhnung zwischen Kunst und Common sense tatsächlich mit einem Verlust an Bedeutung erkauft. Wenn Kunst keinen Wert mehr außerhalb ihres Marktwertes besitzen sollte, dann würde sie nur noch zum Tauschobjekt – mundgerecht serviert für den großen Magen des Kulturbetriebs.

Doch hilft uns solch kulturpessimistisches Lamentieren weiter? Ich meine nein und setze entgegen, daß die Bedeutungszunahme der ästhetischen Erfahrung nicht negativ, sondern ganz und gar positiv zu werten ist. Die Vermarktung der Kunst, die nur durch das enorm gestiegene Interesse an Kunst ermöglicht wird, schmälert ihren Rang in keiner Weise, sie bestätigt ihn vielmehr.

Ästhetisierung der Ökonomie

Von hier aus ist es nicht weit zu der Fragestellung, inwieweit ästhetische Erfahrung etwa auch für ein Technologieunternehmen zunehmend bedeutsam wird. Denn was folgt wohl aus der Tatsache, daß Entwürfe jederzeit verändert und abgelöst werden können, daß keine Konstruktion, die wir erfinden, absolut gültig, sondern immer situativ und perspektivisch geprägt ist?

Ich kann, ich muß dieser Erkenntnis den pragmatischen Erfahrungsschatz des Unternehmers zur Seite stellen. Er weiß, daß zumindest seine Mikroprozessoren und Computersysteme mit gedanklichen Entwürfen ebenso spielen, wie sie Motoren, Anlagen und Produkte beliebig variieren können. Und gleich Künstlern schaffen begabte Konstrukteure virtuelle Wirklichkeiten, die sie auf Knopfdruck fließend verändern. Müssen wir da nicht ernsthaft fragen, ob unsere Wirklichkeit vielleicht zu einem ästhetisch veränderbaren Material geworden sein könnte?

Naturwissenschaftler gehen denn auch heute so weit, die Wirklichkeit selbst als ästhetisches Konstrukt zu bezeichnen. Sie verweisen auf die Wirklichkeitskonstitution durch Medien, die es dem Rezipienten schwermacht, noch klar zwischen Realität und Scheinwelt zu unterscheiden.

Seit sich die exakten Wissenschaften der Untersuchung komplexer Phänomene zugewandt haben, gewinnen gerade die ästhetischen Aspekte von Naturerscheinungen zunehmend an Bedeutung. Computersimulationen und Visualisierungen, die auf der Basis etwa der Chaosphysik angestellt werden, führen zu Strukturen von stupender Schönheit. Es ist faszinierend zu beobachten, wie Naturwissenschaft und Technologie über die Erforschung ganz unterschiedlicher Formen von Komplexität zu einer materiellen Ästhetik vorstoßen, die sie dort selbst nie vermutet hätten. Dabei ist sicherlich in der breiteren Öffentlichkeit noch zu wenig bekannt, wie selbstverständlich der Umgang mit ästhetischen Phänomenen, das Spielen mit ihnen, für ein Technologieunternehmen heute geworden ist. Jedenfalls ist längst Schluß mit dem überkommenen Vorurteil, daß trokkene Ingenieure Design, Ästhetik und Kunst irgendwelchen „Schöngeistern" überließen. Vielmehr können wir zwischen Kunst und Unternehmen einen neuartigen Dialog beobachten, der für beide Seiten ausgesprochen ergiebig ist.

Dieser Dialog kann sich auch deshalb so fruchtbar gestalten, weil die Kunst selbst sich längst immer mehr von ideologischen Betrachtungen gelöst hat. Sie ist autonomer geworden als je zuvor. Oder verfügt sie nicht über die Machtvollkommenheit, mehr denn je selbst zu bestimmen, was sie ist und was sie sein will? Jedenfalls versteht sie sich längst nicht mehr als Antipode einer negativen Wirklichkeit. Der Prozeß der Ästhetisierung, der mit der Moderne begann, verweist uns vielmehr darauf, wie problematisch es geworden ist, Komplexität von Wirklichkeit auf den Begriff zu bringen.

Hat die aus dem Ghetto grundsätzlicher Protesthaltung befreite Kunst also nicht etwas Konstruktives, Spontanes, Überraschendes und Ästhetisches zurückerhalten? Das Spielerische, das bereits Kant und Schiller ins Zentrum ihrer Ästhetik gestellt hatten, ist auf diese Weise zu einem neuen Selbstbewußtsein befreit worden. Und ich meine, daß erst diese Befreiung die Begegnung von Kunst und Wirtschaft zu einem gleichberechtigten Dialog öffnen kann.

In unserer Zeit entsteht fortwährend Neues, das unterschiedliche Sichtweisen erlaubt. Es ist der Künstler, der früh genug diese Veränderung und die beginnende Einengung durch eine veraltete Ästhetik zu spüren vermag. Er erfindet neue Ausdrucksmöglichkeiten, schafft für das Neue eine ästhetische Sprache, und diese wiederum erweitert die ästhetische Erfahrung seiner Umwelt.

Genau hier liegt aber auch die Begründung dafür, daß etwa die Kunstsammlung von Daimler-Benz nicht etwa darauf abzielt, gar den Ehrgeiz hat, mit Museen in Konkurrenz zu treten, womöglich um die Finanzkraft oder sonstige Bedeutung unseres Unternehmens zu demonstrieren. Wir wollen keine eigene Kulturpolitik betreiben und wollen schon gar nicht den Staat von seinen Aufgaben entlasten. Wir verfolgen auch nicht die pädagogische Absicht, unsere Mitarbeiterinnen und Mitarbeiter gleichsam von oben herab künstlerisch zu bilden.

Natürlich spielen Aspekte der Repräsentation, der gesellschaftlichen Verantwortung, der lokalen Verbundenheit, des Arbeitsumfeldes eine Rolle. Aber darum geht es eben letzten Endes doch nicht. Es geht vielmehr um die Neugierde, Veränderungen von Ausdrucks- und Wahrnehmungsmustern in der Gesellschaft möglichst frühzeitig und im Rohzustand aufzunehmen und dieses Erlebnis auch anderen zugänglich zu machen.

So verstanden ist Kunst für uns bei Daimler-Benz ein Korrektiv zu Ordnungsprinzipien, die uns aus anderen Bereichen angeboten werden. Wenn weder Wissenschaft noch Philosophie, wenn weder Religion noch Kunst ein Wahrheitsmonopol besitzen, dann sind wir auf nicht mehr und nicht weniger verwiesen als auf die konkrete Auseinandersetzung mit der ästhetischen Erfahrung.

Ästhetisches Glaubensbekenntnis

Doch zurück zu unserer Ausgangsfrage. So faszinierend der Ästhetisierungsprozeß der Moderne auch sein mag, unser Urteil über zeitgenössische Kunst ist dadurch nicht einfacher geworden. Im Gegenteil, die Beurteilung von ästhetischen Kriterien ist heute sehr viel unsicherer geworden, als dies noch vor wenigen Jahrzehnten der Fall war. Nicht anders ist das übrigens mit der Einschätzung von Technologie oder gar ihrer Folgen.

Gültige Urteile sind allgemein schwieriger geworden. Wenn wir uns also nicht in der Beliebigkeit einrichten oder einem neuen Mythologismus das Feld räumen wollen, müssen wir uns zu noch stärkerer geistiger Disziplin und zu einem noch engagierteren rationalen Gebrauch von Vernunft verpflichten.

Auf die Aufgabe des Mäzens bezogen bedeutet das, daß er zwar nicht mehr an der Seite von Künstlern gegen irgendeine staatlich gelenkte Kunstpolitik ankämpfen muß, wie das noch in Zeiten des Impressionismus oder des Expressionismus galt. Er muß auch nicht mehr Kunst und Künstler vor der Zerstörungswut totalitärer Systeme bewahren helfen.

Das eigentliche Problem für einen heutigen Mäzen liegt vielmehr darin, im Reizstakkato unserer Massen- und Mediengesellschaft immer wieder neu die wirklichen ästhetischen Innovationen auszumachen. Es gehört nun einmal zur Natur der Kunst, daß das veritable Neue, weil es die konventionelle Betrachtung sprengt, zunächst einem Kreis von Eingeweihten vorbehalten bleibt. Wer also den Ehrentitel eines Mäzens in Anspruch nehmen will, der sollte dem offiziellen Kunstbetrieb in seinem ästhetischen Urteil voranzugehen versuchen.

Mit anderen Worten, ästhetischen Gewinn jenseits von Imagetransfer und Verkaufsförderung kann ein Unternehmen nur dann aus Kunst ziehen, wenn es sich direkt zu den innovativsten Künstlerinnen und Künstlern begibt. Das ist freilich leichter gesagt als getan, denn das Neue und Innovative von morgen ist heute noch unbekannt, und in einem boomenden Kunstmarkt gibt es nun einmal mehr Irrtümer als Treffer.

Deshalb erinnere ich an dieser Stelle noch einmal an meine Behauptung, daß wir in Deutschland immer noch einen Mangel an Mäzenatentum zu beklagen haben, das sich eher im Stillen vollzieht. Dazu allerdings müssen wir uns auch kritische Stimmen zu Gemüte führen. Brigitte Conzen, die unternehmerfeindlichen Anfechtungen sicherlich abholde ehemalige Geschäftsführerin des Kulturkreises im Bundesverband der Deutschen Industrie, meint wohl nicht ganz ohne Anlaß: „Kunst im Unternehmenskontext ist nur in wenigen Fällen mehr als Dekoration des gehobenen Corporate-Identity-Programms."

Daß den meisten Unternehmern zu mäzenatischem Engagement ganz einfach die Zeit fehlt, ist ein Argument, über das wir weniger lächeln sollten, das uns vielmehr traurig stimmen müßte. Einer Illusion sollten sich Unternehmer, die ihre Auseinandersetzung mit der Kunst an den Marketingleiter delegieren, nämlich nicht hingeben: daß sie Kunst fördern. Ihr Unternehmen vielleicht, sie persönlich aber bestimmt nicht.

Welche Aufgabe bleibt da noch dem mäzenatisch engagierten Unternehmer? Vielleicht ist deutlich geworden, daß ich darunter nicht unbedingt die nostalgische Figur des selbstlosen Dieners der Kunst verstehe, ihn aber auch nicht auf die Rolle des Vermittlers zwischen Künstler und Kunstmarkt beschränken kann. Schon gar nicht spiele ich auf jene bekannten Protagonisten der Eitelkeit an, die sich damit begnügen, berühmte Namen zu sammeln.

Damit soll nicht gesagt sein, daß es an Gelegenheiten mangele, sich für Kunst und Gesellschaft einzusetzen. Bieten sich hierzu nicht beispielsweise im Gemeinwesen des neuvereinten Deutschlands ungeahnte Möglichkeiten?

Wir müssen ja nicht nur auf die wirtschaftliche Wiederaufrichtung des Ostens setzen, sondern könnten durchaus auch auf die Lebendigkeit der Kulturlandschaft östlich der Elbe achten. Ich denke dabei nicht nur an die prekäre

Situation der Museen und öffentlichen Sammlungen, an die Universitäten und Institute, die alle unter leeren Kassen zu leiden haben, ich denke auch an die Empfindungen und Botschaften der Künstler in ganz Mittel- und Osteuropa, die in unsere Erfahrungswelt einzubringen wären. Könnte nicht auf die Weise Authentizität unter den Bedingungen der Freiheit bewahrt werden, sich bestätigen und bewähren? Oder wollen wir tatenlos bleiben und so dafür sorgen, daß sie sich möglichst schnell der Wahrnehmungs- und Ausdrucksgrammatik des Westens anpaßt?

Die Sprachlosigkeit, die drei Jahre nach der Vereinigung unser Land noch immer teilt, könnte sie nicht zumindest ein wenig auch durch Künstler überwunden werden, die das Unsagbare aussprechen, die Träume, Sehnsüchte, Gefühle zu Metaphern umgestalten? Ich bin sicher, daß es diese Bilder gibt, daß Künstler an der Verdinglichung der Erfahrungen dieses nationalen Erlebnisses, dieser europäischen Revolution arbeiten. Und ebenso bin ich gewiß, daß noch viele Schätze – gerade in Berlin, der Modellwerkstatt des deutschen Einigungsprozesses – gehoben werden können. Es stimmt eben nach wie vor: Ein Mäzen, der sich von der Leidenschaft des Entdeckens mitreißen läßt, der vermag an der Seite des Künstlers immer wieder Großartiges zu leisten. Ein solches Engagement verlangt keine dicke Brieftasche, es verlangt immer und vor allem Zeit und Muße, Mut und Beharrlichkeit.

Wenn ich es abschließend recht betrachte, dann haben Künstler und Mäzen heute ein verwandtes Problem: Beide stecken mitten im Dilemma zwischen Unverbindlichkeit und Vermarktung.

Wie soll der Künstler ehrliche Förderung von Vereinnahmung unterscheiden? Wie kann der Mäzen dem doppelten Verdacht entgehen, statt Kultur nur sich selbst zu fördern und, statt persönlichen Geschmack zu demonstrieren, nur Profilvorgaben der Werbeabteilung zu erfüllen?

Ich weiß, ehrlich gesagt, keine verbindliche Antwort auf diese Frage. In so persönlichen Dingen kann jeder nur für sich selbst sprechen. Vielleicht interessiert es Sie deshalb, woran ich mich halte.

Für mich ist das ästhetische Glaubensbekenntnis, das der Mäzen ablegen kann, freier als je zuvor. Es ist freilich auch anstrengender als je zuvor. Denn das Neue, das Gehalt- und Bedeutungsvolle an Kunst in dieser Angebotsfülle zu erkennen, das ist schwieriger geworden. Was aber kann es Reizvolleres geben, als sich auf die Suche danach zu begeben? Irren kann sich jeder Mensch – das Aufspüren des Schöpferischen aber lohnt jedenfalls!

Der amerikanische Weg der Kunstförderung und Museumsfinanzierung

Ein Bekenntnis zur Privatinitiative

von

Charles W. Haxthausen

Im Vorwort zu seinen Memoiren faßte der ehemalige Kurator und Museumsdirektor John Walker seine dreißigjährige Karriere in einem markanten Satz zusammen: „Den größeren Teil meines erwachsenen Lebens habe ich dem Sammeln von Sammlern gewidmet, Sammler die, so hoffte ich, Mäzene werden würden.“[1] Daß die Institution, zu deren Gunsten Walker diese Sammeltätigkeit brillant ausübte, die National Gallery in Washington, also ein staatliches Museum war, unterstreicht das wohl auffälligste Merkmal des amerikanischen Museumswesens, nämlich, daß es zum großen Teil auf privaten Spenden und Stiftungen beruht.

Unterschiede der Kunstförderung in Deutschland und den USA

Im Folgenden soll versucht werden, den deutschen Blick auf den amerikanischen Weg der Kunstförderung und Museumsfinanzierung ein wenig zu schärfen und zwischen

Mythos und Wirklichkeit zu unterscheiden. Denn wenn es in Amerika auch eine Tradition von privater Kunstförderung in grandiosem Ausmaß gibt, so ist dieses Mäzenatentum doch nicht ganz so privat, wie hier viele glauben mögen. Es beruht zwar auf privater Initiative, doch nicht ohne wesentliche Anreize seitens des Staates. Ich werde daher zunächst einen Abriß der Museumsfinanzierung in den Vereinigten Staaten geben, dann Veränderungen in dieser Tradition skizzieren und schließlich einige Betrachtungen über die Auswirkungen dieses Systems auf die heutige Museumspraxis anstellen.

Was einen als Amerikaner bei einem ersten Orientierungsversuch in bezug auf dieses Thema besonders fesselt, ist die Tatsache, daß die gegenwärtige deutsche Diskussion über Museumsfinanzierung wie ein Gegenbild der amerikanischen Diskussion wirkt. In den Vereinigten Staaten, in dem gelobten Land der großen Mäzene, diskutiert man derzeit leidenschaftlich über die Rolle des Staates in der Kulturförderung, in Deutschland dagegen wird umgekehrt über die Möglichkeit einer Verstärkung des privaten Mäzenatentums nachgedacht.

Ein zweiter Unterschied erwächst aus den historischen Umständen, vor deren Hintergrund die Diskussionen in beiden Ländern geführt werden. In Berlin ist man heute angesichts des Mangels an staatlichen Mitteln auf der Suche nach historischen Vorbildern des privaten Mäzenatentums in dieser Stadt. Man findet sie vor allem in der Ära Bodes und Tschudis. Wie Thomas W. Gaehtgens in diesem Band darlegt, erwächst das Mäzenatentum zu einem ganz erheblichen Teil aus Defiziten einer Epoche. „Ein Mäzen stiftet ein Museum, weil es noch keine dem zu fördernden Gegenstand entsprechende öffentliche Sammlung gibt ... Oder Mäzene treten an die Stelle des Staates, wenn dieser – aus welchen Gründen auch immer – seiner Aufgabe nicht voll entsprechen kann ... Das war früher so, und wir erleben es auch in unserer eigenen Gegenwart in dieser Stadt."

Gerade in diesem Punkt gibt es wesentliche Unterschiede zwischen Deutschland und den Vereinigten Staaten. Daß Museumsfinanzierungen überhaupt für eine inhärente Aufgabe des Staates gehalten werden könnten, käme vielen Amerikanern als ein fremder, anderen sogar als ein utopischer Gedanke vor. Für die Deutschen dagegen wäre die Vorstellung, daß alle kulturellen Einrichtungen ausschließlich aus privaten Spenden finanziert werden sollen, ebenso befremdlich. Diese einander entgegengesetzten Positionen sind zum großen Teil historisch bedingt. In den modernen europäischen Ländern hat der demokratische Staat die ehemalige mäzenatische Tätigkeit der Fürsten übernommen. In den Vereinigten Staaten dagegen gab es diese Fürsten nicht; erst seit den sechziger Jahren, mit der Gründung des National Endowment for the Arts (NEA) und ähnlicher Einrichtungen in einzelnen Bundesstaaten, hat der Staat eine Verantwortung für die Förderung von Kultur und Kunst übernommen. Doch im Vergleich zu Europa sind die Fördermittel recht bescheiden geblieben. 1988 vergaben das NEA und die inzwischen fünfzig bundesstaatlichen Kunsträte alles in allem 420 Millionen Dollar. Um diese Zahl in den hiesigen Kontext zu stellen und dadurch eine Vorstellung von ihrer Größenordnung zu vermitteln, sei erwähnt, daß dies erheblich weniger ist als die Mittel, die allein in einer Stadt wie Berlin für kulturelle Zwecke aufgewendet werden.

In den USA ist die Kulturförderung aus öffentlichen Mitteln immer noch nicht zu einer Selbstverständlichkeit wie in den europäischen Ländern geworden. Es werden auch von gebildeten Menschen noch Auffassungen wie diese vertreten: „Die Bestände unserer Museen haben mit der nationalen Lebensweise nichts zu tun. Tin Pan Alley, Jazz, Rock oder Baseball sind für das Feiern amerikanischer Werte viel wichtiger, nicht nur in der Arbeiterklasse und der Jugend, sondern auch in den oberen Gesellschaftsschichten und dem Bildungsbürgertum. (Diese kulturellen Manifestationen) brauchen keine Subventionen."[2]

Überdies hat das innenpolitische Klima der Reagan-Bush-Ära das Bestehen des National Endowment for the Arts ins Wanken gebracht. Ein Symptom dieser gespannten Lage war die im Juni 1989 getroffene Entscheidung der Corcoran Gallery in Washington, eine teilweise vom NEA subventionierte Ausstellung der Fotos von Robert Mapplethorpe zu streichen, aus Furcht, eine Anzahl von Bildern homoerotischer und sadomasochistischer Motive könnten die Senatoren und Abgeordneten schockieren und als Folge die Jahresbewilligung des NEA gefährden. Taktisch erwies sich diese Entscheidung als verfehlt, denn sie hat in der Museums- und Kunstwelt Empörung ausgelöst und die Mapplethorpe-Ausstellung zum Brennpunkt einer nunmehr noch wesentlich schärferen Debatte über die öffentliche Finanzierung von Kunst gemacht. Der erzkonservative Senator Jesse Helms aus North Carolina machte sich zum Wortführer der Opposition: „Leute, die obszöne Worte auf die Wände der Herrentoilette schreiben wollen, sollten sich eigene Wände und Kreiden besorgen. Es ist Tyrannei, die Steuerzahler zur Finanzierung von Aktivitäten zu zwingen, die mit Absicht abstoßend und widerlich sind."[3] In Anbetracht der geringen Bundesmittel, die für Museen aufgewendet werden, hat diese angebliche Tyrannei die Steuerzahler allerdings nur 10 Cents pro Kopf gekostet. Das schien die Gegner aber nur wenig zu besänftigen.

Diese Diskussion – man spricht sogar von einem Kulturkrieg – ist keineswegs zu Ende; doch hat sie bereits negative Auswirkungen auf die Museumspraxis gehabt. Eine fast paranoide Stimmung ist heute in den Beziehungen zwischen Museen und ihren Finanziers spürbar. Schlimmer noch, unter Kuratoren und Direktoren verbreitet sich die Neigung zu Selbstzensur und lähmender Vorsicht.

Ursprünge des amerikanischen Mäzenatentums
Die ersten Museumsgründungen

Die amerikanische Nation feierte bereits ihren 100. Geburtstag, als am 4. Juli 1876 ihr erstes bedeutendes Kunstmuseum, das Boston Museum of Fine Arts, seine Türen zum erstenmal öffnete. Daß dies so lange gedauert hatte, ist zum Teil wohl damit zu erklären, daß es bis ins 19. Jahrhundert hinein in Amerika wenig Kunst von wirklichem Rang gab. Der Kunstkritiker Robert Hughes bemerkte: „Bis 1820 haben fast alle Amerikaner eine sehr dünne ästhetische Luft geatmet ... Die meisten erblickten keine monumentalen Skulpturen, wenig große Kirchen und keine, die in ihrer Auffassung und Ausführung denen Europas vergleichbar waren; kein Colosseum, kein Pantheon ... Und alles war neu ... Der intelligente Amerikaner, wenn es ihm denn gelungen war, nach Europa zu reisen, konnte beim Anblick eines einzigen Hauptwerkes der Antike eine blitzartige Verwandlung des Geschmacks erleben ... Eine Stunde mit der Medici-Venus in Florenz oder dem Apoll von Belvedere im Vatikan konnte sämtliche bisherigen ästhetischen Erfahrungen des ungeformten Kindes der Neuen Republik in den Schatten stellen.“[4]

Die Kunst war also etwas Europäisches, und allein schon deshalb kam sie den meisten Amerikanern ein wenig suspekt vor; denn sie wurde in ihren Augen jedenfalls auch mit den alten autokratischen Regimen in Europa assoziiert. John Adams, der zweite Präsident der Vereinigten Staaten, hielt Malerei und Plastik für antidemokratisch; sie stünden auf seiten des Despotismus und Aberglaubens; er würde, so erklärte er einmal mit prahlerischer Selbstsicherheit, „keinen Sixpence für ein Bild von Raffael oder eine Skulptur von Phidias ausgeben.“ Es mußten noch mehrere Jahrzehnte vergehen, die Nation mußte erst gesellschaftlich und wirtschaftlich heranreifen, ehe sich in den führenden Gesellschaftsschichten Kreise von Kunstinteressierten bilden sollten. Erst in diesen Kreisen wuchs dann auch die Überzeugung, die Förderung von Kunst habe einen moralischen und erzieherischen Nutzen für die ganze Gesellschaft; erst allmählich galt Kunst als Manifestation der nationalen Reife und als Ausdruck des Selbstbewußtseins der jungen Republik. „Unsere Stadt ist die drittgrößte Stadt der zivilisierten Welt“, erklärte 1869 der New Yorker William Cullen Bryant. „Unsere Republik hat bereits einen Platz unter den Großmächten der Erde; sie ist groß in ihrer Weite, groß in der Bevölkerungszahl, groß in den Taten und dem Unternehmungsgeist ihres Volkes. Sie ist die reichste Nation der Erde.“[5] Die Amerikaner hätten also auch die Mittel, fuhr er fort, bedeutende Kunstsammlungen auf den europäischen Kunstmärkten zu erwerben. Doch während jede Nation Europas, sogar ein drittklassiges und armes Land wie Spanien, ihre Kunstmuseen habe, gebe es in Amerika keine, in denen solche Kunstsammlungen zu Hause wären und der Öffentlichkeit zugänglich gemacht werden könnten. In diesem Geiste, einer Mischung von nationalem Stolz und moralischem Idealismus, wurden die ersten amerikanischen Kunstmuseen gegründet. Obwohl das erste Kunstmuseum im eigentlichen Sinne, das Athenaeum in Hartford, Connecticut, bereits 1842 eröffnet wurde, sollte es noch drei Jahrzehnte dauern, bis weitere Kunstmuseen in den großen amerikanischen Städten New York, Boston, Philadelphia und Washington gegründet wurden. Dann plötzlich schienen Kunstmuseen überall in Amerika aufzublühen: Bis zum Ende des 19. Jahrhunderts wurden Kunstmuseen in 25 weiteren Städten etabliert.

Alle diese Gründungen waren das Ergebnis von Bürgerinitiativen. In einigen Fällen, zum Beispiel bei der Gründung der Corcoran Gallery in Washington, bildete eine Privatsammlung den Kern des neuen Museums; in anderen

Fällen, wie dem des Metropolitan Museum in New York ergriff eine Gruppe von wohlhabenden Bürgern die Initiative in der Absicht, das Ansehen der Stadt und die Bildung und Moral ihrer Mitbürger durch eine öffentliche Sammlung meist europäischer Kunst zu erhöhen. Zu diesem Zweck mußten die Kunstwerke aber erst erworben werden. Oft kam nach erfolgter Erwerbung die Stadtverwaltung der Bürgerinitiative entgegen und wurde ihr Partner. Im Falle des Metropolitan Museum zum Beispiel übernahm die Stadt New York die Bau- und Betriebskosten, während die Mitglieder des Kuratoriums alle übrigen Mittel zu beschaffen hatten. Ähnliche Vereinbarungen galten auch in Chicago, Philadelphia und Saint Louis. In Boston dagegen wurde das Museum of Fine Arts bis 1968 ausschließlich aus privaten Mitteln finanziert.

Es ist für diese amerikanische Tradition des Mäzenatentums kennzeichnend, daß auch unsere nationale Kunstsammlung, die National Gallery of Art in Washington, nicht auf die Initiative des Staates, sondern auf die eines Bürgers zurückgeht – das bis dahin größte und bedeutendste Beispiel von privater Initiative in bezug auf die Gründung eines Kunstmuseums. Es handelt sich um die Schenkung des Pittsburger Bankiers und ehemaligen Bundesfinanzministers Andrew Mellon. Vom Beispiel der National Gallery in London inspiriert, schenkte der damals 82jährige 1937 seine Sammlung der amerikanischen Nation. Die Schenkung bestand aus 132 Kunstwerken im Wert von 31,3 Millionen Dollar. Dazu gehörten: Jan van Eycks „Verkündigung Mariae“, eines von 21 Gemälden, die Mellon Anfang der dreißiger Jahre der Eremitage in Leningrad zu einem Preis von 6,6 Millionen Dollar abgekauft hatte, Holbeins „Edward VI. als Kind“, ein spätes Selbstbildnis von Rembrandt und Goyas „Marquesa de Pontejos“. Zu diesen 31,3 Millionen Dollar kamen 15 Millionen Dollar für die Errichtung eines Museums und eine Stiftung von 10 Millionen Dollar für Personal und Erwerbungen hinzu. Mellon bestand darauf, daß die neue Institution nicht seinen Namen tragen dürfe, damit sie für Spenden anderer Mäzene attraktiv bleibe. Ein Jahr, nachdem der Kongreß Mellons Schenkung angenommen hatte, gewann der Direktor des neuen Museums, David Findlay, eine noch größere Sammlung für die National Gallery, und zwar die von Samuel H. Kress, einem New Yorker Handelsherrn. Während Schwerpunkte der Sammlung Mellon die Malerei der englischen und holländischen Schule waren, bot die Sammlung Kress einen repräsentativen Querschnitt der Kunst der italienischen Renaissance. Seine Spende bestand aus 375 Werken, darunter „Die Anbetung der Könige“ von Fra Filippo Lippi und van Dycks „Königin Henriette Maria mit ihrem Zwerg“, doch nur ein Drittel der Werke waren von gleichem Rang wie die Sammlung Mellon. Zur gleichen Zeit kam noch eine weitere Sammlung hinzu, die von Joseph Widener, dessen Vater Peter als junger Metzger während des Bürgerkrieges die Unionsarmee mit Hammelfleisch beliefert hatte und dadurch reich geworden war. Von ihrer Qualität her übertraf die Sammlung Widener in manchen Werken sogar den Standard der Sammlung Mellon. Darunter befand sich beispielsweise das „Festmahl der Götter“ von Giovanni Bellini. Aus diesen drei Stiftungen entstand also auf einmal eine der herausragendsten und repräsentativsten Sammlungen alter europäischer Malerei. 1941 wurde sie in dem neuen klassizistischen Museumsbau von John Russell Pope dem Publikum erstmals vorgestellt. Obwohl die Betriebskosten des Museums eigentlich von der Bundesregierung gedeckt werden sollten, sorgte Mellon dafür, die Unabhängigkeit des Museums von Politik und Bürokratie zu sichern. Das Kuratorium bestand und besteht heute noch aus fünf Bürgern und vier Regierungsvertretern.

1978 trat der Sohn Andrew Mellons, Paul Mellon, in die Fußstapfen seines Vaters, als er den von I. M. Pei entworfenen Ostflügel der National Gallery stiftete. Er und seine Schwester Ailsa Mellon Bruce haben zudem im Lauf der Jahre die Bestände durch Hunderte von Kunstwerken bereichert, er vor allem auf dem Gebiet des französischen Impressionismus und des Postimpressionismus. Daneben hat Paul Mellon auch das Center for British Art an der Yale University gestiftet, mit einer seit etwa 1961 erworbenen Sammlung, die von nur drei Sammlungen in England übertroffen wird.

Initiativen staatlicher Kunstförderung

Die Gründung der National Gallery of Art ist ein Meilenstein in der Geschichte der Kunstförderung in den USA. Bis in die dreißiger Jahre dieses Jahrhunderts hinein haben die amerikanische Bundesregierung und die einzelnen Bundesstaaten so gut wie nichts getan, um Kunst oder öffentliche Kunstsammlungen direkt zu fördern, mit Ausnahme von Aufträgen zum Schmuck von Regierungsbauten mit Skulpturen und Gemälden. Doch während der Wirtschaftskrise in den dreißiger Jahren hat die nationale Regierung sich für die Förderung von Künstlern auf breiter Basis eingesetzt und zwar vor allem mit der Federal Art Project of the Works Progress Administration, die während der Amtszeit von Franklin D. Roosevelt als eine Maßnahme gegen die Arbeitslosigkeit ins Leben gerufen wurde. Zwischen 1933 und 1938 wurden von dieser Verwaltung etwa 17 000 Skulpturen und über 100 000 Gemälde finanziert. Nach dem Ausbruch des Krieges wurde dieses Programm eingestellt, weil „die amerikanische Bundesregierung und das amerikanische Volk sich nie entschieden haben, ob die Unterstützung der Künste eine legitime und wünschenswerte Funktion des Staates sei“.[6]

Aber bald nach dem Ende des Zweiten Weltkrieges wurde das Thema in Regierungskreisen wieder aufgegriffen. Befürworter einer staatlichen Kulturförderung kamen immer wieder auf die Frage des nationalen Prestiges zu sprechen. Sie argumentierten, die USA seien die einzige Großmacht in der Geschichte, die den Wert der Künste nicht anerkannt habe. „Die Größe und Würde unserer Nation", behauptete der New Yorker Senator Jacob Javits, „stehen auf dem Spiel."[7] Andere betonten den Nutzen der Künste als Mittel zur Völkerverständigung. Dann, 1959, setzte der Bundesstaat New York ein Zeichen, als dessen Gouverneur, Nelson Rockefeller, das New York State Council of the Arts gründete und 1961 das bundesstaatliche Abgeordnetenhaus dazu überredete, 450 Millionen Dollar dafür zu bewilligen. Bis 1965 hatten siebzehn weitere Bundesstaaten State Art Councils oder Kunsträte etabliert. Ebenfalls 1961, nach langjähriger Debatte, schuf der US-Kongreß zwei Einrichtungen, deren Aufgabe darin bestehen sollte, eine nationale Kulturpolitik zu betreiben: nämlich – wie schon erwähnt – das National Endowment for the Arts, das durch Zuschüsse die Aktivitäten in den Bereichen von Kunst, Tanz, Musik und Theater, und zwar nicht nur von Institutionen, sondern auch von einzelnen Künstlern, fördern sollte, und das National Endowment for the Humanities, das vor allem Projekte auf dem Gebiet der Geisteswissenschaften unterstützen sollte. Mitte der siebziger Jahre kam eine dritte Einrichtung hinzu, das Institute for Museum Services (IMS), das über einen viel kleineren Etat verfügt und bestimmte Betriebs- und Konservierungskosten von Museen subventioniert.

Die Summen, die anfangs für die beiden Endowments und das IMS vom Kongreß bewilligt wurden, machten nur einen Bruchteil des gesamten Bundeshaushaltes aus; 1966 waren es für das NEA nicht mehr als 2,5 Millionen Dollar. Doch stiegen die Bewilligungen Jahr um Jahr, bis sie 1981 immerhin 159 Millionen Dollar betrugen. Mit dem Amtsantritt Ronald Reagans begann jedoch für die Endowments eine schwierige Zeit. Reagan, der seine politische Philosophie in dem knappen Satz formulierte: „Government isn't the solution, government is the problem", wollte zunächst die beiden Endowments sowie das Institute for Museum Services überhaupt abschaffen. Die Förderung der Kultur sollte wieder eine ausschließlich private Angelegenheit werden. Im ersten Reagan-Budget wurde der Haushaltsansatz des NEA dann auch um etwa 10% gekürzt. Nach zwei mageren Jahren stabilisierte sich der Jahreshaushalt auf einem Niveau zwischen 160 und 170 Millionen Dollar; von Wachstum war nicht mehr die Rede.[8]

170 Millionen Dollar, dies ist eine fast lächerlich kleine Summe in einem Land mit 250 Millionen Einwohnern und weniger sogar, als in demselben Bundeshaushalt für militärische Marschkapellen bewilligt wurde! Alle drei Kulturstiftungen vergaben nur 25 Millionen Dollar an Kunstmuseen. Das heißt: Sieht man von den fünf nationalen Kunstmuseen in Washington ab, dann erhielten 1988 die 150 führenden Kunstmuseen des Landes nur 2,4% ihrer Einnahmen aus dieser Quelle. Trotzdem wäre es ein Irrtum, den Stellenwert dieser geringen Summen zu unterschätzen.

Über die direkten finanziellen Zuschüsse hinaus hat das NEA weitere positive Auswirkungen: Es hat als Vorbild für die Einrichtung von Parallelinstitutionen in den Bundesstaaten gedient; bis 1980 hatten alle 50 Bundesstaaten State Arts Agencies etabliert. Im Finanzjahr 1989 haben diese bundesstaatlichen Kunsträte 258,6 Millionen Dollar verteilt. Außerdem werden die Entscheidungen über alle Anträge nicht von Bürokraten, sondern von Wissenschaftlern, Kuratoren und Museumsdirektoren getroffen, so daß ein bewilligtes Projekt nicht nur finanzielle Unterstützung erhält, sondern auf diese Weise auch Glaubwürdigkeit und

Anerkennung gewinnt. Nicht unproblematisch dagegen ist, daß ein NEA-Zuschuß nur einen bestimmten Prozentsatz der Gesamtkosten des Projekts decken darf; deshalb muß der Zuschuß durch weitere Beiträge aus anderen Quellen – normalerweise von einer Stiftung oder einem großen Unternehmen – ergänzt werden.

Die Zuschüsse des NEA werden nur für Programme und Sonderprojekte wie Sonderausstellungen, Veröffentlichungen und Erziehungsaufgaben gewährt; für Erwerbungen und normale Betriebskosten dürfen sie nicht verwendet werden. Wie gesagt, machen die Beiträge aus allen drei nationalen Agenturen für die führenden 150 amerikanischen Kunstmuseen nur 2,4% des Haushalts dieser Museen aus. Darüber hinausgehend ist es schwierig, über die Finanzierung eines amerikanischen Museums verallgemeinernde Aussagen zu machen. Sie ist sowohl durch große Variabilität von Museum zu Museum als auch durch die Vielfalt der Einnahmequellen gekennzeichnet. Eine Umfrage von 1979 ergab, daß 60,2% der Kunstmuseen private Non-profit-Organisationen waren; weitere 13,5% wurden von privaten Hochschulen verwaltet; die Träger der übrigen 26,3% waren öffentliche Institutionen.[9]

Die fünf nationalen Kunstmuseen in Washington – außer der National Gallery of Art zählen dazu die National Portrait Gallery, das National Museum of American Art, das National Museum of African Art und das Hirshhorn Museum and Sculpture Garden – erhalten 83,3% ihres gesamten Haushaltes vom Kongreß, während 150 andere führende Kunstmuseen im Land weniger als 3% ihres Etats aus dieser Quelle bekommen. Jedoch erhalten viele Museen eine wesentliche Subvention aus städtischen Kassen. Das Metropolitan Museum in New York zum Beispiel bekam im Finanzjahr 1989 immerhin 20% seiner Einnahmen von der Stadt. In fast allen Fällen dürfen solche Subventionen nur für die Deckung der Betriebskosten verwendet werden; die Kosten für Erwerbungen, Ausstellungen und Sonderveranstaltungen müssen aus anderen Quellen bestritten werden.

Eine Umfrage des amerikanischen Verbandes der Direktoren von Kunstmuseen hat die Finanzquellen von 148 Kunstmuseen untersucht (nicht inbegriffen sind die fünf Kunstmuseen in Washington, das Metropolitan Museum in New York und das Art Institute of Chicago). An den Gesamteinnahmen von 733,4 Millionen Dollar sind beteiligt:

Washington	2,6%
Bundesstaat	9,9%
County oder Kreis	2,8%
Stadt	6,4%
Andere öffentliche Quellen	1,6%
Spenden großer Unternehmen	5,1%
Spenden von Stiftungen	7,0%
Spenden einzelner Bürger	11,4%
Spenden anderer privater Quellen	4,0%
Erträge aus der Kapitalanlage des Museums	20,2%
Eintrittsgelder	3,8%
Einnahmen aus Museumsbetrieben	25,1% [10]

Anhand dieser Tabelle wird deutlich, daß die Finanzen eines amerikanischen Museums heute ein buntes Flickwerk bilden. Wenn man die einzelnen Kategorien in größere Kategorien zusammenfaßt, ergibt sich, daß der Anteil der öffentlichen Finanzierung 23,3% des Haushaltes ausmacht und der aus privater Hand 27,5%; hinzukommen die 20,2% aus Stiftungsvermögen, die ebenfalls aus privaten Quellen stammen, sowie als Rest die selbst erwirtschafteten Erträge in Höhe von 28,9%.

Steuervergünstigung

Doch dieses Bild des staatlichen Anteils an der Museumsfinanzierung ist irreführend, denn in diesen Zahlen ist nur die direkte Unterstützung aufgeschlüsselt. Darüber hinaus gibt es jedoch indirekte Subventionen in Form von Steuervergünstigungen und Steuerfreiheiten. Charles Clotfelter hat in einer 1991 veröffentlichten Analyse der Museumsfinanzen von 1988 die Kategorien dieser Beihilfen beschrieben und ihren Wert kalkuliert.

Zunächst gibt es Vergünstigungen im Bereich der Einkommensteuer. In den USA sind Bargeldspenden bis zu 50%, Spenden von Sachwerten bis zu 30% des besteuerten Einkommens abzugsfähig. Bei einem durchschnittlichen Höchststeuersatz von 33% bedeutet dies, daß bei Bargeldspenden in Höhe von 235 Millionen Dollar und bei Spenden von Kunstgegenständen in Höhe von 77 Millionen Dollar das Bundesfinanzamt auf Einnahmen von 104 Millionen Dollar verzichtet hat.

Eine zweite Form der indirekten Subvention stellt die Steuerfreiheit für Non-profit-Institutionen dar. Die Einkommen aus den Kapitalanlagen dieser Institutionen sowie die Nettogewinne aus Eintrittsgeldern, Restaurants und Läden sind steuerfrei. Da die Nettozahlen aus den letzten drei Einnahmequellen nicht vorliegen, beschränkt sich Clotfelter auf die Erträge aus Kapitalanlagen; er schätzt sie auf 58 Millionen Dollar. Allein in diesen zwei Kategorien beträgt demnach die indirekte Subvention des Bundes für Kunstmuseen 162 Millionen Dollar, immerhin etwas mehr als das Sechsfache der direkten Subvention aus dieser Quelle.

Eine dritte Form der Subvention beruht auf dem Federal Indemnification Program, nach dessen Bestimmungen Washington die Versicherung von Leihgaben aus dem Ausland für Sonderausstellungen übernimmt. Dieses Entschädigungsprogramm versichert pro Ausstellung Schäden von 10 Millionen Dollar bis 125 Millionen Dollar. Clotfelter schätzt, daß dieses Programm den Museen im Finanzjahr 1987 5,6 Millionen Dollar an Versicherungsprämien erspart habe.

Zusätzlich gibt es indirekte Subventionen von Stadt, Kreis und Bundesstaat, die eigentlich hinzugerechnet werden müßten, um zu einem realistischen Bild der Gesamt-Museumsfinanzierung zu kommen. Die wichtigste ist die Grundstückssteuerfreiheit, die schätzungsweise eine Ersparnis von 75 bis 110 Millionen Dollar ausmacht.[11]

Heute wird allgemein angenommen, daß das Mäzenatentum in Amerika stark von der Steuerpolitik abhängig ist. Doch die Anfänge der amerikanischen Philantropie reichen in eine Zeit zurück, als es praktisch keine steuerlichen Anreize für das Mäzenatentum gab, und zwar ganz einfach deshalb nicht, weil es keine Steuern gab.[12] Damals haben Bürgersinn, Eitelkeit, Unternehmungsgeist, wenn auch in einem unterschiedlichen Maße, das Spenden motiviert. Erst 1913 – also etwa vierzig Jahre nach den ersten Museumsgründungen – wurden Einkommens- und Erbschaftssteuern eingeführt, und zwar zunächst mit niedrigsten Sätzen. Noch immer schwanken die Meinungen über das Verhältnis von Höhe der Steuersätze zu Bereitschaft zur Spenden. 1958 beklagte der damalige Direktor des Boston Museum of Fine Arts, Perry Rathbone, hohe Steuersätze hätten die großen Mäzene vertrieben. Damals betrug der Maximalsteuersatz 91%. Heute befürchten die Museumsdirektoren umgekehrt, daß die Steuerreform von 1986 sowohl die großen als auch die kleinen Mäzene verschreckt habe, weil der jetzt geltende Maximalsteuersatz auf 28% reduziert worden ist und damit den Anreiz zum Spenden wesentlich neutralisiert hat. Auch hat diese Reform eine für die Museen ganz wichtige Steuervergünstigung abgeschafft.

Bis dahin durfte der Spender eines Kunstgegenstandes dessen derzeit geltenden Marktwert von der Steuerschuld absetzen. Wenn man zum Beispiel ursprünglich für 5 000 Dollar ein Gemälde gekauft hat, dessen Marktwert sich zum Zeitpunkt der Spende auf 10 000 Dollar erhöht hatte, dann konnte man zu dem früher geltenden Maximalsteuersatz von 50% die eigene Steuerrechnung um 10 000 (statt um 5 000) Dollar reduzieren, so daß die Schenkung für den Spender praktisch kostenlos war. Mit der Steuerreform von 1986 wurde dieses Schlupfloch abgeschafft. Dies in Verbindung mit der Senkung des Maximalsteuersatzes auf 28% hat in der Museumswelt großes Unbehagen hervorgerufen. Dieses Unbehagen erwies sich aus der Sicht der Museen bald als sehr berechtigt, denn von 1986 bis 1988 ist der Marktwert von Spenden an Kunstmuseen um 161 Millionen Dollar bzw. 63% gesunken.[13]

Um das Ausmaß dieser Krise zu erkennen, muß man wissen, daß die meisten Museen – das Getty Museum ist die große Ausnahme – nur über sehr bescheidene Mittel für Neuerwerbungen verfügen. Der Ankaufsetat des Metropolitan Museum mit seinen neunzehn kuratorischen Abteilungen betrug 1988 nur 3 Millionen Dollar, eine Summe, mit der man auf dem heutigen Kunstmarkt nur sehr wenig anfangen kann. Der Kongreß hat diesmal auf den Hilferuf der Museen recht verständnisvoll reagiert, wenn auch nur vorübergehend: 1991 wurde für 18 Monate das alte Schlupfloch für Sachwertspenden wieder geöffnet. Das Ergebnis war eine Flut von Schenkungen.

Die Museumswelt hegt zur Zeit die Hoffnung, daß es ihr unter der Clinton-Regierung etwas besser gehen wird. Nicht nur, weil der neue Präsident im Gegensatz zu den Präsidenten Reagan und Bush als kunstfreundlicher gilt, sondern auch, weil man sich von der Erhöhung des Maximalsteuersatzes für Jahreseinkommen von über 200 000 Dollar auf 43% einen Anreiz für Spender erhofft, durch Schenkungen gezielt ihre Steuerlast zu mindern.

Strukturwandel – das Museum als Kulturbetrieb

Abschließend seien noch einige Hinweise auf Veränderungen im amerikanischen Museumswesen gegeben, die mit den Finanzen eng zusammenhängen. Während der letzten dreißig Jahre ist der Anteil der Kapitalerträge am Gesamthaushalt der Museen drastisch zurückgegangen. Das kann man am Beispiel des Metropolitan Museum illustrieren. Im Finanzjahr 1967 kamen 62% des Etats von etwa 7 Millionen Dollar aus der Kapitalanlage, 29% von der Stadt New York; beide Quellen zusammengenommen machten also 91% der Gesamteinnahmen aus. Hinzu kamen 5% aus Mitgliedsgebühren, 1% aus Spenden und Zuschüssen sowie 1% aus anderen Quellen. 22 Jahre später, 1989, ergibt sich ein ganz anderes Bild. Nun war der Anteil der Kapitalerträge und der Subvention der Stadt New York zusammengenommen von 91% auf 34% gesunken. Die Einnahmen aus Zuschüssen waren unterdessen von 1% auf 16% gestiegen. Eintrittsgelder, die in der Zwischenzeit eingeführt worden waren, brachten 13%, weitere 8% kamen aus den Einnahmen der Restaurants und Läden und 5% aus Sonderausstellungen. Gleichzeitig war übrigens der Haushalt nun zehnmal so groß wie 1967, zum Teil sicher ein Ergebnis der Inflation, aber hauptsächlich zurückzuführen auf eine Expansion des Museums, die mit zusätzlichem Personal und neuen Programmen verbunden war.

Hinter dieser prozentualen Veränderung verbirgt sich eine bezeichnende Geschichte. 1967, das Jahr des Budgets, das eben als erstes zitiert wurde, war gleichzeitig auch das Jahr, in dem Thomas Hoving Direktor des Metropolitan Museum wurde. Die Zahlen des Budgets von 1967 spiegeln eine traditionelle Museumskonzeption wider, die das Museum als Konservierungs- und Bildungsstätte, als

Depositum für die Besichtigung und Erforschung von Kunstwerken begreift. Die Tätigkeit des Personals bestand überwiegend in der Konservierung, Erforschung und Ergänzung der eigenen Bestände. Sonderausstellungen mit Leihgaben ausländischer Museen dagegen waren eine Seltenheit. Mit Hovings Amtsantritt trat nicht nur das Metropolitan, sondern, seinem Beispiel folgend, eine Vielzahl amerikanischer Kunstmuseen in eine neue Ära ein, die vor allem durch die Veranstaltung großer Sonderausstellungen gekennzeichnet war. Diese Ausstellungen – man erfand den Terminus „Blockbuster" für die größten und populärsten unter ihnen – sollten riesige Besuchermengen ins Museum locken. Diese Neuorientierung der Museumspolitik zielte zum Teil darauf ab, das elitäre Image des Museums zu beseitigen und gleichzeitig dem Museum neue Einnahmequellen zu erschließen, um mit den ansteigenden Betriebskosten Schritt halten zu können. Der Museumsshop, der früher in einem bescheidenen Nebenraum am Haupteingang untergebracht war, verwandelte sich in ein glitzerndes zweistöckiges Kaufhaus. Damit den Besuchermassen in den Ausstellungen nicht allzu große Anstrengungen zugemutet würden, gab es Führungen auf Kassetten zu einer mäßigen Leihgebühr und andere Erleichterungen. Hovings neue Museumspolitik war ein großer Kassenerfolg und verbreitete sich bald im ganzen Land.

Diese Politik hat aber nicht nur neue Besucherschichten angelockt, sondern auch, wohl unabsichtlich, einen grundlegenden Strukturwandel in der Verwaltung der amerikanischen Kunstmuseen herbeigeführt, der weitreichende, nicht unbedingt positive Folgen haben sollte.

Die Geschichte des amerikanischen Kunstmuseums reicht mehr als hundert Jahre zurück. Im Laufe dieser Zeit hat sich das Verwaltungspersonal auf eine Weise geändert, die den Wandel im Museumswesen überhaupt widerspiegelt. Die ersten Museumsleiter hatten meist keine professionellen

XXV

XXVIII

Qualifikationen; sie gehörten zu jenen Gesellschaftskreisen, die die Museen gegründet, gefördert und beschenkt hatten. So waren die ersten Direktoren der Museen in Boston und New York Generäle, die wegen ihrer Taten im Amerikanischen Bürgerkrieg öffentliches Ansehen genossen. Erst nach dem Ersten Weltkrieg wurde es üblich, diese Position mit Kunstkennern oder Kunsthistorikern zu besetzen, eine Tendenz, die damit zusammenhing, daß man nun immer größeres Gewicht auf den Aufbau von Sammlungen legte. Bis in die siebziger Jahre galt es als eine Selbstverständlichkeit, daß der Direktor eines großen Museums ein ausgezeichneter Fachmann zu sein hatte. Mit dem Beginn der Ära Hoving hat sich dies immer mehr geändert.

Diese Entwicklung wird an dem Strukturwandel in der Verwaltungshierarchie des Metropolitan Museum selbst am besten deutlich. Unter Hovings Vorgänger James Rorimer gab es für das tägliche Management des Museums einen Mitarbeiter mit dem bescheidenen Titel „Operations Administrator“. Kurz nach seinem Antritt hat Hoving diese Funktion umgestaltet und umbenannt – der graue, bürokratische Operations Administrator verwandelte sich nun in den „Vice-President for Administration“. Das war ein Schritt, der offensichtlich wegen der Expansion des Museums und der wachsenden Komplexität seiner Aktivitäten als eine Notwendigkeit empfunden wurde. Aber nach dem Rücktritt Hovings 1978 erfolgte eine noch radikalere administrative Umgestaltung. Die Position des Vice-President for Administration verwandelte sich abermals. Jetzt trug dieser Manager den Titel „President“ und wurde zum eigentlichen Leiter der Institution. Der Direktor war nun dem Präsidenten untergeordnet. Die Funktion des Direktors wurde auf die künstlerische Seite beschränkt, auf die Bereiche Erwerbung, Sammlung und Ausstellung. Jedoch verfügte der Präsident in allen wichtigen Fragen des Museums über ein Vetorecht.

Douglas Dillon, der Vorsitzende des Kuratoriums, gab bei seinem Rücktritt die Gründe für diese „Palast-Revolution" in einer Pressekonferenz bekannt. Er nannte als Ursachen die Komplexität des Bauprogramms, das Budget-Defizit, aber auch laufende Kontroversen über den Verkauf von Kunstwerken, um Mittel für Neuerwerbungen zu beschaffen.

Der Mann, der vom Kuratorium zum „Präsidenten" gewählt wurde, war William Macomber, damals US-Botschafter in der Türkei. Macomber hatte eine lange Karriere im State Department und in der Central Intelligence Agency hinter sich; aber er verfügte über keinerlei Erfahrung in der Kunst- oder Museumswelt. Dillon bewertete diese Unerfahrenheit eher als einen Vorteil, weil der neue Präsident daher wohl weniger geneigt sein würde, sich in die kunstbezogenen Angelegenheiten des Museums einzumischen.

Es hat sich aber mit der Zeit herausgestellt, daß diese Aufteilung von administrativer und künstlerischer Leitung nicht so leicht zu verwirklichen war. Mitte der achtziger Jahre erschien ein Artikel in der New York Times, der über Krisenstimmung in der Museumswelt berichtete. Achtzehn der führenden Kunstmuseen des Landes, so die New York Times, suchten Direktoren, eine Tatsache, die die grundlegende Veränderung im Museumswesen reflektiere. Die Zeit des Kunstmuseums als eines kontemplativen Ortes sei heute vorüber. Das neue Kunstmuseum sei ein vielfältiges Kulturzentrum, wobei die Präsentation von Kunst nur noch eine Funktion unter vielen anderen sei. Der alte Typus des Direktors sei den Ansprüchen dieser neuen Funktionen nicht mehr gewachsen; daher die vielen vakanten Stellen. Eine Public-Relations-Beraterin, die mehrere Kunstmuseen zu ihren Kunden zählt, wurde zitiert: „Sie brennen aus … Was für ein Typ soll ein Museumsdirektor eigentlich sein? Geschäftsmann oder Kurator? Sind die Museen wie Universitäten oder wie Broadway-Theater? Was sind sie eigentlich? Eine Neudefinition dieser Institutionen ist im Gange."[14]

In letzter Zeit tritt langsam ein neuer Typus des Direktors in Erscheinung, der als eine Antwort auf die Frage der Public-Relations-Beraterin gelten könnte. Immer mehr Museen stellen heute Direktoren ein, die nicht Kunstgeschichte studiert haben, sondern Jura oder Management. Hilton Kramer, ein Kunstkritiker, dessen Kulturpessimismus ich im allgemeinen nicht teile, hat kürzlich in seiner Besprechung der Memoiren von Thomas Hoving, „Making the Mummies Dance", diesen neuen Typus präzis charakterisiert: „Museumsdirektoren werden heute berufen wegen ihrer Tüchtigkeit als Business Manager, Publizisten, Spendenwerber, Diplomaten, Impresarios und politische Unterhändler. Man erwartet, daß sie die Talente eines Geschäftsführers, eines Kulturministers und eines Talkshow-Stars miteinander kombinieren. Wenn sie auch noch etwas über Kunst wissen, nimmt man es ihnen keinesfalls übel – denn auch die Kunst hat einen gewissen Public-Relations-Wert –, aber sie ist nicht mehr der Grund, weswegen sie für ihren Posten ausgesucht werden. Insofern ähneln Museumsdirektoren immer mehr Universitätsrektoren und den Geschäftsleitern großer Verlage. Man erwartet, daß sie nach dem ‚Corporate Model' funktionieren."[15] Es steht außer Frage, daß der neue Typus des amerikanischen Museumsdirektors in engem Zusammenhang mit der amerikanischen Art der Kunstförderung und Museumsfinanzierung steht. Er ist die Antwort auf die finanziellen Nöte einer Institution, die überwiegend auf den privaten Sektor angewiesen ist. Andere mögen darüber entscheiden, ob dieser Typus für die Museen in Deutschland und darunter vor allem für die Museen in Berlin geeignet oder wünschenswert wäre.

Anmerkungen

1 John Walker, Self-Portrait with Donors, Boston 1974, S. XI.
2 Ernest van den Haag, Should the Government Support the Arts?, in: Ralph A. Smith und Ronald Berman (Hg.), Public Policy and the Aesthetic Interest, S. 54 f.
3 Jesse Helms, It's the Job of Congress to Define What's Art, in: USA Today, 8. September 1989, zit. n. Richard Bolton (Hg.), Culture Wars, S. 101.
4 Robert Hughes, The Culture of Complaint, New York 1993, S. 173.
5 Zit. n. Calvin Tomkins, Merchants and Masterpieces, S. 29 f.
6 Richard D. McKinzie, New Deal for Artists (Princeton University Press, 1973), zit. n. Edward C. Banfield, The Democratic Muse: Visual Arts and the Public Interest, New York 1984, S. 44.
7 Ebda., S. 56.
8 Zu den Beträgen der zwischen 1966 und 1987 für das NEA bewilligten Mittel vgl. Charles T. Clotfelter, Government Policy Toward Art Museums in the United States, in: Martin Feldstein (Hg.), The Economics of Art Museums, Tafel 9.2, S. 246.
9 Ebda., S. 247 f.
10 Ebda., Tafel 9.4, S. 250.
11 Ebda., S. 253–265.
12 Vgl. Walter Muir Whitehill, Museum of Fine Arts Boston: A Centennial History, Bd. 2, S. 803.
13 Vgl. Don Fullerton, Tax Policy Toward Art Museums, in: Feldstein (Hg.), The Economics of Art Museums, S. 208.
14 Douglas McGill, In Search of Versatile Museum Leaders, in: The New York Times, 7. März 1987.
15 Hilton Kramer, Happenings at the Met: How Thomas Hoving Played with the „Big Marbles", in: Times Literary Supplement, 2. April 1993, S. 6.

Weiterführende Literatur

Richard Bolton (Hg.), Culture Wars: Documents from the Recent Controversies in the Arts, New York 1992.

Milton C. Cummings, Jr., und Richard S. Katz, The Patron State: Government and the Arts in Europe, North America, and Japan. New York und Oxford 1987.

P. J. DiMaggio (Hg.), The Nonprofit Enterprise in the Arts: Studies in Mission and Constraint, New York 1986.

Martin Feldstein (Hg.), The Economics of Art Museums, Chicago 1991.

Sherman E. Lee (Hg.), On Understanding Art Museums, Englewood Cliffs, New Jersey 1975.

W. McNeil Lowry, The Arts and Public Policy in the United States, Englewood Cliffs, New Jersey 1984.

Karl E. Meyer, The Art Museum: Power, Money, Ethics, New York 1979.

Ralph A. Smith und Ronald Berman (Hg.), Public Policy and the Aesthetic Interest: Critical Essays on Defining Cultural and Educational Relations, Urbana und Chicago 1992.

Calvin Tomkins, Merchants and Masterpieces: The Story of the Metropolitan Museum of Art, New York 1970.

John Walker, Self-Portrait with Donors, Boston 1974.

Walter Muir Whitehill, Museum of Fine Arts Boston: A Centennial History, 2 Bde., Cambridge, Massachusetts 1970.

Das Verhältnis von staatlicher zu privater Kunstförderung aus der Sicht des Staates

Der Staat ist auf private Initiative angewiesen

von

Sieghardt von Köckritz

Das Grundverhältnis des Staates zur Kultur

Die Frage nach dem Inhalt und dem Zweck staatlicher Kulturpolitik und staatlicher Kunstförderungspolitik kann nicht beantwortet werden ohne den Versuch, das Verhältnis von Staat zu Kultur und Kunst wenigstens ansatzweise zu definieren. Deshalb ist in den ersten Abschnitten dieser Abhandlung mehr vom Staat als vom Mäzen die Rede. Am Ende wird er nicht vergessen. Und zwischendurch gibt es natürlich Bezüge allenthalben.

Der Staat als beharrende, bewahrende, ordnungsliebende Institution, die in Fragen der Kunst kein glückliches Urteil hat, im Gegensatz zum schrankenlos freien Künstler, dem Chaos zugeneigt und seiner Zeit weit vorauseilend – dieses Bild beherrscht auch heute noch manche gesellschaftspolitische Diskussion über die besonders in Deutschland liebevoll gepflegte Antinomie von Geist und Macht: zwei Elemente, die sich von Natur aus ewig fremd sind.

Aber das ist gewiß nicht die ganze Wahrheit. Jacob Burckhardt spricht in seinen „Weltgeschichtlichen Betrachtungen" von drei Potenzen, die in ihren Wechselbeziehungen und gegenseitigen Bedingtheiten den Gang der Geschichte bestimmen: der Staat, die Religion und die Kultur. Kultur nennt Burckhardt die ganze Summe derjenigen Entwicklungen des Geistes, welche spontan geschehen und keine universale oder Zwangsgeltung in Anspruch nehmen. Die Kultur ist ungebunden, wandelbar und keinen Regeln unterworfen. Sie wirkt unaufhörlich, modifizierend und zersetzend auf die beiden stabilen Lebenseinrichtungen, nämlich den Staat und die Religion, ein. Sie ist die Kritik der beiden, die Uhr, so sagt er, welche die Stunde verrät, da in jenen Form und Sache sich nicht mehr decken. Soweit Burckhardt.[1]

Diesen Feststellungen ist zweierlei zu entnehmen: einmal, daß es sich bei Staat, Religion und Kultur um drei gleichgeordnete, welt- und lebensbestimmende Potenzen handelt, die sich gegenseitig in stetem Wandel durchdringen, und zum anderen, wichtiger noch für uns, daß sich der Staat in ständiger selbstkritischer Prüfung auf die Kultur einlassen muß, ob er will oder nicht, und zwar zu den Bedingungen der Kunst und nicht seinen eigenen. Er muß auf die von Burckhardt so plastisch geschilderte Uhr sehen, um die Stunde zu erkennen, wo sich Form und Inhalt nicht mehr decken. Denn dies wäre dann die Stunde seiner eigenen existentiellen Gefährdung. Nicht die Kunst war damals entartet, sondern der Staat. Weil er in grauenvoller Verblendung nichts begriff, riß er uns alle mit in seinen Untergang. Wann immer der Staat die Kunst und den Künstler drangsaliert und mißverstanden hat, ist er, die Zeichen nicht erkennend, schließlich verschwunden, und die Kunst ist geblieben.

Für die europäische Kultur- und Staatengeschichte hat diese Dreiheit immer eine Rolle gespielt. Soweit wir wissen, hat es in den frühen Formen des staatlichen Daseins eine weitgehende Übereinstimmung der drei Elemente gegeben.

Auf der Akropolis in Athen verbanden sich Gemeinwesen, Religion und Kultur, Architektur und Kunst, begünstigt durch Landschaft, Licht und Meer, zu einer nie wieder erreichten Vollkommenheit. Während der Jahrhunderte – Mittelalter, Reformation, Humanismus, barockes Fürstentum, Aufklärung, Französische Revolution, Diktatur und Demokratie – haben sich diese Wechselbeziehungen ständig gewandelt. Doch bis ins 19. Jahrhundert wurde diese Dreiteilung in ihrem gegenseitigen Bezug stark empfunden.

Wir brauchen nicht weit zu blicken, um beispielhaft den Entwurf einer solchen gedachten Einheit noch einmal vor Augen zu haben. Um die Berliner Mitte, den Lustgarten, ordneten sich die drei Kräfte: das Schloß als Repräsentation der Monarchie und des Staates, das Zeughaus symbolisierte die Armee als Stütze des Staates, der Dom und nicht weit davon die Hedwigskirche die Religion; das Schinkelsche Alte Museum stand für die Kunst, die Bauakademie für die Architektur. Und benachbart liegen die Universität und die Staatsbibliothek als Stätten der Wissenschaften. Auf engem Raum und doch großzügig einander zugeordnet waren auf einem Platz zu finden, was das öffentliche Leben getragen und gestaltet hat: der Staat, die Religion, die Kultur. In Dresden oder Schwerin lagen oder liegen die Dinge nicht anders.

Daß die kommunistische Diktatur diesen Zusammenklang zerstört hat oder doch zerstören wollte, hatte seinen Grund: sie wollte die Religion nicht als eigenständige Potenz und die Kultur nicht kritisch und autonom, sondern nur als Sklavin einer parteilichen inhumanen Ideologie. Das Schloß mußte verschwinden, der Dom verfallen.

Diese Auflösung der Einheit ist der vermutlich wahre Grund für die Trostlosigkeit des Platzes. Bei der Neuordnung der Berliner Mitte sollte man solche Philosophien durchaus in Betracht ziehen. Man muß dem Platz mit oder ohne Palast, mit oder ohne Schloß einen demokratischen

Sinn geben, was unserer Verfassung entspricht. Leicht ist das vielleicht nicht. Der Gedanke, auf dem Platz des Schlosses ein Ministerium oder ein Kongreßzentrum zu errichten, darf sicher noch diskutiert werden. Es geht eben nicht nur kurzatmig um administrative Unterbringungsprobleme, Verkehrsanbindungen, ökonomische Lösungen und Terminpläne.

Wenn nach einem Beispiel für das Verhältnis des Staates zur Kultur gefragt wird: eben dies ist eine elementare Frage staatlicher Kulturpolitik und erst in zweiter Linie eine Frage der Bau-, Verkehrs- oder Finanzbehörden. Gegenwärtig hat es den Anschein, als ob dies staatlicherseits nicht ganz gesehen würde. Es sind private Initiativen, die hier zum Nachdenken auffordern, ob man ihren Vorstellungen nun folgen will oder nicht. So hätten wir hier ein erstes Beispiel dafür, daß wir auf solche privaten Anstöße offenbar angewiesen sind, auch wenn es gar nicht um Geld geht.

Der Gegenstand staatlicher Kulturpolitik

Nach diesem kleinen Exkurs, der durchaus zur Sache gehört, muß beschrieben werden, welcher Komplex gemeint ist, wenn von der Kultur in allgemeiner Weise die Rede ist und worauf sich staatliche Kulturpolitik bezieht.

Bei aller Unschärfe und allen Überschneidungen kann man heute sechs Bereiche unterscheiden:

- Erziehung und Bildung
- Wissenschaft
- Medienangelegenheiten (Presse, Hörfunk, Fernsehen)
- Kunst im engeren Sinne
- Soziokultur im Sinne eines erweiterten Kulturbegriffs (Bürgerbeteiligung, Stadtteilkultur, Werkstattarbeit u. a.) und schließlich
- Religion

Dieser letzte Bereich lebte bis vor einiger Zeit noch in der Bezeichnung „Kultusministerium" fort, denn Kultusministerium bedeutete Religionsministerium und nicht Kulturministerium. Die Umbenennungen zeigen den Wandel an.

Der Staat beschäftigt sich mit diesen Gebieten auf den verschiedenen Ebenen der Gemeinden, der Länder und des Bundes nach ganz unterschiedlichen Regeln; z. T. auf gesetzlicher Grundlage wie etwa beim Schul- und Hochschulwesen, durch Bereitstellung von Organisationsformen wie bei Rundfunk und Fernsehen, durch finanzielle Förderung der Kunst bei starker Betonung eines verfassungsmäßig garantierten Eingriffsverbotes oder durch die Gestaltung zuträglicher Beziehungen zu den Religionsgemeinschaften. Wie man sieht, ist das Feld relativ weit und hat in der Politik sein ganz eigenes Gewicht.

Die folgenden Überlegungen gelten mehr der Kultur im engeren Sinne, d. h. der staatlichen Kunstförderungspolitik in ihren unterschiedlichen Erscheinungsformen. Auffällig ist, daß der Staat in keinem Politikbereich soviel Unsicherheit an den Tag legt wie bei der Kunstpolitik.

Die Unsicherheit des Staates gegenüber der Kunst

Während der Staat bei der Außenpolitik, der Innenpolitik, der Verkehrspolitik oder der Sozialpolitik von dem Gegenstand und den Zwecken seiner Politik eine relativ klare Vorstellung hat und die Inhalte prägt und mitbestimmt, ist das bei der Kulturpolitik weit weniger der Fall. Vollends gilt das für sein Verhältnis zur Kunst.

Denn was ist Kunst? Ist Kunst auch, was der Bürger kaum noch als Kunst verstehen kann? Wie unterscheidet man Kunst von Nichtkunst, bei einem weit gefaßten Kunstbegriff? Wie erkennt ein Beamter Kunst? Wo liegen bei der Kunst die Grenzen des Erlaubten in sittlicher, moralischer oder politischer Hinsicht? Welchen Sinn hat sie überhaupt und welche Zwecke erfüllt sie für den Staat? Ist sie ein Luxus, der mit Steuermitteln nicht bezahlt werden sollte? Subventionieren nicht die Armen mit ihren Steuern die Opernbesuche der Reichen?

In den letzten 140 Jahren haben das Kaiserreich, der Nationalsozialistische Staat, die DDR sowie die Weimarer Republik und die Bundesrepublik zur Bewertung und Wirkung der Kunst sehr unterschiedliche Positionen eingenommen. Es lohnt sich, diese Positionen noch einmal in Erinnerung zu rufen.

Nach der offiziellen kunstpolitischen Auffassung des Kaiserreiches, insbesondere des Kaisers selbst, hatten bildende Kunst, darstellende Kunst und Literatur in erster Linie dem Guten, Wahren und Schönen zu dienen, um die Menschen durch erbauliche und verständliche Darstellung zu erheben. Die Kunst sollte, wie auch die Geschichtsbetrachtung, den Ruhm der Vorväter in hellem Glanz erstrahlen lassen. Unverständliches, Negatives und Beunruhigendes sollte sie nicht darbieten. Leute, die nicht richtig malen konnten, wie die Impressionisten, sollten in den öffentlichen Museen und Ausstellungen keinen Platz haben. Diese Kunstdoktrin war, wie jemand gesagt hat, auf die höhere Töchterschule gestimmt.

Der Kaiser selbst nahm erheblichen Einfluß auf die Kunstpolitik und wandte sich in einer Rede am 18. Dezember 1901 bei der Enthüllung von 32 Standbildern der Fürsten Brandenburg-Preußens auf der Siegesallee gegen die sogenannten modernen Tendenzen und Strömungen, die mit ihrer Leichtigkeit, Vermessenheit und Arroganz eine Perversion des Begriffes der künstlerischen Freiheit bedeuteten. Nach Auffassung des Kaisers hatte die Kultur keine höhere Aufgabe, als die Öffentlichkeit, insbesondere die unteren Schichten, durch eine kraft- und eindrucksvolle Darstellung von Tugend, Schönheit und Ehre zu erziehen. Er dekretierte: Eine Kunst, die sich über die von ihm bezeichneten Grenzen und Schranken hinwegsetze, sei keine Kunst mehr.

So gerieten Traditionalismus und Moderne um die Jahrhundertwende in einen ständigen Gegensatz. Die Folge waren die Secessionsbewegungen in Berlin mit Liebermann, aber auch in München und Wien, die ein eigenes Kapitel der Kunstgeschichte sind.

Die staatlichen Vorbehalte gegen neue Entwicklungen in der Kunst illustriert in geradezu kurioser Weise die Verwaltungsstreitsache des Schriftstellers Gerhart Hauptmann zu Schreiberhau wider den Königlichen Polizeipräsidenten zu Berlin im Jahre 1893. Die Polizei wollte die Aufführung des Dramas „Die Weber" im Deutschen Theater nicht zulassen, weil es die öffentliche Ordnung gefährde. Das Schauspiel sei ein ungewöhnlich gehässiges und aufreizendes Machwerk, dem es an jedem versöhnenden Moment fehle. Dies trete um so greller hervor, als die Sprache durchweg eine gewöhnliche, zum Teil geradezu widerwärtige sei und es an wirklich dichterischen Schönheiten vollständig mangele. Das Bühnenwerk sei geeignet, Klassenhaß zu erregen, Aufruhr zu stiften und somit die öffentliche Ordnung zu gefährden. Das Königliche Oberverwaltungsgericht zu Berlin folgte dieser Ansicht nicht und gab die Aufführung frei. Denn, so argumentierte es, im Deutschen Theater seien die Plätze im allgemeinen so teuer, daß es nur von Gesellschaftskreisen besucht werde, die wenig zu Gewalttätigkeiten während der Aufführung geneigt seien. Die weisen Richter konnten sich polizeiwidrige Ausschreitungen in festlicher Abendgarderobe nicht recht vorstellen.

1891 kommentierte der Berliner Polizeipräsident das Verbot von Sudermanns sozialkritischem Schauspiel „Sodoms Ende“ mit den berühmt gewordenen Worten: „Die ganze Richtung paßt uns nicht.“

Diese Anmerkungen, das muß nun allerdings dazu gesagt werden, stellen die großen Kulturleistungen Preußens im 19. Jahrhundert nicht in Frage. Sie stehen uns in der Stiftung Preußischer Kulturbesitz heute deutlich vor Augen.

Während die zum Teil erbitterten Auseinandersetzungen um die Kunst sich im kaiserlichen Deutschland im großen und ganzen doch noch in zivilen Formen bewegten, zogen die Nationalsozialisten und später die DDR ganz andere Saiten auf, um sich die Kunst gefügig zu machen. Die Kunst wurde von staatlicher Seite zur Magd verquerer politischer Ideologien herabgewürdigt. Nach Auffassung des NS-Staates erwuchs die Formensprache des Kunstwerkes aus dem Geist germanischen Volkstums; das Kunstwerk sollte der treueste Wesensausdruck völkischer und rassischer Art sein. Mit dem Reichspropagandaministerium und der Reichskulturkammer mit sieben Einzelkammern wurde ein lückenloses Instrumentarium zur Kontrolle des künstlerischen Schaffens eingerichtet. Den einzelnen Kammern wurden „Sonderbefehlsstellen“ übergeordnet. Dieses Wort in Verbindung mit der schöpferischen Kunst kennzeichnet die nicht mehr zu überbietende Perversion.

Mit der Ausstellung „Entartete Kunst“ 1937 in München und der damit verbundenen Beschlagnahme, Verschleuderung und Vernichtung zahlloser Werke der modernen Kunst erreichte die Diffamierung der modernen und fortschrittlichen Kunst ihren Höhepunkt, der 1992 in Berlin durch eine Ausstellung des Deutschen Historischen Museums noch einmal eindrucksvoll und bedrückend zugleich dokumentiert worden ist.

Trotz dieser erschreckenden Erfahrung hat auch die DDR die Kunst brutal in den Dienst ihrer Ideologie gestellt. Die SED bezeichnete als allgemeines Ziel ihrer Kulturpolitik die Verwirklichung der sozialistischen Revolution auf dem Gebiet der Ideologie und Kultur, die Herausbildung einer Arbeiterklasse und einer der Sache des Sozialismus ergebenen zahlreichen Intelligenz. Die Künstler und Kulturschaffenden hätten sich auf der Grundlage des Marxismus-Leninismus und eines festen parteilichen Standpunktes für die große sozialistische Sache einzusetzen. Der sozialistische Realismus müsse dem heldenhaften neuen Menschen und seiner Arbeitswelt verpflichtet sein. Alles war Kampf, um das sozialistische System zum Siege zu führen. Wirksames Instrumentarium war die zentrale Steuerung der Kunstproduktion durch Aufträge und Kontrolle.

Was bei diesen völlig fehlgeschlagenen Versuchen der Gängelung, Politisierung und Ideologisierung der Kunst verwundert, ist der absolute Mangel an Einsicht und Einfühlung in das Wesen der Kunst, jedenfalls der modernen Kunst in ihrem Verhältnis zur historischen Entwicklung. Anschaulich beschreibt dies Klaus Fußmann in seinem Buch über „Die verschwundene Malerei": „Seit dem 17. Jahrhundert hat sich mit dem Aufkommen der Naturwissenschaften die Vorstellung von der Welt vollkommen geändert. Wir wissen jetzt etwas von der inneren Beschaffenheit der Dinge und von der unendlichen Weite des Raumes ... Heute wissen wir, daß nichts so ist, wie es aussieht. Hinter der Fassade der Dinge liegen ganz andere Strukturen, als es den Anschein hat, und wir lassen uns so schnell nicht mehr täuschen. Diese totale Verschiebung der Wahrnehmung, aus der Unmittelbarkeit des Sehens in die indirekte intellektuelle Wahrnehmung, durch Messen und Analysieren, verändert die ganze Zivilisation und auch die Kunst."[2] In eine ähnliche Richtung weisen die Gedanken Hans Sedlmayrs in seinem berühmten Buch „Verlust der Mitte": „Es treten aber im Gebiete der Kunst seit rund 1760 Erscheinungen auf, die es nie und nirgendwo in der Weltgeschichte gegeben hat. Mit so großer symbolischer Kraft sprechen sie von Erschütterungen im Inneren der geistigen Welt, daß es einmal unverständlich erscheinen wird, daß die Betrachtung der Kunst nicht sogleich alles verraten hat."[3] – Genau dies war ja auch der Burckhardtsche Gedanke. Das seismographische Gespür großer Künstler für die Weltzustände macht sie den Diktaturen verdächtig. Darum die Bücherverbrennungen, die Vernichtung von Kunst, die Unterdrückung und die Verbannung. Es hat fast den Anschein, als würde die Wirkung der Kunst überschätzt. Umgekehrt gefährdet der Versuch, die Kunst einzufangen und sie sich dienstbar zu machen, die Freiheit der Kunst. Latent ist eine solche Gefahr des gegenseitigen Nichtverstehens auch unter demokratischen Verhältnissen immer vorhanden. Bei Kunstfreiheit und Kunstförderung muß deshalb der demokratische Staat in Kauf nehmen, daß letzte Zusammenhänge eben nicht begriffen werden und daß das Kunsturteil von politischen oder staatlichen Funktionsinhabern nicht maßgebend sein darf.

Gleichwohl fällt es Stadträten, Parlamenten, Finanz- und Haushaltsausschüssen und Beamten nicht immer leicht, eine Kunst zu fördern, die kritisch ist oder ihnen fremd bleibt. Hier liegt ein besonders wichtiges Feld privater Initiativen, die sich mit mehr Einfühlungsvermögen und Risikobereitschaft den neuesten Kunstentwicklungen widmen können.

Das Kulturstaatsprinzip

Gegen Ende dieses Jahrhunderts sehen sich die europäischen Staaten einer Fülle neuer und schwieriger Aufgaben gegenüber (Dritte Welt, Weltbevölkerungsprobleme, rapide wachsende Wanderungsbewegungen, Deutsche Einheit, Stabilisierung der östlichen Staaten, Anwachsen von Kriminalität und Tendenzen zur Radikalisierung, Entwicklung von Zukunftstechnologien). In diesem Zusammenhang be-

XXIX

XXX

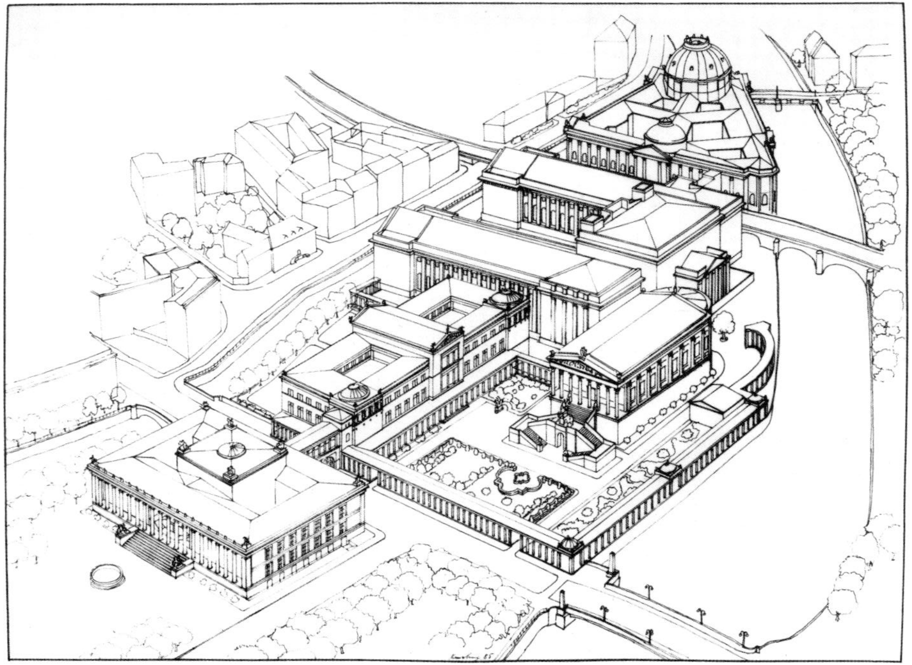

Bodemuseum

Pergamonmuseum

Neues Museum

Nationalgalerie

Altes Museum

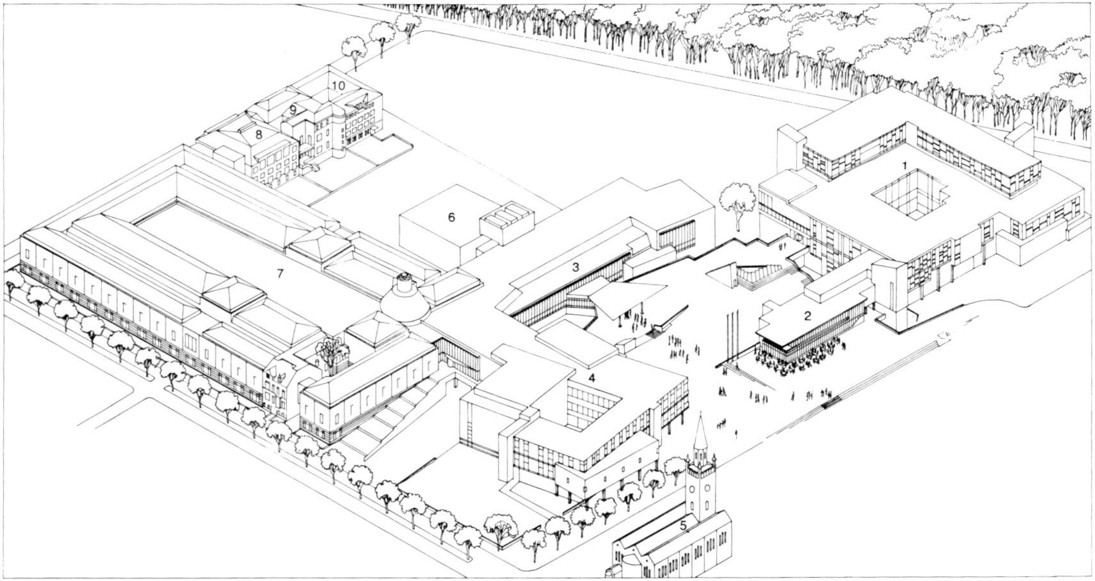

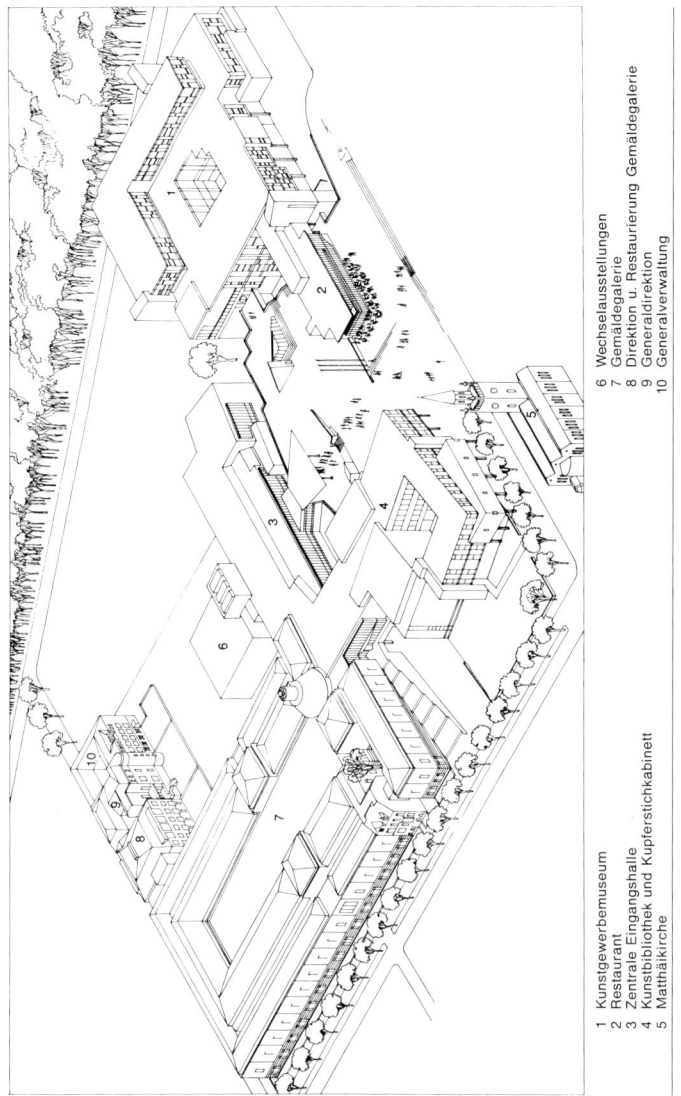

1 Kunstgewerbemuseum
2 Restaurant
3 Zentrale Eingangshalle
4 Kunstbibliothek und Kupferstichkabinett
5 Matthäikirche
6 Wechselausstellungen
7 Gemäldegalerie
8 Direktion u. Restaurierung Gemäldegalerie
9 Generaldirektion
10 Generalverwaltung

steht die sicherlich vernünftige Tendenz, die sehr ausgedehnten Bereiche staatlicher Daseinsvorsorge nach den gegebenen Möglichkeiten in private Organisationsformen zu überführen.

Allen sichtbar und fühlbar sind den finanziellen Ressourcen deutliche Grenzen gesetzt. Die Finanzverantwortlichen, insbesondere auch beim Bund, stellen deshalb die Frage, ob sich der Staat im Interesse anderer Schwerpunkte nach und nach aus einer aktiven Kulturförderung lösen kann. Bei der Gestaltung der letzten Haushalte sind solche Versuche, jedenfalls auf Bundesebene, unübersehbar. Aber auch die Länder und Gemeinden müssen erhebliche Einschränkungen vornehmen. Wenn nicht alles täuscht, stehen wir erst am Anfang einer solchen Entwicklung. Die Frage hat für unser Thema durchaus Bedeutung. Denn die finanzielle Krise ruft nach dem Mäzen und nach neuen, vielleicht gemeinsamen Finanzierungsmodellen.

Nach dem wohl herrschenden Verfassungsverständnis ist die Kulturförderung im weiteren oder engeren Sinne jedoch nicht völlig in das Belieben des Staates gestellt. Er kann und darf dieses Feld seiner Betätigung nicht aufgeben. Darin unterscheidet er sich von Amerika.

Der auf deutschem Boden mit Beginn des 19. Jahrhunderts entstehende Verfassungsstaat hat sich immer auch als Kulturstaat verstanden. Die ihn gestaltenden Kräfte haben dem Schutz der Glaubens-, Gewissens- und Meinungsfreiheit des einzelnen Bürgers ebenso wie der Pflege von Erziehung und Bildung, von Wissenschaften und Künsten eine immer größere Bedeutung beigemessen. Nach dem Ende des Kaiserreiches ist die verfassungsgebende Nationalversammlung im Jahre 1919 ganz bewußt und mit programmatischer Absicht nach Weimar einberufen worden. Die Erneuerung sollte, wie schon einmal zu Beginn des 19. Jahrhunderts, aus der Besinnung auf die geistigen Traditionen Deutschlands kommen. In diesem Sinne versteht sich auch die Bundesrepublik nicht nur als Rechts- und Sozialstaat (Art. 20 GG), sondern auch als Kulturstaat. Das Kulturstaatsprinzip steht gleichrangig neben dem Rechts- und Sozialstaatsprinzip.

Das Bundesverfassungsgericht hat in einer Entscheidung vom 5. März 1974 (BVerfG 36/331) festgestellt, daß Art. 5 Abs. 3 GG, der die Kunstfreiheit garantiert, nicht nur ein Freiheitsrecht enthält, das vor Eingriffen der öffentlichen Gewalt in den künstlerischen Bereich schützt, sondern dem modernen Staat, der sich im Sinne einer Staatszielbestimmung auch als Kulturstaat versteht, zugleich die Aufgabe stellt, ein freiheitliches Kunstleben zu erhalten und zu fördern. Ähnlich formuliert es die seinerzeit vom Bundesinnenminister und vom Bundesjustizminister berufene Sachverständigenkommission zur Frage der Staatszielbestimmungen in ihrem Bericht vom 18. August 1983. Aus der Sicht der Kommission liegt der Sinn der Aufnahme einer „Kulturklausel" in das Grundgesetz darin, daß auf diese Weise endlich die grundlegenden Staatsziele um jene Dimension ergänzt werden, „die für die Staatspraxis von Bund und Ländern neben Rechts- und Sozialstaatlichkeit längst von vergleichbarer Bedeutung geworden ist. Erst mit der Erwähnung der kulturellen Rolle stellt sich der Gesamtstaat in seinen wesentlichen Bestimmungen und Legitimationen vollständig dar."[4]

Die Bayerische Verfassung enthält in Art. 3 seit jeher die Gleichsetzung von Rechts-, Sozial- und Kulturstaat. Andere Landesverfassungen, wie etwa jetzt die Brandenburgische, sind diesem Gedanken gefolgt. Gegenwärtig wird in Brandenburg meines Wissens erstmalig der Versuch gemacht, die Kulturverpflichtung auch im Kommunalverfassungsrecht zu verankern.

Das bedeutet, daß die Kulturstaatlichkeit nicht ein beliebiger Programmsatz ist, sondern den Staat, jedenfalls „dem Grunde nach", zu einer aktiven Kulturpolitik verpflichtet.

Man kann deshalb die Kulturförderung nicht, wie es häufig noch geschieht, als „freiwillige Leistung" bezeichnen. Um einem manchmal auftretenden Mißverständnis vorzubeugen: Kulturstaat heißt natürlich unter keinen Umständen Staatskultur. Ganz im Gegenteil betont das Kulturstaatsprinzip gerade auch die Freiheit der Kunst.

Falsch ist übrigens auch, die Aufwendungen für Kultur dem Subventionsbegriff zuzuordnen. Eine Subvention ist begrifflich die finanzielle Unterstützung unwirtschaftlicher Produktionszweige. Darum handelt es sich bei der Kulturförderung nicht. Es geht, ebenso wie bei Wissenschaft und Bildung, um die Investition in existentielle Notwendigkeiten. Im übrigen liegen Untersuchungen vor, nach denen die kulturellen Umsätze einschließlich der kommerziellen Bereiche mehr Steuern einbringen, als sie an staatlicher Förderung kosten. Die Kultur als wichtiger Standortfaktor ist von der Wirtschaft längst erkannt worden.

In der gegenwärtigen Diskussion über die vorgesehenen Verfassungsänderungen wird auch die Frage erörtert, inwieweit weitere Staatsziele expressis verbis in den Text des Grundgesetzes aufgenommen werden sollen. Hauptpunkt der Diskussion ist die Bewahrung der natürlichen Lebensgrundlagen der Umwelt. Hierüber herrscht Streit. Noch weniger Neigung scheint zu bestehen, auch eine Kulturklausel in das Grundgesetz aufzunehmen.

In den Einigungsvertrag (Art. 35 Abs.1) ist deshalb in weiser Voraussicht ohne jedes Aufsehen der Kulturstaatsbegriff aufgenommen worden, und zwar, so darf man sagen, mit verfassungsgleicher Qualität als eine Art Bestätigung des Kulturstaatsgedankens, der ohnedies schon jetzt aus der Verfassung abzuleiten ist. Die erheblichen finanziellen Hilfen des Bundes zur Aufrechterhaltung der Kultur in den neuen Ländern, die seit 1991 weit über 3 Milliarden DM ausmachen, haben nach meinem Verständnis ihre Grundlage in der kulturstaatlichen Gesamtverpflichtung. Als Fazit ist aus der

Kulturstaatsverpflichtung zu folgern, daß, wie immer die Finanzlage ist, der Staat sich nicht zur Gänze aus seinen kulturellen Verpflichtungen zurückziehen kann. Man darf zwar die ganze Eisenbahn privatisieren, die Kultur aber nicht.

Die Kulturkompetenz des Bundes und seine Aufgaben

Das eben geschilderte Kulturstaatsprinzip sagt über die Aufgabenverteilung nichts aus. Es gilt für Bund, Länder und Gemeinden gleichermaßen. Die Länder befürchten allerdings, daß sich durch die Aufnahme einer Kulturklausel in das Grundgesetz eine Tendenz zur Erweiterung der Bundeskompetenz ergeben könnte. Sie lehnen deshalb eine solche Klausel im Grundgesetz ab.

Es ist unbestritten, daß nach der Aufgabenverteilung des Grundgesetzes das Schwergewicht der kulturellen Zuständigkeiten eindeutig bei den Ländern liegt. Aber auch der Bund hat eine eigene kulturelle Verantwortung. Es ist logisch, systematisch und nach dem Kulturstaatsprinzip kaum denkbar, daß sich kulturelle Aktivitäten auf der Ebene der Gemeinden, der Länder und im europäischen Bereich entfalten dürfen, nicht aber auf der dazwischenliegenden Ebene des Bundes. Jedem verfassungsmäßig konstituierten Gemeinwesen muß ein gewisses Maß an kulturellen Äußerungen zugestanden werden. Der Bund hat geschriebene Zuständigkeiten, die kulturelle Bereiche selbst betreffen oder sich auf diese auswirken (auswärtige Angelegenheiten, Schutz des deutschen Kulturgutes gegen Abwanderung ins Ausland, allgemeine Rechtsverhältnisse der Presse und des Films, Urheber- und Verlagsrecht, Arbeitsrecht, Recht der Sozialversicherung, Steuerrecht). Der Bund hat nach seiner Auffassung aber auch eine ungeschriebene Zuständigkeit aus der „Natur der Sache", die mit dem Begriff „Gesamtstaatliche Repräsentation" umschrieben wird.

Im „Gutachten über die Finanzreform der Bundesrepublik Deutschland" von 1966 wird diese Kompetenz wie folgt definiert: „Wahrnehmung der Befugnisse und Verpflichtungen, die im bundesstaatlichen Gesamtverband ihrem Wesen nach dem Bund eigentümlich sind (gesamtstaatliche Repräsentation)". Hierzu wird ausgeführt, daß sich die gesamtstaatliche Repräsentation auch auf „künstlerisch bedeutsame Einrichtungen und Veranstaltungen beziehen kann, in denen Rang und Würde des Gesamtstaates oder der Nation zum Ausdruck kommen."[5] Die Länder haben eine solche Kompetenz niemals ausdrücklich anerkannt.

Gleichwohl wird seit fast vierzig Jahren nach diesen Grundsätzen einvernehmlich mit den Ländern verfahren. Ausgesprochene Streitpunkte hat es in der Vergangenheit nur in wenigen Einzelfragen gegeben, z. B. Errichtung einer Deutschen Nationalstiftung für Kunst und Kultur. Der Bund hat die Dominanz der Länder auf dem Feld der Kulturpolitik niemals bestritten oder auch nur gefährdet, was sich insbesondere aus dem Finanzierungsverhältnis der Kulturausgaben von Bund, Ländern und Gemeinden ergibt. Normalerweise liegen die Kulturausgaben des Bundes (ohne Auswärtige Kulturpolitik) bei 5% der Gesamtaufwendungen für Kultur. Soviel wird ihm auch eine föderale Verfassung zubilligen. Länder und Gemeinden tragen zusammen 95%. Wegen der Kulturfinanzierung in den neuen Ländern liegt der Bundesanteil an den staatlichen Gesamtaufwendungen (z. Zt. 14 Milliarden DM) vorübergehend etwas höher.

Der Bund hat seine kulturpolitische Verantwortung auch niemals dazu benutzt, einem kulturellen Zentralismus zu huldigen. Im Gegenteil: Seine Maßnahmen und Hilfen haben immer dazu gedient, die föderale Struktur der Bundesrepublik zu stärken. Das war in den allgemein finanziell beengten Verhältnissen der ersten Nachkriegsjahre so, als Schritt für Schritt mit Hilfe des Bundes bedeutende Einrichtungen wieder aufgebaut worden sind. Jüngstes und ganz herausragendes Beispiel ist die gegenwärtige Übergangsfinanzierung zur Erhaltung der Kultur in den neuen Ländern. Die Kulturhaushalte aller neuen Länder lagen 1991 bei rund 2,7 Milliarden DM. Die Kosten haben sich die neuen Länder und der Bund zu jeweils etwa 50% geteilt. Dies ist eine große Leistung der neuen Länder, von der leider zu wenig gesprochen wird. Für die Jahre 1991 bis 1993 betragen die Kulturleistungen des Bundes für die neuen Länder rund 3,4 Milliarden DM.

Der Deutsche Bund, das Kaiserreich und die Weimarer Republik haben in gewissem Umfang Kulturförderungspolitik betrieben. Hierbei ging es in erster Linie um historisch-wissenschaftliche Vorhaben, Museen mit historischem Hintergrund, bibliothekarische Vorhaben, Denkmäler und Ausstellungen. Da der Preußische Staat weite Teile des Reiches umfaßte, spielte die Frage der Kompetenzabgrenzung zwischen Reich und Ländern nicht die Rolle, die ihr heute beigemessen wird.

Eine sehr viel intensivere und systematischere Kulturförderung oberhalb der Länderebene hat sich eigentlich erst in der Bundesrepublik im Lauf der Jahre entwickelt. 1984 hat die Bundesregierung auf zwei große Anfragen der Fraktionen der CDU/CSU und FDP sowie der SPD einen ausführlichen Überblick über Ziele und Inhalte ihrer Kulturpolitik gegeben. Dies war überhaupt der erste Versuch einer systematischen Zusammenfassung der Kulturförderungspolitik auf Bundesebene. In den Jahrzehnten davor stand eher die Wissenschafts- und Bildungspolitik im Blickpunkt des öffentlichen und parlamentarischen Interesses. Wie aus der Antwort hervorging, stehen drei große Bereiche der kulturpolitischen Aktivitäten im Vordergrund:

- die Bewahrung und der Schutz unseres kulturellen Erbes
- die Verbesserung und Fortentwicklung der Rahmenbedingungen für die Entfaltung von Kunst und Kultur und
- der Aufbau und Ausbau von gesamtstaatlich bedeutsamen Einrichtungen

Hinzugekommen sind, jedenfalls für eine gewisse Zeit, die finanziell erheblich ins Gewicht fallenden kulturellen Aufbauhilfen für die neuen Länder. Beispielhaft seien für die drei sich naturgemäß überschneidenden Bereiche genannt der Denkmalschutz, der Schutz und der Erwerb von Kulturgut, die jetzt akute Rückführung von Kulturgut aus den östlichen Staaten, die Deutsche Bibliothek in Koblenz und Potsdam, zahlreiche Literaturarchive, ferner Museen, nicht zuletzt die Stiftung Preußischer Kulturbesitz und die historischen Museen des Bundes.

Wichtig ist die Künstlerförderung sowie ein kulturfreundliches Steuer-, Urheber-, Arbeits- und Sozialrecht, durch das die Lebens- und Arbeitsbedingungen der Künstler im Rahmen des Möglichen verbessert werden sollen. Ein vom Deutschen Bundestag angeforderter Künstlerbericht der Bundesregierung vom 13. Januar 1975 gab erstmals einen umfassenden Überblick über die berufliche und soziale Situation der Künstler. Der Bundesinnenminister hat daraufhin im Juni 1976 einen Maßnahmenkatalog zur Verbesserung der beruflichen und sozialen Lage der Künstler und Publizisten vorgelegt. Dies war ein wichtiger Ansatz für eine Kulturpolitik des Bundes in größeren Zusammenhängen. Zu nennen ist auch das Stiftungsrecht. Zu erwähnen ist weiter die Musikförderung, die Unterstützung von Ausstellungen und die Filmförderung, in geringerem Umfang auch die Literaturförderung und anderes.

Bei seiner kulturpolitischen Arbeit hat sich das Bundesinnenministerium bislang von drei Prinzipien leiten lassen:

1. Die Kulturförderung ist soweit wie möglich zu systematisieren und in einen inneren Zusammenhang zu bringen. Eine Art von Totalkonzept der Regierung, wie es zuweilen gefordert wird, widerspricht dem Wesen der Kultur und der föderalen Gliederung.
2. Erfolg und Wirkung der Kulturpolitik hängen weitgehend vom ständigen und intensiven Kontakt mit den Künstlern und ihren Verbänden ab. Zahlreiche Anhörungen der Künstlerverbände und monatliche Konsultationen mit dem Kulturrat betonen die dienende Funktion der staatlichen Tätigkeit. Der Sachverstand der Verbände ist für die tägliche Arbeit unerläßlich.
3. Die letztlich mehrfach beanstandete kulturpolitische „Unauffälligkeit" des Bundes führt in einer föderalen Ordnung zu besseren praktischen Ergebnissen. Positionskämpfe mit den Ländern sind Zeitverschwendung. Wie die grundgesetzlich verankerte Hochschulfinanzierung zeigt, hat sie trotz besserer Absicherung dieselben Probleme wie die Kultur.

Der Kulturhaushalt des Bundesinnenministeriums liegt 1993 bei rund 1,5 Milliarden DM, wobei etwa 1 Milliarde DM auf die neuen Länder einschließlich Berlin entfallen. Berlin erhält Kulturförderungsmittel von insgesamt 453,6 Millionen DM. Hierbei schlagen die großen Kultureinrichtungen im Osten der Stadt erheblich zu Buche. In absehbarer Zeit muß die Kulturfinanzierung in Berlin unter dem Hauptstadtgesichtspunkt zwischen Berlin und dem Bund neu geordnet werden. Die Gespräche hierüber sind eingeleitet. Uns schwebt eine Hauptstadt-Vereinbarung vor, die natürlich eingefügt werden muß in den Gesamtausbau Berlins. Daß es damit seine technischen, finanziellen und terminlichen Schwierigkeiten hat, entnehmen wir jeden Tag der Zeitung.

Bei der gegenwärtigen finanziellen Situation wird man mit wesentlichen Zuwächsen bei der Kulturförderung nicht mehr rechnen können. Im Gegenteil ist die Tendenz spürbar, die Förderung erheblich einzuschränken. Die Kulturausgaben von Bund, Ländern und Gemeinden machen etwa 1% der gesamten öffentlichen Haushalte aus. Was immer auch gekürzt wird, die Ersparnisse liegen unter 1% der öffentlichen Ausgaben. Die Aufgabe der Kulturverwaltungen von Bund, Ländern und Gemeinden wird deshalb darin liegen, regelrechte Katastrophen abzuwenden, aber doch neue und vielleicht ungewohnte Modelle zu entwickeln, um die verminderten Ausgaben zu steuern und die Einrichtungen wirtschaftlicher zu führen. Hierbei ist privates Engagement ganz unerläßlich.

Die private Kunstförderung aus der Sicht des Staates

Dem Untertitel dieser Vorlesung, „Der Staat ist auf private Initiative angewiesen“, kann man in dieser Allgemeinheit sicher zustimmen. Aber in welcher Hinsicht angewiesen? In materieller, in methodischer oder nach der Art des Förderungsgegenstandes? Wie hat man sich die private Initiative vorzustellen? Was kann der Mäzen leisten und mit welcher Wirkung?

Als Mäzenatentum bezeichnet man heute die mehr oder weniger altruistische Förderung der Kunst von privater Seite. Sehen wir uns diesen Maecenas (68–8 v. Chr.) näher an. War er der selbstlose, reiche römische Privatmann, Förderer und Freund der Künste und der Dichter? So mag ihn mancher sich vorstellen. Aber er war es nicht. Er war Freund und Berater des Kaisers Augustus mit hohen offiziellen Funktionen. Er war der Stellvertreter des Kaisers in

Rom bei dessen Abwesenheit, er wurde mit den wichtigsten diplomatischen Missionen betraut, er gebot angeblich auch über Polizei und Zensur und war, nicht zuletzt, der Propagandist des Kaisers und seines goldenen Augusteischen Zeitalters. Augustus, der Kaiser, Agrippa, der Feldherr, und Maecenas, betraut mit höchsten offiziellen Aufgaben — sie leiteten die staatlichen Geschicke.

So war Maecenas alles andere als ein Privatmann. Sein großes Vermögen stammte, jedenfalls zum Teil, aus staatlichen Konfiskationen, und er hat den Kaiser später auch zu seinem Erben eingesetzt. So darf man hinter der Privatheit seines Vermögens ein Fragezeichen setzen. Seine großzügige Patronage des Vergil, Horaz, Properz und anderer hatte den Sinn, durch Dichtung den Kaiser, seine Zeit und seine Leistung ohne Zwang und unaufdringlich feiern zu lassen, was die Dichter auch taten. Der Sinn des Maecenas für Qualität und Maß war unübertroffen. Seine Gabe, das öffentliche Bewußtsein nach seinen Vorstellungen zu prägen, war so groß, daß wir noch heute das Bild von ihm vor Augen haben, das er selbst wahrscheinlich überliefern wollte. Eines jedenfalls ist sicher, privat und zweckfrei war da wenig.

So ist auch die heute in der Literatur und in Seminaren geführte Diskussion zum Thema zweckfreies „Mäzenatentum" und zweckgerichtetes „Sponsoring" eher theoretisch. Die Unterschiede sind graduell. Ein Dirigent mit einer Automarke auf dem Rücken seines Frackes wirkt befremdlich, ein Sportler, der mit Warenzeichen übersät ist, nicht. Das hat mit der seelischen Robustheit der jeweiligen Zielgruppe zu tun.

Als private, d. h. nichtstaatliche Förderer kommen in Betracht Unternehmen und Stiftungen, wobei sich auch Unternehmer der Stiftungsform bedienen, ferner Verbände, Lotterien, Personengruppen und einzelne Privatpersonen sowie viele Bürger mit kleinen Beträgen. Es gibt auch

Mischformen, wie Sonderbriefmarken mit Zuschlägen und Sondermünzen, wobei der Staat das Instrumentarium zur Verfügung stellt, der einzelne Bürger aber frei entscheidet, ob er davon Gebrauch machen will. Eine spezielle Kultursondermünze im Wert von 10 DM, die etwa 40 Millionen DM Gewinn erbrächte, scheitert am erbitterten Widerstand des Finanzministers und der Bundesbank. Was etwa in der Schweiz geht, geht bei uns noch lange nicht.

Wenden wir uns zunächst den Unternehmen der Wirtschaft zu. Die Kulturabteilung des Bundesinnenministeriums hat vor einiger Zeit beim IFO-Institut für Wirtschaftsforschung zwei Studien in Auftrag gegeben, die sich mit der Finanzierung von Kunst und Kultur durch Unternehmen befassen. Die Gutachten, erstattet von Marlies Hummel, sind 1988 und 1991 veröffentlicht worden. Außerdem ist im Auftrag des Bundesinnenministeriums 1989 ein umfangreicher Band von Karla Fohrbeck mit dem Titel „Renaissance der Mäzene – Interessenvielfalt in der privaten Kulturfinanzierung" erschienen. In diesen Zusammenhang gehört auch das ebenso umfangreiche „Handbuch der Kulturpreise" von Karla Fohrbeck, das im Auftrag des Innenministeriums 1985 in zweiter Auflage herausgegeben worden ist. Außerdem ist auf eine Studie des Kulturkreises im Bundesverband der Deutschen Industrie, „Die Wirtschaft als Kulturförderer", 1987, zu verweisen. Die nachfolgenden Angaben, sehr stark vereinfacht, stützen sich auf die vorgenannten Untersuchungen, insbesondere auf die IFO-Studie von 1991:

1. Von den Unternehmen, die sich an der Erhebung beteiligten, haben 39% angegeben, sich im Kunst- und Kulturbereich zu engagieren. Nach der BDI-Studie, die allerdings weniger Unternehmen erfaßte, fördern etwa 65% der Unternehmen Kultur. Wahrscheinlich dürfte der Anteil heute fast 70% erreicht haben. Dabei ist

allerdings zwischen externer Kulturförderung und interner Kulturförderung zu unterscheiden. Man wird annehmen können, daß mehr Unternehmen intern als extern fördern. Alle Unternehmen mit einem Umsatz von über 1 Milliarde DM fördern Kultur. Insgesamt wurde festgestellt, daß das Interesse an der Kultur steigt.

2. Unterscheidet man zwischen warenproduzierendem Gewerbe und Dienstleistungsgewerbe, dann zeigt das Dienstleistungsgewerbe besondere Bereitschaft zur Kulturförderung. Dabei treten in besonderer Weise die Sparkassen hervor, die sich auf ihren öffentlichen Auftrag berufen.

3. Besonderes Engagement zeigen auch große Unternehmen mit ausgeprägter Public-Relations-Arbeit und einer stark entwickelten Unternehmensstrategie.

4. Bei fast jedem zehnten kulturfördernden Unternehmen besteht eine eigene Stiftung zur Förderung von Kunst und Kultur. Die meisten Stiftungen haben die großen Unternehmen und, wegen des persönlichen Interesses einiger Eigentümer, die kleinsten Unternehmen.

5. Als Motive für die Förderungsaktivitäten wurden etwa in folgender Reihenfolge genannt:
   - Öffentliche Verantwortung
   - Imagepflege
   - Kundenpflege
   - Persönliches Interesse der Geschäftsleitung
   - Mitarbeitermotivation

   Je stärker eine Branche ins kritische Blickfeld gerät, desto größer ist die Bereitschaft, sich auch auf die öffentliche Verantwortung zu besinnen. Auffallend ist der Einfluß starker Unternehmerpersönlichkeiten. Deren Neigungen bestimmen oft auch die Art der Förderung.

6. Bei der Förderung von Schwerpunkten außerhalb der Unternehmen zeigt sich nachstehende Reihenfolge:
   - Heimat und Brauchtumspflege
   - Musik
   - Bildende Kunst
   - Denkmalpflege
   - Darstellende Kunst
   - Literatur
   - Film und Photographie

7. Formen der Förderung sind:
   - Finanzielle Unterstützungen
   - Veranstaltungen (Konzerte, Ausstellungen)
   - Sach- und Materialspenden
   - Publikationshilfen
   - Ankäufe
   - Auftragsvergabe an Künstler
   - Kunstpreise, Stipendien, Wettbewerbe

   Diese Übersicht zeigt große Flexibilität unternehmerischen Mäzenatentums, die auch, ganz im Gegensatz zum Staat, schnelle und unkonventionelle Entscheidungen ermöglicht.

   Für den Bund besonders wichtig ist die Ergänzungsfinanzierung durch vornehmlich große Unternehmen beim Erwerb von sehr wertvollen Bildern, Möbeln oder Autographen.

8. Die Rangfolge oder Bedeutung verschiedener Förderbereiche wird wie folgt angegeben:
   1. Karitative Organisationen
   2. Kunst und Kultur
   3. Sport
   4. Wissenschaft
   5. Mitarbeiterfreizeit

   Dies kann bei einzelnen Unternehmen ganz anders aussehen und sagt auch nichts über den jeweiligen Förderungsumfang. Es gibt aber einen Eindruck von den bestehenden Konkurrenzen.

9. Es wird immer wieder hervorgehoben, daß der regionalen Förderung der Vorzug vor der überregionalen Förderung gegeben wird. Für große, mehr anonyme Stiftungen bekommt man kaum Fördermittel.

10. Die jährlichen Ausgaben je Unternehmen liegen beim warenproduzierenden Gewerbe im Schnitt bei 40 800 und bei Dienstleistungsunternehmen bei 93 270 DM.

    Von Branche zu Branche gibt es starke Unterschiede: Der durchschnittliche Aufwand des Baugewerbes etwa beträgt 15 200 DM, in der Energie- und Wasserversorgung und im Bergbau dagegen 244 140 DM. Hohe Anteile haben auch Sparkassen und Versicherungen. Die BDI-Studie kommt auf einen Durchschnitt von 82 000 DM. Nicht exemplarisch sind diese Angaben für die ganz großen, jedermann bekannten Firmen, deren Beiträge erheblich höher liegen.

Rechnet man die Gesamtaufwendungen der Unternehmungen, Stiftungen und anderer Förderer hoch, dürfte man bei allen statistischen Unsicherheiten auf einen Betrag von etwa 400 Millionen DM kommen. Dem stehen kulturelle Aufwendungen von Gemeinden, Ländern und Bund von gegenwärtig etwa 14 Milliarden DM gegenüber. Die privaten Aufwendungen entsprechen also etwa 3% der öffentlichen Ausgaben, je nach Jahr, Konjunktur oder Finanzlage etwas mehr oder etwas weniger.

Eine Ersetzung öffentlicher Aufwendungen durch private Mittel ist also nicht vorstellbar. Für amerikanische Verhältnisse fehlen alle Voraussetzungen. Die häufig in Diskussionen auftauchende Befürchtung, der Staat könne oder wolle sich zu Lasten der privaten Kulturförderung aus seinen kulturellen Verpflichtungen zurückziehen, hat bei diesem Finanzierungsverhältnis gar keine reale Grundlage. Richtig ist allerdings, daß bei knapper werdenden Staatsfinanzen neue Möglichkeiten und Modelle erschlossen werden müssen.

Ein weiterer wichtiger Komplex im Gefüge privater Kunstförderung sind die Stiftungen. Einem unveröffentlichten Vortrag von Kurt Kreuser, Generalsekretär der Arbeitsgemeinschaft Deutscher Stiftungen, entnehme ich die nachfolgenden Daten. Diese Förderungsform ist alt. Die älteste Mitgliedsstiftung im Bundesverband Deutscher Stiftungen, die Hospitalstiftung in Wemding im Ries, stammt aus dem Jahre 917. Sie konnte ihren eigenständigen Status als Anstaltsstiftung über ein Jahrtausend bewahren.

In der Bundesrepublik gibt es heute rund 6000 rechtlich selbständige Stiftungen. Diese Stiftungen verteilen sich hauptsächlich auf folgende Bereiche:

Soziale Aufgaben	35%
Bildung und Erziehung	21%
Wissenschaft und Forschung	11%
Kunst und Kultur	9%
Gesundheitswesen	6%
Sonstige Zwecke wie Religion, Völkerverständigung, Umwelt und Natur, Familien- und Belegschaftsstiftungen	18%

Dabei gibt es oft Mehrzweckstiftungen, die in verschiedenen Bereichen tätig sind. Aus dieser Aufstellung ergibt sich, daß sich immerhin nahezu 600 Stiftungen mit der Kulturpflege befassen.

Das Kapitalvermögen aller Stiftungen beträgt schätzungsweise 17 Milliarden DM. Hinzu treten Vermögenswerte in Gestalt von Immobilien, Einrichtungsgegenständen, Kunstwerken u. a., deren Wert ungefähr mit dem gleichen Betrag angesetzt werden kann. Die Stiftungen verfügen also über ein Vermögen von etwa 34 Milliarden DM. Aus dem Kapitalvermögen ergeben sich jährliche Erträge in Höhe von etwa 1,2 Milliarden DM, von denen nur ein geringerer Teil der Kultur zugute kommt.

Die großen Industriestiftungen wie Volkswagen, Bosch, Krupp, Thyssen und andere widmen sich mehr der Förderung der Wissenschaft. Die Siemens-Stiftungen dagegen fördern in größerem Umfang die Kultur. Zu nennen sind für die Kulturförderung auch Bertelsmann, Körber, Töpfer, Reemtsma, Quandt, Klöckner u. a. Erhebliche Bedeutung haben neben den Großbanken auch die zum Teil sehr gut ausgestatteten Sparkassen-Stiftungen.

Die vor einigen Jahren durch öffentliches und privates Zusammenwirken gegründete Deutsche Stiftung Denkmalschutz kam auch mit staatlicher Anschubfinanzierung zunächst nur langsam voran. Den Durchbruch brachte die Vereinigung Deutschlands und mit ihr die Erkenntnis, daß in den neuen Ländern wertvolle Bausubstanz vor dem endgültigen Untergang bewahrt werden müsse. Die Spendenbereitschaft privater Bürger ist gegenwärtig außerordentlich groß, so daß die Stiftung, auch vom ZDF sehr wesentlich unterstützt, im Denkmalschutz ein bedeutender Faktor geworden ist.

Die Zusammenarbeit von Bund, Ländern und Gemeinden und auch der Kulturstiftung der Länder oder der staatlichen Kulturstiftungen der einzelnen Bundesländer mit den privaten Stiftungen ist gut. Ihre Beiträge ermöglichen oft erst die großen Ausstellungen oder den bedeutsamen Kunsterwerb. Sie stimulieren die Maßnahmen auch und ergreifen häufig die ersten Initativen. Insoweit ist ihre Wirksamkeit oft höher einzuschätzen, als es ihre eigentlichen finanziellen Beiträge zum Ausdruck bringen.

In steuerlicher Hinsicht könnte der Staat hier wahrscheinlich noch mehr tun. Einiges hat sich schon verändert. Aber die Unbeweglichkeit der Finanzverwaltungen in Deutschland ist in dieser Hinsicht nach wie vor groß. Da es sich meistens um öffentliche Aufgaben handelt, würde der Staat, aufs Ganze gesehen, mehr gewinnen als verlieren.

Es muß auch darum gehen, noch mehr private Stifter und privates Kapital für Stiftungen zu aktivieren. Das private Kapitalvermögen in Deutschland wird heute auf etwa 3,2 Billionen DM geschätzt, das sind über 3000 Milliarden. Schon ein sehr geringer Prozentsatz davon bei gemeinnützigen Absichten oder bei Erbfällen in Stiftungen angelegt, würde die Leistungsfähigkeit der Stiftungen enorm steigern. Information, Aufklärung und steuerliche Hilfen könnten hier manches bewirken.

Noch ein Wort zu den großen Sammlern, die in dieser Vorlesungsreihe ja schon eingehend behandelt worden sind.

Nach dem Ende der fürstlichen Sammeltätigkeit sind seit dem 19. Jahrhundert bedeutende Sammler auf den Plan getreten und haben ihre Sammlungen oft, um sie zu erhalten, zu Lebzeiten oder im Erbgang den öffentlichen Museen überantwortet. Häufig sind sie zum eigentlichen Kernbestand einer öffentlichen Sammlung geworden. Einer solchen mäzenatischen Haltung, bei der sich Eigeninteresse und Verantwortungsbewußtsein gut ineinanderfügen, verdanken unsere Museen Kunstwerke, die sie aus Gründen der Finanzen, der Bewilligungspraxis oder der geschmacklichen Rücksichtnahme nie oder nicht in der Vollständigkeit hätten erwerben können. Dabei seien auch jene nicht vergessen, die sich nicht in Sammlungen verewigen, sondern mit großer Diskretion mit ihren persönlichen Möglichkeiten immer wieder helfen, wertvolles Gut zu sichern, Investitionslücken zu stopfen oder durch Zwischenfinanzierungen momentane Verlegenheiten zu überbrücken.

Genannt sei hier Hermann Josef Abs, der mit seiner Beratung, seiner Finanzierung aus eigener Tasche, seinem unbestechlichen Gespür für Qualität und seiner immensen

Kenntnis der Kunst, des internationalen Marktes und seiner Personen und schließlich seiner überragenden Autorität der Bundesregierung unschätzbare Dienste erwiesen hat. Er hat gegeben, nie einen Pfennig Spesen in Rechnung gestellt und niemand kennt alle seine persönlichen Engagements.

Einige Beispiele mäzenatischen Wirkens möchte ich zur Illustration noch nennen:

- 1983 wurde das Evangeliar Heinrichs des Löwen (ca. 1188), eine der größten Leistungen des hohen Mittelalters, in London für 32,4 Millionen DM ersteigert. Die öffentliche Hand, nämlich Niedersachsen, Bayern, der Bund und die Stiftung Preußischer Kulturbesitz brachten zusammen rund 27 Millionen DM auf. Private Spender leisteten einen Beitrag von nahezu 6 Millionen DM.
- Eines der Hauptwerke von Antoine Watteau, „Die Einschiffung nach Cythera" (1713), konnte im gleichen Jahr durch eine gemeinsame Aktion für das Charlottenburger Schloß gerettet werden. Die Initiative ging von dem Verein „Freunde der preußischen Schlösser und Gärten" aus, der selbst zu dem Kaufpreis von 15 Millionen DM einen Spendenbeitrag von 5 Millionen DM aufbrachte. Den Rest trugen die Stiftung Deutsche Klassenlotterie und der Bund zu gleichen Teilen.
- Am 6. Mai 1993, also vor wenigen Wochen, wurde in Anwesenheit des Bundespräsidenten das weltberühmte Buddenbrook-Haus in der Lübecker Mengstraße mit einem Heinrich und Thomas Mann-Zentrum eröffnet. Das Haus, oder das, was davon noch übrig war, wurde auf diese Weise endgültig für die Literatur gesichert. Beteiligt sind die Stadt, das Land und der Bund. Die Gesamtkosten von rund 7 Millionen DM sind noch nicht ganz gedeckt. Bislang sind durch eine Vielzahl großer und kleiner Spenden 1,6 Millionen DM aufgebracht worden. Bei den Spenden ist eine starke japanische Beteiligung

hervorzuheben, über die in der japanischen Presse bereits berichtet worden ist.

– In wenigen Tagen wird der Bundesinnenminister eine Vereinbarung zwischen seinem Ministerium und der privaten Deutschen Stiftung Musikleben über die Errichtung eines „Deutschen Musikinstrumentenfonds" unterzeichnen. Der Bund und die Stiftung bringen ihre hochwertigen Musikinstrumente ein, um sie an junge qualifizierte Künstler auszuleihen. Aus Mitteln der öffentlichen Hand und eingeworbenen Stiftungsmitteln sollen weitere Instrumente angeschafft werden. Die Verwaltung liegt bei der Stiftung Musikleben. Dies ist, wie ich meine, ein besonders interessantes Beispiel privaten und öffentlichen Zusammenwirkens.

Zum Schluß dieser Vorlesungsreihe sei noch auf ein besonders schönes Beispiel von Mäzenatentum hingewiesen: auf die von Günter und Waldtraut Braun veranstaltete Vorlesungsreihe „Mäzenatentum in Berlin". Ich bin sicher, daß hiervon neue Anregungen, Anstöße und Überlegungen ausgehen werden. Das ist dann der Lohn, den die Veranstalter erwarten und auch annehmen dürfen.

Mit einem herzlichen Dank für die Ermutigung, die uns Günter und Waldtraut Braun mit ihrem Beispiel gegeben haben, setze ich das Resümee an den Schluß: Der Staat ist auf private Initiative angewiesen. Die private Förderung kann die Leistungen des Staates nicht ersetzen, aber manches wäre unterblieben, wenn der private Förderer nicht seine Hand gereicht hätte. Die Flexibilität, das Experiment, das Ungewohnte, das Risiko, das die Kunst so nötig braucht, das alles ist beim Mäzen besser aufgehoben als beim Staat. Der Staat braucht auch die Anregung und die Initiative von außen. So ist die Wirkung der privaten Kulturförderung weit höher zu veranschlagen, als es ein bloßer Vergleich der jeweils aufgebrachten Mittel vermuten läßt.

Anmerkungen

1 Burckhardt, Weltgeschichtliche Betrachtungen, S. 46.
2 Fußmann, Die verschwundene Malerei, S. 9.
3 Sedlmayr, Verlust der Mitte, S. 7.
4 Bundesminister des Innern und Bundesminister der Justiz (Hg.), Bericht der Sachverständigenkommission, S. 150.
5 Kommission für die Finanzreform (Hg.), Gutachten über die Finanzreform, S. 178.

Weiterführende Literatur

Manfred Abelein, Die Kulturpolitik des Deutschen Reiches und der Bundesrepublik Deutschland, Köln 1968.

Clemens-August Andreae (Hg.), Kunst und Wirtschaft. Symposium der Hanns Martin Schleyer-Stiftung, Köln 1983.

Hermann Auer u. a., Denkschrift Museen. Zur Lage der Museen in der Bundesrepublik Deutschland und Berlin (West), Boppard 1974.

Bundesminister des Innern (Hg.), Kulturpolitik im Bundesministerium des Innern, Bonn 1969.

Bundesminister des Innern (Hg.), Verbesserung der beruflichen und sozialen Lage der Künstler und Publizisten, Berlin 1976.

Bundesminister des Innern und Bundesminister der Justiz (Hg.), Bericht der Sachverständigenkommission „Staatszielbestimmungen/Gesetzgebungsaufträge", Bonn 1993.

Jacob Burckhardt, Weltgeschichtliche Betrachtungen, Berlin o. J.

Klaus Daweke und Michael Schneider, Die Mission des Mäzens. Zur öffentlichen und privaten Förderung der Künste, Opladen 1986.

Thomas Deecke u. a., Kunstlandschaft Bundesrepublik, hg. im Auftrag der Arbeitsgemeinschaft deutscher Kunstvereine, Stuttgart 1984.

Heinz H. Fischer, Franz Bauske, Brigitte Conzen, Die Wirtschaft als Kulturförderer, hg. vom Kulturkreis im Bundesverband der Deutschen Industrie e.V., Köln 1987.

Karla Fohrbeck, Handbuch der Kulturpreise 1979–1985, im Auftrag des Bundesministers des Innern, Köln 1985.

Karla Fohrbeck, Renaissance der Mäzene, hg. vom Bundesminister des Innern, Köln 1989.

Karla Fohrbeck und Andreas Johannes Wiesand, Der Künstler-Report, München 1975.

Heinz Friedrich u. a., Ende der Kunst – Zukunft der Kunst, hg. von der Bayerischen Akademie der Schönen Künste, München 1985.

Klaus Fußmann, Die verschwundene Malerei, Berlin 1985.

Max-Emanuel Geis, Kulturstaat oder Bürgerrecht auf Kultur?, in: Kulturpolitische Mitteilungen Nr. 52 I/1991, S. 24 ff.

Hermann Glaser und Karl Heinz Stahl, Bürgerrecht Kultur, Frankfurt/M. 1983.

Peter Häberle (Hg.), Kulturstaatlichkeit und Kulturverfassungsrecht, Darmstadt 1982.

Hanns E. Hieronymus, Deutsche Nationalstiftung für Kunst und Kultur, in: Wissenschaftsrecht, Wissenschaftsverwaltung, Wissenschaftsförderung, Bd. 8, H. 3, 1975.

Hanns E. Hieronymus, Bundeshilfe für Kultur, in: Die politische Meinung, März 1992.

Marlies Hummel, Neuere Entwicklungen bei der Finanzierung von Kunst und Kultur durch Unternehmen. Gutachten im Auftrag des Bundesministers des Innern, hg. vom IFO-Institut für Wirtschaftsforschung, München 1991.

Marlies Hummel und Manfred Berger, Die Volkswirtschaftliche Bedeutung von Kunst und Kultur. Gutachten im Auftrag des Bundesministeriums des Innern, hg. vom IFO-Institut für Wirtschaftsforschung, München 1988.

Marlies Hummel und Cornelia Waldkirchner, Entwicklungstrends von Kunst und Kultur. Gutachten im Auftrag des Bundesminsters des Innern, hg. vom IFO-Institut für Wirtschaftsforschung, München 1991.

Manfred Jäger, Kultur und Politik in der DDR, Köln 1982.

Sieghardt von Köckritz, Die Kulturförderung des Bundes, in: Deutsches Stiftungswesen 1977–1988, Bonn 1989, S. 221.

Sieghardt von Köckritz, Kulturföderalismus und Kulturförderung in Deutschland, in: Kulturpolitische Mitteilungen Nr. 52 I/1991, S. 32.

Sieghardt von Köckritz, Kulturpolitik im Prozeß der deutschen Vereinigung, 1993 (unveröffentlichtes Vortragsmanuskript für die Abgeordnetenversammlung des Börsenvereins des Deutschen Buchhandels, Frankfurt/M.).

Thomas Köstlin, Die Kulturhoheit des Bundes, Berlin 1989.

Kommission für die Finanzreform (Hg.), Gutachten über die Finanzreform in der Bundesrepublik Deutschland. Entwurf einer Verwaltungsvereinbarung über das Zusammenwirken von Bund und Ländern bei der Finanzierung öffentlicher Aufgaben, Stuttgart 1966.

Kurt Kreuser, Stiftungen, Staat und Gesellschaft, 1992 (unveröffentlichtes Vortragsmanuskript).

Bernd Küster, Die verfassungsrechtliche Problematik der gesamtstaatlichen Kunst- und Kulturpflege in der Bundesrepublik Deutschland, Frankfurt/M. 1990.

Bernhardt von Loeffelholz, Stiftungen und Kulturförderung, 1992 (unveröffentlichtes Vortragsmanuskript für den Bundesverband Deutscher Stiftungen e. V., Würzburg).
Hans Maier, Deutschland – Kulturnation, in: Bertelsmann Colloquium, Wo ist die Sprache, die verbindet ..., Gütersloh 1985, S. 19 ff.
Werner Maihofer, Kulturelle Aufgaben des modernen Staates, in: Handbuch des Verfassungsrechts, hg. von Ernst Benda, Werner Maihofer, Hans-Jochen Vogel, Berlin 1983, S. 953 ff.
Arno J. Mayer, Adelsmacht und Bürgertum, München 1984.
Gert von der Osten, Das Museum für eine Gesellschaft von morgen, Köln 1971.
Presse- und Informationsamt der Bundesregierung (Hg.), Was tut der Bund für die Kultur – Antworten auf zwei Große Anfragen, Bonn 1985.
Presse- und Informationsamt der Bundesregierung (Hg.), Mehr Raum für Kultur – Kulturförderung des Bundes, Bonn 1986.
Hannes Rettich, Kunstkonzeption des Landes Baden-Württemberg, Stuttgart 1990.
A. Scholz, C. Waldkircher-Heyne, M. Hummel, Entwicklungstendenzen von Kunst und Kultur in den neuen Bundesländern, Gutachten im Auftrag des Bundesministers des Innern, hg. vom IFO-Institut für Wirtschaftsforschung, München 1993.
Katharina Schmidt u. a. (Hg.), Kat. Glanzlichter – 40 Jahre Engagement des Bundes für die Kunst, Bonn 1989.
Helmuth Schulze-Fielitz, Die Kulturklausel als Hemmnis oder Chance; in: Kulturpolitische Mitteilungen Nr. 52/I1991, S. 27 ff.
Olaf Schwencke (Hg.), Museum – Verklärung oder Aufklärung, Loccumer Protokolle 52/1985.
Olaf Schwencke (Hg.), Kulturföderalismus und Kulturförderung, Loccumer Protokolle 5/1991.
Hans Sedlmayr, Verlust der Mitte, Salzburg 1948.
Karin Thomas, Zweimal deutsche Kunst nach 1945, Köln 1985.

Nachwort

von

Günter Braun

Unsere Vorlesungsreihe und dieses Buch über das Mäzenatentum in Berlin sind der Förderung der bildenden Kunst gewidmet. Dies bedeutet, wie im Vorwort kurz dargelegt, eine bewußte und klare Abgrenzung gegen andere Förderzwecke. Aber innerhalb der bildenden Kunst waren ursprünglich keine besonderen Schwerpunkte geplant. Die etablierte Kunst sollte genauso wie die zeitgenössische Kunst gleichgewichtig und angemessen dargestellt werden.

1.

Wo immer die Probleme des Mäzenatentums in diesem Buch allgemein behandelt werden und das Mäzenatentum in die politischen, gesellschaftlichen und wirtschaftlichen Prozesse seiner Zeit eingepaßt wird, ist diesem Anspruch auch voll Genüge getan. Der von Werner Knopp geschilderte „rauschhafte Aufstieg" der Berliner Museen während der Wilhelminischen Zeit innerhalb weniger Jahrzehnte von einer eher nur gehobenen Mittelklasse zur Spitzengruppe der Museen in der Welt betraf alle Museen, keineswegs nur die für zeitgenössische Kunst. Die Gemälde-Sammlungen hatten an dieser märchenhaften Entwicklung genauso Anteil wie die Ägyptische und die Antiken-Sammlung. Das Kunstgewerbe erreichte zu jener Zeit gerade erst seine Museumsreife. – Alle Museen profitierten auch gleichermaßen von der damals neuen, weltoffenen, liberal und modern eingestellten bürgerlichen Wirtschafts- und Wissenschaftselite, von einer, wie Eberhard Roters es genannt hat, hochaktiven, virulenten Gesellschaft. – Und, ein drittes Beispiel, die in der zweiten Hälfte des 19. Jahrhunderts einsetzende Professionalisierung der Museumsleitungen und die wissenschaftliche Fundierung der Museumsarbeit und Museumspolitik waren ebenfalls ein für ausnahmslos alle Museen feststellbarer Trend. Es gibt also eine breite Gemeinsamkeit für alle Museen, wenn von Mäzenatentum und seiner Wirkung auf die Kunst, auf den Künstler und die Museen die Rede ist.

2.

Aber unbestreitbar bestehen zwischen der etablierten Kunst und der Moderne deutliche Unterschiede in ihrem Verhältnis zur Öffentlichkeit und zum Staat. Die etablierte Kunst besitzt aufgrund ihrer oft schon nach erstaunlich kurzer Zeit gewonnenen Distanz zur Gegenwart ein weitgehend entspanntes Verhältnis zu ihrem politischen und gesellschaftlichen Umfeld. Das schlagendste Beispiel dafür ist wohl die Secession. Noch bis 1904/05 heftig umstritten und von ihren Gegnern erbittert bekämpft, begann sie, als Künstlervereinigung, bereits ab 1910 sich selbst zu überleben; die in ihr vereinigten Kunstrichtungen mußten schon nach wenigen Jahren – nunmehr ihrerseits zur sanktionierten Kunst geworden – der neuen Moderne, dem Expressionismus, weichen. Der Konflikt mit den tradierten Kräften ist nun einmal das Privileg, oft aber auch die Last der unmittelbar zeitgenössischen Kunst. Der Grund ist einsichtig. Zeitgenössische Kunst stellt in ihrer Suche nach dem Neuen das Bestehende in Frage, zieht vermeintlich

Bewährtes in Zweifel, läßt Autorität nicht und Autoritätsansprüche schon gar nicht gelten und berührt damit die bestehenden Herrschaftsstrukturen.

3.

Daraus ergeben sich aber auch Konsequenzen für den Sammler und Stifter zeitgenössischer Kunst. In seiner Skizze einer Typologie der Mäzene weist Thomas W. Gaehtgens darauf hin, daß der Sammler alter Kunst einen anderen Typus darstellt als der Sammler der Moderne. Dem Sammler alter Meister werden zwar auch künstlerisches Urteilsvermögen, Gesprächskompetenz mit den Museumsleuten, Begeisterungsfähigkeit für die Sache, Bereitschaft zum finanziellen Engagement und in alledem ein hohes Maß an Gemeinsinn abverlangt. Aber bei dem Sammler zeitgenössischer Kunst müssen Mut, Entscheidungsfreude und Risikobereitschaft, nicht zuletzt auch, in kritischen Situationen, politische Überzeugungstäterschaft hinzukommen. Denn im Gegensatz zum Sammler der etablierten Kunst investiert der Förderer der Moderne in eine Kunst, die sich noch nicht durchgesetzt hat, und damit in eine ungewisse Zukunft, in ein noch nicht erreichtes Stadium des Abgesichertseins und der öffentlichen Anerkennung eines Künstlers und seines Werkes. Auf diese Weise ist er mit einem viel größeren Risiko des Irrtums behaftet. Dieses Risiko kann ihm niemand abnehmen, am wenigsten der Staat, dem es dafür an der notwendigen Einsicht und Flexibilität mangelt. Dafür pflegt dieser Typus Mäzen aber auch größere Aufmerksamkeit auf sich zu ziehen. Von ihm geht so etwas wie die Faszination eines Spielers aus, obwohl von seinem Einsatz eben nicht nur der Ausgang eines Spieles, sondern oft genug die Schicksale von Künstlern und, jedenfalls bis zu einem gewissen Grade, die Chancen der Avantgarde abhängen.

4.

Die Sammler und Stifter zeitgenössischer Kunst werden nachhaltig vom Geist ihrer Zeit geprägt.

Joachim Heinrich Wilhelm Wagener, der mit seiner Sammlung in der ersten Hälfte des 19. Jahrhunderts den Grundstock für die spätere Nationalgalerie legte, sammelte, was damals modern war, was ihm gefiel und was der gesellschaftlichen Befindlichkeit der Zeit entsprach, ohne daß er sich dabei auf den Rat von Museumsleuten und Galeristen hätte stützen können; sie gab es im heutigen Sinne zu jener Zeit noch nicht. Ungewöhnlich an Wagener war, darin eilte er seiner Zeit voraus, daß er bereits einen Sinn dafür hatte und für sich Konsequenzen daraus zu ziehen bereit war, daß große Sammlungen in die Öffentlichkeit drängen. Gegen Ende seines Lebens vollzog er den Schritt vom Sammler zum Stifter und vermachte seine Sammlung dem preußischen Staat.

Nicht sehr viel mehr als dreißig Jahre später war Wilhelm Bode bereits im Begriff, die Partnerschaft zwischen Museumsmann und Stifter zu höchster Vollkommenheit zu entwickeln. Gaehtgens hat dies sehr gerafft so dargestellt, daß der Museumsmann einen Gesprächspartner findet, daß er ihn zur Kennerschaft anregt, daß er dessen Wissen fördert, daß er ihn beim Aufbau seiner Sammlung berät und in ihm das Verantwortungsbewußtsein dafür stärkt, daß der Sammler immer nur Besitzer seiner Sammlung, niemals deren Eigentümer ist. Deshalb bleibt er mit seiner Sammlung, jedenfalls in einem moralischen Sinne, gegenüber der Öffentlichkeit in einer Pflicht.

Der Zusammenprall unter Wilhelm II. zwischen der staatlichen Kunstdoktrin und den von staatlicher Bevormundung sich frei machenden, vorwärtsdrängenden Kräften des französischen Impressionismus und in seinem Gefolge der Secession in Deutschland ließ einen neuen Typus des Mäzens entstehen. Wenn die offizielle Kunstpolitik das Neue nicht dulden und wenn sie den Museen den Erwerb von Werken der Avantgarde nicht erlauben wollte, dann wuchs den privaten Mäzenen und ihren Sammlungen eine Art öffentlicher Funktion zu. Sie wurden zu ‚Zwischenstationen', bis die Moderne zur etablierten Kunst geworden war oder der Staat seine Kunstdoktrin dem Fortschritt anzupassen bereit war. Das Mäzenatentum, das hier helfend einspringen sollte, setzte ein großes Maß vor allem an innerer, aber auch an wirtschaftlicher Unabhängigkeit, außerdem Überzeugungstreue und Zivilcourage voraus. An Mäzenen diesen Zuschnitts hat es in der Zeit vor dem Ersten Weltkrieg zum Glück nicht gefehlt.

Nach dem Ersten Weltkrieg, nach der weitgehenden Zerstörung der Struktur der Vorkriegsgesellschaft wuchs eine neue Generation von Sammlern heran. Dies waren anders empfindende Sammler, für die in ihrem emotionalen Engagement die Kunst eine Frage existentieller Notwendigkeit war. Sie sahen im Expressionismus ein Synonym für das politische Streben nach Freiheit und Gerechtigkeit. Die emotionale Bindung der Sammler an ihre Sammlungen war oft so stark und ihre Sammlungen waren darin so privat, daß diese selbst als Leihgaben für Ausstellungen nur selten zur Verfügung standen.

In der ersten Hälfte der zwanziger Jahre befand sich die Kunst – darauf weist Wolf-Dieter Dube hin – vorübergehend in voller Übereinstimmung mit der Kunstpolitik des Staates. Dies kam nicht zuletzt darin zum Ausdruck, daß viele der damals mit öffentlichen Mitteln erworbenen Bilder später von den Nationalsozialisten als „entartete Kunst" eingestuft wurden und entfernt werden mußten. In der zweiten Hälfte der zwanziger Jahre ging die Öffentlichkeit in ihrer Einstellung wieder stärker auf Distanz zur zeitgenössischen Kunst. Dies war neben der Knappheit der finanziellen Mittel der Grund dafür, daß 1929 der Verein

„Freunde der Nationalgalerie“ gegründet wurde. Die Nationalgalerie war wieder auf die Unterstützung von Bürgern angewiesen, finanziell, aber eben auch auf deren Überzeugungstreue, deren Freiheitswillen und die Bereitschaft zur Gewährleistung von Unabhängigkeit.

Es folgte die Zeit, in der die Sammler als Retter der modernen Kunst vor dem Zugriff des Dritten Reiches auftraten und geistigen Widerstand leisteten. Dies war eine völlig neue Form des Mäzenatentums, nämlich Künstlern trotz ihrer Bedrohung und Unterdrückung durch eine Diktatur durch materielle Unterstützung die Fortsetzung ihres künstlerischen Schaffens zu ermöglichen, aber auch bedrohte, auf den Index spießbürgerlicher Borniertheit gesetzte Werke vor der Vernichtung zu bewahren. Es ist schier unglaublich, welcher Ideenreichtum entwickelt wurde, um dieses Ziel zu erreichen und auf diesem Wege wenigstens einen Teil der bedrohten Kunst vor Verlust oder sogar Untergang zu bewahren. Diese Art von Mäzenatentum war oft nur möglich, wenn Gefahren für die eigene Person in Kauf genommen wurden.

Nach dem Krieg war zunächst nur wenig Raum für jegliches Mäzenatentum. Berlin schien bis auf weiteres jeden Anspruch verloren zu haben, sich weiterhin als eine Stadt der Kultur und der Kunst zu empfinden. Wie auch anderswo in Deutschland waren alle Kräfte auf den Wiederaufbau und die Aufarbeitung der schlimmsten menschlichen Beschädigungen konzentriert.

Aber auch nach diesen bitteren Anfängen sollte sich der Weg der Berliner Museen zu ihrer heutigen Geltung abermals als beschwerlicher erweisen als der vieler anderer Museen in Deutschland, als unmittelbare Folge der Teilung Deutschlands und der Spaltung, Isolierung und Bedrohung Berlins. Dies äußerte sich auch darin, daß private Sammlungen nicht nach Berlin zurückkehrten, woher sie ursprünglich stammten und wohin sie eigentlich auch wieder gehörten, und daß die wenigen in Berlin noch verbliebenen Sammlungen aus Berlin abwanderten.

Bis zum 3. Oktober 1990 blieb ein Vakuum bestehen. Deutschland hatte in den 45 Jahren seit dem Krieg keine Hauptstadt als kulturellen Bezugspunkt mehr, statt dessen nur noch Provinzen mit regionalen Kulturmaßstäben (Oscar Fritz Schuh). Von keiner Seite wird Berlin heute ernsthaft streitig gemacht, wieder die Funktion der Kulturmetropole Deutschlands zu übernehmen. Berlin, die Berliner Politik und die Bürger, sie alle müssen es nur wollen und bereit sein, dafür auch Opfer zu bringen.

5.

Heute ist die Liberalität in Deutschland durch die Verfassung, das Grundgesetz, gewährleistet. Dies gilt auch dann, wenn Verfassungswirklichkeit und Verfassungsrecht zuweilen nicht ganz deckungsgleich sind oder auch nur als nicht ganz deckungsgleich empfunden werden. Das bedeutet – vor dem Hintergrund der Geschichte des Mäzenatentums in Deutschland – ungeheuer viel, nämlich, daß die Kunst bei uns frei ist, daß zeitgenössische Kunst, auch solche, die gegenüber dem Staat kritisch eingestellt ist, nicht vor ihm geschützt zu werden braucht, daß sie nicht gegen eine offizielle Kunstdoktrin des Staates durchgesetzt werden muß und schon gar nicht, daß Künstler und Kunst vor dem Zugriff einer Diktatur bewahrt werden müssen. Damit entfallen viele Herausforderungen, vor die sich die Mäzene in der Vergangenheit gestellt sahen, wenn sie Kunst und Künstler wirklich fördern wollten.

Bedeutet dies, daß das Mäzenatentum sich künftig zu einer nur noch finanziellen Frage reduziert? Daß in Zeiten leerer öffentlicher Kassen es eigentlich nur darauf ankommt, durch Spenden die materielle Basis für die Kunst zu sichern? Die Antwort darauf lautet eindeutig nein. Dube nennt in seinem Beitrag Beispiele dafür, daß trotz der Rehabilitierung der „entarteten Kunst" und trotz der Tatsache, daß der künstlerischen Avantgarde heute offiziell alle Türen offenstehen, die Wirklichkeit oft anders aussieht: In den politischen Entscheidungsgremien, vor allem der Städte und Gemeinden, säßen heute noch zu viele Menschen, die sich der modernen Kunst verweigerten, ihr Hindernisse in den Weg legten und sich in ihrer Haltung auch noch durch die Zustimmung vieler Bürger bestätigt fühlen könnten. Jeder kennt aus seinem eigenen Leben Beispiele dafür, daß moderne Kunst als Ärgernis empfunden und ihr deshalb oft überhaupt der Kunstcharakter abgesprochen wird.

Viele Künstler bleiben also über den bloßen finanziellen Rahmen hinaus auf einen Mäzen im Sinne eines einfühlsamen, fördernden Begleiters angewiesen, damit sich in der Kunst aus der sonst gar nicht erst zur Entfaltung kommenden Fülle das Bleibende, das eben nicht im Vorwege bestimmbar ist, herauskristallisieren kann. Edzard Reuter glaubt, daß der Mäzen, der sich von der Leidenschaft des Entdeckens mitreißen läßt, an der Seite eines Künstlers unverändert Großartiges zu leisten vermag.

Sinngemäß Gleiches gilt auch für die Museen. Privatsammlungen werden auch künftig und unabhängig von finanziellen Aspekten als Zwischenstationen benötigt, ehe sich die Avantgarde in ihrer ganzen Unkonventionalität so durchgesetzt hat, daß sie als museumsreif empfunden wird oder museumsreif geworden ist, was auch immer man darunter verstehen mag.

6.

Auch künftig wird über das Verhältnis von staatlicher zu privater Kunstförderung diskutiert und gestritten werden.

Gegenwärtig wird in den USA, die ursprünglich einmal das Land der fast ausschließlich privaten Finanzierung von

Kunst und Museen waren, intensiv darüber nachgedacht, ob der Staat nicht seine bisherige Zurückhaltung aufgeben und sich auch aus Gründen des nationalen Prestiges stärker an der Finanzierung von Kunst und Museen beteiligen müßte. Dahinter steht aber nach Meinung von Charles W. Haxthausen auch die in den USA an Boden gewinnende Erkenntnis, daß große Museen heute ausschließlich privat nicht mehr finanzierbar sind. Es sei denn um den Preis einer völligen Veränderung ihrer Struktur und ihres Charakters von einer Konservierungs-, Forschungs- und Bildungsstätte sowie einem Ort der Kontemplation hin zu einem straff kommerzialisierten Kulturbetrieb, der einen wachsenden Anteil seiner Einnahmen aus der Vermarktung des Museums in Shops, aus dem Betrieb von Restaurants und der Durchführung von Großveranstaltungen zieht. Nachdem dieser Weg eine Zeitlang von vielen amerikanischen Museen sehr konsequent und geschäftlich nicht ohne Erfolg beschritten worden ist, mehren sich inzwischen trotzdem die Zweifel, ob dies auf lange Sicht der richtige Weg sein kann. Das amerikanische Bekenntnis zur Privatinitiative ist im Begriff, differenzierter zu werden.

In Deutschland verläuft die Diskussion mit genau umgekehrten Vorzeichen. Daß die Grundlast der Finanzierung eines Museums Aufgabe des Staates sei, ist hier unstrittig, allein schon aus Gründen der Tradition. Sieghardt von Köckritz geht noch einen Schritt weiter. Nach dem in der Bundesrepublik herrschenden Kulturstaatsprinzip sei die Kulturförderung im weiteren oder engeren Sinne nicht völlig in das Belieben des Staates gestellt. Er könne und dürfe dieses Feld seiner Betätigung selbst dann, wenn er es wolle, nicht einfach aufgeben oder auch nur drastisch einschränken. Freilich steht dies nicht im Widerspruch zu der inzwischen ebenfalls weit verbreiteten Auffassung, daß der private Anteil an der Finanzierung von Kunst und Museen bei uns deutlich größer sein könnte. Dies nicht nur, weil die öffentlichen Kassen auf zunächst unabsehbare Zeit leer sein werden und dadurch die Museen einfach nicht genügend finanzielle Dispositionsmöglichkeiten haben, sondern auch hier aus einem prinzipiellen Grunde. Die Privaten sind und bleiben als Sammler, Stifter und Leihgeber überall dort gefragt, wo das Neue in der Kunst, weil es die konventionelle Betrachtung sprengt, zunächst einem Kreis von Eingeweihten vorbehalten bleibt. Reuter meint, daß der Mäzen als Eingeweihter in diesem Sinne versuchen müsse, dem offiziellen Kunstbetrieb in seinem ästhetischen Urteil voranzugehen.

Die reine Lehre gibt es also auch hier nicht. Für Kunst und Museen in den Vereinigten Staaten werden künftig immer öfter, wenn auch niemals in dem bei uns üblichen Umfang, öffentliche Mittel eingesetzt werden. In Deutschland dagegen wird die Förderung von Kunst und Museen nicht mehr wie bisher nur oder fast nur eine Domäne des Staates sein. Beide Förder-Philosophien werden sich ganz pragmatisch ein wenig annähern, als Ergebnis von in entgegengesetzter Richtung wirkenden Sachzwängen.

7.

Eine aktuelle, das Mäzenatentum stimulierende Aufgabe besteht darin, für den Gedanken zu werben, daß die Förderung von Kunst ein Ausdruck von Bürgersinn ist und daß diese Art von Bürgersinn weniger eine Frage des Geldes als eine Frage der Einstellung zur Kunst und zum Künstler ist.

Allerdings setzt die Förderung von Kunst Kennerschaft voraus. Sie kann auf verschiedenen Wegen vermittelt und erworben werden. Als besonders erfolgreich hat sich in der Geschichte des Berliner Mäzenatentums die Partnerschaft zwischen Museumsleuten und Mäzenen erwiesen. Dieser Weg muß wieder freigelegt werden. Er ist in vielen Fällen verschüttet worden durch das Fixiertsein der Museen auf ihre Finanzierung ganz überwiegend mit öffentlichen Mitteln. Im Verhältnis dazu hatten die privaten Mittel oft ein so geringes Gewicht, daß die gezielte, persönliche Ansprache von Förderern und solchen, die es werden könnten, und auf diesem Wege auch das Angebot der Vermittlung von Kennerschaft für zu mühsam und für nicht lohnend gehalten wurden und deshalb einfach unterblieben. Es gibt, auch in Berlin, Ausnahmen davon, mit eindrucksvollen Ergebnissen. Diese Ausnahmen beweisen, daß hier ein erhebliches Potential an aktivierbarem Mäzenatentum besteht, das es zu nutzen gilt.

8.

Berlin steht nach der Wiedervereinigung Deutschlands und nach der Überwindung seiner eigenen Spaltung, Isolierung und Bedrohung vor einer großen Zukunft. Der Stadt wird, wenn auch völlig anders, wiedergegeben, was sie im Grunde nicht erst 1945, sondern schon 1933 verloren hat und was ihr seither von der Geschichte vorenthalten worden ist.

Der Blick vieler Berliner auf diese Zukunft ist heute noch verstellt durch die ungeheuren Schwierigkeiten, denen sich die Stadt bei der endgültigen Überwindung ihrer Spaltung politisch, wirtschaftlich und sozial, sehr stark aber auch von Mensch zu Mensch gegenübersieht und zunächst auch weiterhin gegenübersehen wird. Berlin wird nicht von heute auf morgen wieder *eine* Stadt sein.

Zum Gefühl der Wieder-Zusammengehörigkeit der Menschen müssen Kultur und Kunst einen maßgeblichen Beitrag leisten. Kultur und Kunst profitieren nicht etwa nur davon, daß es in Berlin wieder ein pulsierendes Großstadtleben geben wird. Kultur und Kunst müssen ihrerseits dieses pulsierende Großstadtleben überhaupt erst ermöglichen, es erträglich gestalten, in vielen Fällen überhaupt erst zur Singgebung eines Lebens unter solchen Bedingungen beitragen und ihm hoffentlich Ausstrahlungs- und Anziehungskraft geben.

Kultur und Kunst müssen, wenn sie diese Aufgaben erfüllen wollen, im Bewußtsein der Menschen tief verwurzelt sein. Die Menschen zu erreichen, ist Sache der Kunst. Keiner kann sie davon suspendieren. Aber Kunst und Künstler werden hoffen, daß sie dabei Unterstützung finden. Niemand sollte hier zuviel vom Staat erwarten. Er ist im Begriff, endgültig an die Grenzen seiner Leistungskraft zu stoßen. Um so mehr sind die Bürger gefordert, hier einzuspringen; auch mit Geld, aber sicher nicht nur mit Geld.

Auch Mäzenatentum im Kleinen ist notwendig. Es hat oft gegenüber dem Mäzenatentum in großen Dimensionen den Vorteil, daß es mit der Knüpfung und Pflege ganz persönlicher Kontakte zum Künstler verbunden ist und ihm ein Gefühl des Rückhalts geben kann. Im Berlin der Zukunft ist beides gefragt: dieses Mäzenatentum im Kleinen, aber auch das in großen Dimensionen, auf das Berlin zu lange verzichten mußte, zwar aus verständlichen, aber trotzdem aus nicht immer ganz entschuldbaren Gründen.

Möge dieses Buch anhand von Beispielen des Berliner Mäzenatentums in der Vergangenheit zum Nachdenken über die mäzenatischen Möglichkeiten in Gegenwart und Zukunft anregen und möge es die Phantasie möglichst vieler beflügeln, wie jeder an seiner Stelle mehr für die Förderung der Kunst tun kann.

Verzeichnis der Tafeln

IV

Walter Leistikow

Grunewaldsee, 1895
Öl auf Leinwand, 167 × 252 cm
Staatliche Museen zu Berlin
Preußischer Kulturbesitz
Nationalgalerie / Museumsinsel
Foto: Klaus Göken, Berlin

V

Max Liebermann

Bildnis Wilhelm von Bode, 1904
Öl auf Leinwand, 107 × 89 cm
Staatliche Museen zu Berlin
Preußischer Kulturbesitz
Nationalgalerie/Museumsinsel
Foto: Jörg P. Anders, Berlin

VI

Eduard Arnhold in seinem Haus Regentenstraße 19, um 1920
vor Manets Gemälde „L'Artiste" (1875)
Foto: Ullstein Bilderdienst, Berlin

VII

Edvard Munch

Harry Graf Kessler, 1906
Öl auf Leinwand, 200 × 84 cm
Staatliche Museen zu Berlin
Preußischer Kulturbesitz
Nationalgalerie
Foto: Jörg P. Anders, Berlin

VIII

Franz Krüger

Bildnisstudie J. H. W. Wagener
für „Die Parade Unter den Linden 1837", 1839
Bleistift, Aquarell und Deckfarben auf Papier, 18,8 × 12,9 cm
Staatliche Museen zu Berlin

Preußischer Kulturbesitz
Kupferstichkabinett
Sammlung der Zeichnungen und Druckgraphik
Foto: Jörg P. Anders, Berlin

IX

Karl Friedrich Schinkel

Gotischer Dom am Wasser, 1813
(Kopie von Wilhelm Ahlborn, 1823)
Öl auf Leinwand, 80 × 106,5 cm
Staatliche Museen zu Berlin
Preußischer Kulturbesitz
Nationalgalerie
Foto: Jörg P. Anders, Berlin

X

Johann Wilhelm Preyer

Gartenblumenstrauß im Krug, 1831
Öl auf Leinwand, 41 × 36 cm
Staatliche Museen zu Berlin
Preußischer Kulturbesitz
Nationalgalerie
Foto: Jörg P. Anders, Berlin

XI

Edouard Manet

Der Fliederstrauß, um 1882
Öl auf Leinwand, 54 × 42 cm
Staatliche Museen zu Berlin
Preußischer Kulturbesitz
Nationalgalerie
Foto: Jörg P. Anders, Berlin

XII

Paul Cézanne

Mühle an der Couleuvre bei Pontoise, um 1881
Öl auf Leinwand, 73,5 × 91,5 cm
Staatliche Museen zu Berlin

Preußischer Kulturbesitz
Nationalgalerie / Museumsinsel
Foto: Klaus Göken, Berlin

XIII

Edvard Munch

Porträt Julius Meier-Graefe, um 1895
Öl auf Leinwand, 100 × 75 cm
Nasjonalgalleriet, Oslo
Copyright: Munch Museum, Oslo 1993
Foto: J. Lathion, Nasjonalgalleriet

XIV

Hugo von Tschudi
Direktor der Nationalgalerie 1896–1908
Heliogravüre
Abbildung aus dem Jahrbuch
der Königlich Preußischen Kunstsammlungen, Bd. 33, 1912, S. 1

XV

Georg Kolbe

Porträt Paul Cassirer, 1925
Bronze, H 32 cm
Staatliche Museen zu Berlin
Preußischer Kulturbesitz
Nationalgalerie / Museumsinsel
Foto: Jörg P. Anders, Berlin

XVI

Zwei Ausstellungsplakate des Kunstsalons Cassirer:
Lovis Corinth, Ausstellung von Lovis Corinth, 1908
Emil Orlik, Cézanne-Ausstellung, 1910
Lithographien
Staatliche Museen zu Berlin
Preußischer Kulturbesitz
Kunstbibliothek

XVII

August Macke

Mädchen unter Bäumen, 1914
Öl auf Leinwand, 119,5 × 159 cm
München, Staatsgalerie moderner Kunst
Schenkung Sofie und Emanuel Fohn
Foto: Joachim Blauel – Artothek

XVIII

Erich Heckel

Gläserner Tag, 1913
Öl auf Leinwand, 138 × 114 cm
München, Staatsgalerie moderner Kunst
Foto: Joachim Blauel – Artothek

XIX

Felix Nussbaum

Der tolle Platz (Pariser Platz), 1931
Öl auf Leinwand, 97 × 195,5 cm
Berlinische Galerie
Museum für Moderne Kunst, Photographie und Architektur
Foto: Hermann Kiessling, Berlin

XX

Adolf Hitler und Joseph Goebbels während der Besichtigung der Propaganda-Ausstellung „Entartete Kunst" im Münchener Hofgarten am 19. Juli 1937. Links hinter Goebbels: der Leiter des Gaupropagandaamtes München-Oberbayern, Otto Nippold.
Foto: Ullstein Bilderdienst, Berlin

XXI

Ernst Ludwig Kirchner

Potsdamer Platz, 1914
Öl auf Leinwand, 200 × 150 cm
Staatliche Museen zu Berlin
Preußischer Kulturbesitz
Nationalgalerie

Leihgabe aus Privatbesitz
Foto: Jörg P. Anders, Berlin

XXII

Oskar Kokoschka

Pariser Platz in Berlin, 1925/26
Öl auf Leinwand, 76 × 110 cm
Staatliche Museen zu Berlin
Preußischer Kulturbesitz
Nationalgalerie / Museumsinsel
Foto: Klaus Göken, Berlin

XXIII

Otto Dix

Bildnis des Kunsthändlers Alfred Flechtheim, 1926
Mischtechnik auf Holz, 120 × 80 cm
Staatliche Museen zu Berlin
Preußischer Kulturbesitz
Nationalgalerie
Foto: Jörg P. Anders, Berlin

XXIV

Oskar Kokoschka

Bildnis Herwarth Walden, 1910
Öl auf Leinwand, 100 × 69 cm
Staatsgalerie Stuttgart

XXV

Max Beckmann

Selbstbildnis im Smoking, 1927
Öl auf Leinwand, 139,5 × 95,5 cm
Courtesy of The Busch-Reisinger Museum
Harvard University Art Museums
Museum Association Fund

XXVI

Paul Klee
Die Zwitschermaschine, 1922
Aquarell, Feder und Tusche über Öl auf Papier, auf Karton aufgezogen, 63,8 × 48,1 cm
The Museum of Modern Art, New York

XXVII

Karl Schmidt-Rottluff
Selbstbildnis mit Einglas, 1910
Öl auf Leinwand, 84 × 76,5 cm
Staatliche Museen zu Berlin
Preußischer Kulturbesitz
Nationalgalerie
Foto: Jörg P. Anders, Berlin

XXVIII

Die Nationalgalerie auf der Museumsinsel
Holzstich nach einer Zeichnung von G. Theuerkauf, 1876
Foto: Bildarchiv Preußischer Kulturbesitz, Berlin

XXIX

Das Kronprinzen-Palais Unter den Linden
Holzstich, 1883
Foto: Bildarchiv Preußischer Kulturbesitz, Berlin

XXX

Blick durch die zerstörte Säulenhalle des Neuen Museums zur Nationalgalerie
Aufnahme von Friedrich Seidenstücker, 1946
Foto: Bildarchiv Preußischer Kulturbesitz, Berlin

XXXI

Die Museumsinsel von Südosten
Zeichnung: Peter Kreuzberg
Staatliche Museen zu Berlin
Aufbauleitung, 1985

Foto: Staatliche Museen zu Berlin
Preußischer Kulturbesitz

XXXII

Das Kulturforum
Entwurf: Büro Heinz Hilmar und Christoph Sattler, 1993
Foto: Staatliche Museen zu Berlin
Preußischer Kulturbesitz

Verzeichnis der Autoren

Professor Dr. phil. Wolf-Dieter Dube
Generaldirektor der Staatlichen Museen zu Berlin
Preußischer Kulturbesitz

Professor Dr. phil. Thomas W. Gaehtgens
Professor für Kunstgeschichte am Kunsthistorischen
Institut der Freien Universität Berlin

Professor Dr. phil. Wolfgang Hardtwig
Professor für Neuere Geschichte (Schwerpunkt
19. Jahrhundert) am Institut für Geschichtswissenschaften
der Humboldt-Universität Berlin

Professor Dr. phil. Charles W. Haxthausen
Professor für Kunstgeschichte am Department of
Art History der University of Minnesota, Minneapolis,
Ehemaliger Kurator des Busch-Reisinger Museum,
Cambridge, Massachusetts

Professor Dr. jur. Werner Knopp
Präsident der Stiftung Preußischer Kulturbesitz, Berlin

Dr. jur. Sieghardt von Köckritz
Ministerialdirektor, Leiter der Kulturabteilung
im Bundesministerium des Innern, Bonn

Edzard Reuter
Vorsitzender des Vorstandes der Daimler-Benz AG,
Stuttgart

Professor Dr. phil. Eberhard Roters
Gründungsdirektor der Berlinischen Galerie, Berlin

Personenregister